:: 中華文化促進會主持編纂

:: 國家"十一五"~"十四五"重點圖書出版規劃項目

:: 中國社會科學院哲學社會科學創新工程學術出版資助項目

出品人　王石　段先念

今注本二十四史

遼史

元 脫脫等 撰

李錫厚 劉鳳翥 主持校注

一

紀〔一〕

中國社會科學出版社

圖書在版編目（CIP）數據

遼史／（元）脱脱等撰；李錫厚，劉鳳翥主持校注 . —北京：中國社會科學出版社，2021.12

（今注本二十四史）

ISBN 978-7-5203-9360-7

Ⅰ.①遼… Ⅱ.①脱… ②李… ③劉… Ⅲ.①中國歷史—遼代—紀傳體 ②《遼史》—注釋 Ⅳ.①K246.104.4

中國版本圖書館 CIP 數據核字（2021）第 239215 號

出 版 人　趙劍英

項目統籌　王　茵

責任編輯　李凱凱　顧世寶　韓國茹　郝玉明　趙　威

特約編輯　徐林平　許微微　韓　悦　崔芝妹

責任校對　王思桐　鮑有情

封面設計　蔡易達

責任印製　王　超

出　　版　中國社會科學出版社

社　　址　北京鼓樓西大街甲 158 號　　郵　　編　100720

網　　址　http://www.csspw.cn

發 行 部　010-84083685　　　　　　門 市 部　010-84029450

經　　銷　新華書店及其他書店　　　　印刷裝訂　三河弘翰印務有限公司

版　　次　2021 年 12 月第 1 版　　　印　　次　2021 年 12 月第 1 次印刷

開　　本　1/16　　　　　　　　　　成品尺寸　228mm×152mm

印　　張　188　　　　　　　　　　字　　數　2286 千字

定　　價　1399.00 元（精裝全 10 冊）

《今注本二十四史》工作委員會

《今注本二十四史》編纂委員會

《今注本二十四史》編輯部

《今注本二十四史·遼史》項目組

主 持 人　李錫厚　劉鳳翥
成　　員　李錫厚　劉鳳翥　陳久金　靳　寶

《今注本二十四史》出版説明

　　二十四史，是中國古代二十四部史書的統稱，包括《史記》《漢書》《後漢書》《三國志》《晉書》《宋書》《南齊書》《梁書》《陳書》《南史》《魏書》《北齊書》《周書》《北史》《隋書》《舊唐書》《新唐書》《舊五代史》《新五代史》《宋史》《遼史》《金史》《元史》和《明史》。其成書時間自公元前二世紀下半葉至十八世紀中葉，前後相距約兩千年，總卷帙（不含複卷）達 3213 卷，共 4000 餘萬字。它們採用本紀、列傳、表、志等形式，構成了一個完整地記述清朝以前中國古代社會的著作體系。二十四史上起傳説時代的黄帝，下迄明朝滅亡，包容了我國古代的政治、軍事、經濟、思想、文化、天文、地理、民風、民俗等廣闊的社會内容，形成了一套展現中華民族起源和發展的最重要的核心典籍，被後人稱爲"正史"。世界上沒有任何一個國家有如此內容涵蓋宏富、時間接續綿延、體例基本統一的歷史記載。

共同的歷史文化是一個民族賴以整體維繫的基本條件之一。而對歷史著作的不斷整合和續修，顯然有利於促進國家的統一、民族的團結、社會的進步。從《史記》到《明史》，不同地位、不同民族的史家和政治家，以同一體例連續不斷地編纂我們祖國發展演進的歷史，本質上反映了我國人民尋求構建多民族國家共同歷史的強烈願望。歷史上隨時把正史歸爲"三史""十三史""十七史""廿一史""廿二史""廿四史"，不僅反映了人們對正史的認同，更重要的是反映了對共同歷史文化的認同，即民族的認同。而對正史進行大規模的整理，在另一個層面上，更有利於妥善保存民族文化遺産，豐富民族文化內涵，陶鑄民族文化精神，從而強化民族的尊嚴與自信心，提升國家的榮譽和國人對國家的歸屬感。

對二十四史進行整理，在此次之前規模較大的有三次。第一次是清朝乾隆年間，其成果是殿本；第二次是二十世紀三十年代張元濟先生組織的整理，其成果是百衲本；第三次即毛澤東同志倡議，由中華書局出面進行的整理，其成果是中華書局標點本。這一次是由張政烺先生等史學家倡議，由中華文化促進會主持編纂的今注，其成果是《今注本二十四史》。應當充分地注意到，這四次整理的發動，都有與其所處時代社會歷史息息相關的背景。乾隆朝的武英殿大量刊刻文化典籍，尤其是對二十四史的選本、校勘都經"欽定"，絕不是僅僅要製造盛世氣象；張元濟先生奔走於國難深重的二十世紀初的中國，"當中華文化存亡絶續之交”，有更深刻的原動力；毛澤東同志指示標點正史，倡議於中華人民共和國成立、百廢待舉之初；而我們如今正在進行的今注，則發軔於改革開放、萬象更新之時。這絶不是歷史的偶然。可以説，每每針對二十四史的重大舉措，都是應社會對具有主體性的統一的歷史文化需求而展開的。

當今世界，文化的融合過程逐漸加快，在共生的基礎上融合，在融合中保持共生，互補互融直至趨一。因此，各種文化都面臨着選擇。面臨選擇，充分展示本民族的歷史文化是學者們義不容辭的職責。而作爲歷史文化直接守護者的歷史學者，有責任爲世界提供對本民族歷史文化文本的正確詮釋，有責任努力爲民衆爭取對民族歷史文化解讀的話語權。

《今注本二十四史》1994 年 8 月由中華人民共和國文化部批准立項，2005 年被中華人民共和國新聞出版總署列入“十一五”期間（2006—2010）“國家重點圖書出版規劃”。自 1994 年起，迄今已經進行了二十餘年。

《今注本二十四史》總編纂張政烺先生爲本書做了奠基性的工作。在他學術生命的最後時期，不僅親自審訂了最初的《今注本二十四史編纂總則》，還逐一遴選了各史主編。

《今注本二十四史》編纂委員會主要由各史主編與相關同仁組成。張政烺先生逝世後，根據多位主編的建議，我們陸續邀請了何兹全、林甘泉、伍傑、陳高華、陳祖武、卜憲群、趙劍英七位編委成立領導小組，全面指導編纂出版工作。他們爲本項目的編纂出版，付出了大量心血與智慧，没有他們的支持，本項目難以玉成。

本項目動員了全國三十餘所科研機構和高等學府的中國古史專家共襄其事。全書設總編纂一人，執行總編纂二人，各史設主編一人或二人；某些特殊的"志（書）"如律曆、天文、五行（靈徵）等歸類單列，各設主編一人。各史主編自選作者，全書作者總計約三百人。多年來，他們薄利求義、任勞任怨、兢兢翼翼，惟敬業畢功是務，繼承和發揚了我國史學家捨身務實的優良傳統，爲本書的完成做出了不可磨滅的貢獻！

本項目啓動之初，老一輩的歷史學家王玉哲、王毓銓、陳可畏、張博泉、萬繩楠、楊志玖、楊翼驤、漆俠、薄樹人、韓國磐等先生不僅從道義上給予全力支援，而且主動承擔各史（志）主編。何兹全、林甘泉先生更是不厭其煩，爲編纂工作提出具體建議，爲項目立項奔走呼籲。執行總編纂賴長揚先生鞠躬盡瘁，承擔了大量繁雜的組織工作。現在，雖然以上先生已經辭世，但他們學術生涯的最後抉擇所表現出的對民族、對國家的崇高責任感，永遠值得我們銘記和學習！

本項目自動議始就得到了中華文化促進會及社會各界的回應與傾力支持。中華文化促進會主席王石先生、副主席段先念先生及前任領導人蕭秋先生在本項目立項、推動、經費籌措等方面辛勤奔走，起到了關鍵作用。

香港企業家黄丕通、劉國平先生在項目前期曾給予慷慨資助。

國家出版基金與中國社會科學院也給予本項目一定的出版資助。

　　四川省出版集團及巴蜀書社曾在編纂和出版方面起了重要的推動作用，已出版今注本《三國志》《梁書》。

　　《今注本二十四史》編纂出版工作，自 1994 年立項以來，一波三折、幾經沉浮。2017 年深圳華僑城集團予以鼎力襄助，全面解決了編纂出版經費拮据的問題，編纂出版工作方步入正軌。在此，編委會全體成員向深圳華僑城集團謹表達深深敬意和感謝！

　　鑒古知今，學史明智。中國社會科學出版社歷來重視歷史學及中國古代典籍的整理與出版工作，爲本項目組織專門團隊，秉持專業、嚴謹、高效的原則，爲項目整體的最終出版提供了重要保障。中國社會科學出版社將與各相關單位通力協作，努力將《今注本二十四史》打造成一部具有思想穿透力與廣泛影響力的精品力作，從而爲講好中國歷史、推動中國歷史研究做出貢獻。

　　謹以本書紀念爲弘揚中華文化而做出貢獻的歷史學家們！
　　謹以本書感謝爲傳承中華文化而支援和幫助我們的人們！

《今注本二十四史》編纂委員會

中國社會科學出版社

2020 年 6 月

《今注本二十四史》凡例

　　《今注本二十四史》在編纂過程中一共產生了四個總體規範性質的文件。這就是：《今注本二十四史編纂總則》（1995 年，2005 年 4 月修改，2017 年 8 月修訂）、《關於〈編纂總則〉的修改和補充意見》（2006 年 3 月）、《關於編纂工作若干問題的決定》（2007 年 1 月）、《關於〈今注本二十四史編纂總則〉幾點重要的補充説明》（2017 年 10 月）。它們確定了全書編纂的目的、特點及具體操作規則。綜其要概述如下。

　　本書的基本特點是史家注史。工作主要集中在三個方面：版本的改誤糾謬；史實的正義疏通；史料的補充增益。由各史主編撰寫《前言》，扼要介紹該史所涉及的時代背景、作者生平、寫作過程、著作特點、史料價值、在史學史上的地位和研究概況。

本書的學術目標有兩個。一個是通過校勘，得到一套善本；另一個是通過今注，得到一套最佳的注釋本。即完成由史家校勘並加以注釋的二十四史的新校勘新注釋本。它從史家的角度出發，集數百年以來學界的研究成果，采取有圖有文的注釋形式，力圖以新的角度、新的内容、新的形式，爲二十四史創造出一套代表當代學術水準的、權威的現代善本。

一　校勘

1. 底本：原則上以商務印書館百衲本爲底本；因百衲本並非善本的另行確定底本。

2. 校勘：充分吸收包括中華書局標點本在内的前人的校勘成果，全面參校，以形成一個全新的校勘本。

各史採用的底本和參校本，在各史序言中寫出全稱和簡稱。整套書統一規定的簡稱有六個：武英殿本簡稱“殿本”；國子監本，相應簡稱“南監本”“北監本”；毛氏汲古閣本簡稱“汲古閣本”；同治五書局本簡稱“局本”；商務印書館百衲本簡稱“百衲本”。

校勘成果反映在原文中，即依據有充分把握的校勘結果，將底本中的衍、脱、誤、倒之處全部改正；刊正底本的理由，全部在相應注釋中加以說明。對無十分把握之處，不改原文，衹出校勘記質疑。

採用中華書局標點本爲工作本的史書，不錄入原校勘記。直接吸收其校勘成果者則加以説明，對其提出商榷者在相應注釋中加以辨證。

二　注釋

1. 對有古注並已與原書集合行世的前四史，原則上保留古注，視同原文並加注。

2. 注釋程度：以幫助具有大專文化水準以上的讀者讀懂爲限；以給研究者提供簡要索隱爲限。注文力求做到：準確、質樸、簡練、嚴謹、規範。

3. 出注（除一些專志外）以卷（篇）爲單位。即對應當加注者，在每卷（篇）第一次出現時加注。此後即使該卷（篇）中再出現，如意義完全等同者，不再加注；而在別卷（篇）再出現時，仍另行加注。有多卷的同類志書出注時視爲同卷，即同類志書對應當加注者在首次出現時加注，其後再現如意義完全等同，亦不再加注。

4. 注釋範圍：冷僻的字音、字義、詞義，成語典故；不易理解的名物制度、地名、人名、別號、謚號、廟號；有爭議或原作記述有歧誤的史實等。

（1）字音、字義、詞義的注釋衹限於生僻字、異體字、避諱字、破讀和易生歧義及晦澀難懂的語辭。對多音字，在文中必讀某音的，以漢語拼音出注。避諱字的注文應説明避諱原因，原文原則上不改，出注。字音標注採用漢語拼音。

（2）對原文中的古體、通假、異體字的處理：古體、通假字不作改動，對其中罕見或疑難者，在注中説明其今體或正體字。全書原文和古注保留異體字，今注除人名、地名、書名和職官（署）名之外，原則上不使用異體字。

（3）成語典故，出注衹限於冷僻的成語典故，注文僅簡單説明成語典故來源、内容和意義。常見的詞語一般不出注，包括常見的古漢語虚詞與實詞，但某些不注會産生歧義者除外。

（4）人名、別號、謚號等，凡係本部書中没有專傳（或紀）的人物一般出注説明係何時、何地之人，姓、氏、名、字一般不出注，有特殊來源者，可出注。常見的歷史人物名號與某些不注無礙於全文理解者不必出注；對暫不可考者則説明未詳。

（5）地名注釋：一般僅注明今地；如須説明沿革方可解讀者，則簡述其沿革。本史有《地理志》者，地名出注從簡；若古今地名相同，所治地區大致相同者，則不出注。

（6）官名、官署名及職官制度和爵位制度名稱出注，遵循以下三個原則：常見者（如丞相、太尉、太守、縣令等），若其意義與通常理解無顯著變化，一般不出注；不常見者（如太阿、決曹、次等司等），應説明品秩、職掌範圍，需敍述沿革等方能理解原文意義者，則説明沿革變化、上下級關係、置廢時間；若本史有相應專志者，此類出注即從簡略；無相應專志者，可稍詳盡。

（7）原文與史實不符處，前後文不符處，則予以辨明。考證力求言之有據，簡明扼要。

（8）紀、傳注文以疏通原文爲目的，一般不採取補注、匯注形式。力求不枝不蔓，緊扣原文。各志（書）注文可採取補注、匯注形式，以求内容豐富、全面。

（9）對有爭議的問題，客觀公允地羅列諸説，反映歧見；同時指出帶傾向性的意見。盡量不作價值評論性質的分析。

（10）今注出注各有重點："紀"（"世家""載記"）着重歷史事件；"傳"着重人物事迹及人際關係；"志"着重制度内容及沿革；"表"着重疏理時序。除《史記》外，注文内容貫徹詳本朝略前代的原則。

（11）注釋以段爲單位，統一順次編碼。出注（校）標碼與注文標碼一致，均採用〔1〕〔2〕〔3〕……標示。

校注側重學術性，努力吸收前人的研究成果，尤其是現代學者的研究成果，充分準確地反映當代二十四史學術研究現狀；爲相關專業的學者提供足資利用的準確原文和内容索引，亦爲一般文史讀者搭建起提高水準的階梯。

《今注本二十四史》編纂委員會
2017 年 10 月

目 録

前　言

李錫厚

　　從公元 916 年耶律阿保機稱帝建元，至 1125 年天祚帝戰敗被女真人俘虜，遼朝享國長達 209 年；如果從後梁開平元年（907）阿保機奪得汗位算起，耶律氏執掌契丹政柄則長達 218 年。怎樣評價統治我國北方廣大地區二百多年的遼王朝歷史？怎樣評價作爲遼代歷史基本史料的《遼史》？這篇前言，試就上述問題以及我們在工作中遇到的其他具體問題，略陳管見，並以此就教於讀者。

一

　　契丹族自北魏始見於史籍記載。唐帝國衰落之後，契丹王朝興起，於是繼突厥和回鶻兩大汗國之後，塞北各族再一次統一在一個政權之下。此外，遼朝還占有幽薊地區。這樣，就形成了與中原的五代以及隨後興起的北宋王朝對峙的局面。陳述先生在《遼金兩朝在祖國歷史上的地位》一文中論及遼朝時，説它與五代及北宋王朝並立，形成了中國歷史上又一次南北朝。① 契丹興起時，後梁、後唐、後晉、後漢、後周諸王朝政令所及僅限於中原地區。後來北宋雖然結束了五代十國的分裂割據局面，實現了中國南北方大部分地區的統一，但宋太祖趙匡胤生前並没有實現他夢寐以求的"一統太平"。後來，宋太宗雖然滅了北漢，今山西省中南部地區歸入了宋朝版圖，但燕雲地區卻繼續在遼朝統治下。依照宋太祖的標準，可以説北宋一代始終都未能實現"一統太平"。所以，稱遼與五代以及宋朝的並立局面爲南北朝，是符合歷史實際的。

兩個王朝南北分立，即使在當時人看來，也衹不過是我們統一國家内部的分裂。正如南北朝時期南北雙方都以"正統"自居、都聲稱代表中國一樣，遼宋分立時期也出現類似局面：北宋自稱代表中國，遼這個先於北宋立國、以少數民族貴族爲主體的政權也同樣聲稱代表中國。遼太宗"立晉以要册禮，入汴而收法物"，當後漢政權建立，他無法在中原立足時，便"席捲法物，先致中京，跳棄山河，不少顧慮"。② 據説秦漢以來帝王的法物盡入於遼，尤其是傳國璽一件，更是爲後來遼朝的歷代君主所珍視。宋

---

① 陳述：《遼金兩朝在祖國歷史上的地位》，《遼金史論集》（一），上海古籍出版社 1987 年版，第 2 頁。

② 《遼史》卷五八《儀衛志四》。

仁宗遣使至遼，曾見遼帝傳國璽詩云："一時製美寶，千載助興王。中原既失守，此寶歸北方。子孫皆慎守，世業當永昌。"① 遼朝用歷代帝王法物裝扮自己的統治，目的就是要證明它的統治具有合法性，代表"正統"。"故其朝廷之儀，百官之號，文武選舉之法，都邑郡縣之制以至於衣服飲食，皆雜取中國之象。"② "耶律氏修好中華有年數矣，爵號、官稱，往往倣效。"③ 這種漢化傾向愈演愈烈，到遼興宗時，他竟讚揚其父遼聖宗是"遠則有虞大舜，近則唐室文皇"④。

前後兩個南北朝之間除了相似之處，當然也還有很多不同之點。魏晉之後出現的南北朝，雙方相互輕蔑和排斥，南方稱北方爲"索虜"，北方稱南方爲"島夷"；遼宋分立時由於雙方實力對比趨於均衡，故達到相互妥協，並最終成爲"兄弟之邦"。這種一國之內兩個王朝之間新型關係的出現，始於遼朝的提議。遼景宗保寧六年（974）涿州刺史耶律琮致書宋雄州孫全興，建議通好，書云："竊思南北兩地，古今所同，曷嘗不世載歡盟、時通贄幣？"⑤ 澶淵之盟訂立以後，宋朝統治者也接受了遼朝"南北兩地，古今所同"的觀點，雙方交換文書時互稱南朝、北朝。於是，遼與宋就成了"兄弟之邦"。

魏晉以後與唐以後兩度出現的南北朝雖然都伴隨有民

① 宋·孔平仲：《珩璜新論》卷四。
② 宋·蘇軾：《東坡應詔集》卷五《策斷》。
③ 宋·蘇頌：《蘇魏公文集》卷六六《華夷魯衛信錄總序》。
④ 《聖宗皇帝哀册》，《全遼文》，中華書局 1982 年版，第 141 頁。
⑤ 宋·李攸：《宋朝事實》卷二〇《經略幽薊》。

族大遷徙、大融合，但兩者卻有很大的不同。鮮卑建立北魏時，中原仍處在戰亂之中，因此他們得以乘虛而入，在洛陽建立起自己的統治。北方遊牧民族南下進入中原，接受漢民族的生產、生活方式及思想、文化觀念。北魏孝文帝將都城由平城（今山西省大同市）遷到洛陽，下令鮮卑貴族都改服漢族衣冠，從漢人姓氏，死後也不得歸葬代北。於是，進入中原的遊牧民族很快都融合到漢族共同體當中了。唐朝滅亡以後出現的後一個南北朝，也有民族大遷徙、大融合的趨勢，但主要不是北方的遊牧民族南下，而是中原戰亂頻仍迫使大批漢人北走塞外。遼朝興起之初，雖然契丹統治者也乘中原內部混亂之機南下，但他們掠奪了"生口"及財貨隨即返回塞北。爲安置漢族流民，塞外草原上出現了星羅棋佈的漢族居民點，這就是契丹統治者建立的所謂"漢城"和"頭下軍州"。契丹境內的漢人從事農業和手工業生產，改變了塞外草原上單一的遊牧經濟結構，促進了這一地區社會經濟的發展。不僅如此，這些漢人還爲契丹貴族帶去了中原的政治觀念和政治制度。正是在一些漢族知識分子的直接參與下，耶律阿保機的契丹王朝迅速崛起，契丹族纔得以迅速從氏族社會過渡到階級社會。初看起來，在遼朝統治下塞北遊牧民族自身的物質生產、生活方式似乎並沒有發生什麼明顯改變，但遼朝的建立卻表明他們已經跨進了一個嶄新的歷史時代。如果説前一個南北朝時期民族融合的結果主要表現爲中原漢族共同體的擴大，那麼後一個南北朝時期民族大遷徙、大融合的結果則主要是中國農業文化地理範圍的擴大，以及隨之而來的塞北遊牧民族政治觀念、文化思想方面的深刻變化。這種變化促進了中華民族共同心理狀態的形成，並爲後來的金、元、清諸王朝在塞北興起以及近代我國各族人民共同抵禦殖民主義者入侵奠定了歷史基礎。

二

遼史和宋史是我國同一時代的歷史，是我們統一國家歷史的組成部分。鄧恭三先生晚年曾極力倡導整合遼宋夏金史研究，使其成爲一個完整的斷代史研究領域，藉以表明在我國歷史上雖然那是一個分裂時期，但是我們統一多民族的國家歷史卻始終是完整的、統一的。

研究遼朝興亡的歷史，對於維護國家統一和民族團結，具有重要的現實意義。但是，由於文獻資料極度貧乏，長期以來，遼史研究在遼宋夏金整個斷代史研究中，始終是一個薄弱環節。

元修《遼史》是有關這一王朝历史最基本的史料。遼朝初年，庶事草創，當時還沒有如同中原王朝的史官制度。會同四年（941）二月，曾"詔有司編《始祖奇首可汗事迹》"[①]。這當視爲遼朝纂修皇室先世歷史之始。不過，契丹本無文字，直至阿保機即位後，始創製契丹文字。關於始祖奇首可汗的事迹，雖然可能有契丹人自己應用漢字留下的記載，但更可能是得自傳說。遼朝真正有官方編纂的本朝歷史，實際上是始於聖宗時期。這一點，現

① 《遼史》卷四《太宗本紀》。

存的元修《遼史》有所反映。《遼史》有本紀三十卷，從太祖即可汗位起到景宗五帝享國 76 年（907—982），衹占九卷；然而，聖宗一朝 49 年，卻占八卷，而且篇幅與遼初五帝的本紀幾乎相等。此無他，皆因爲遼初並無完備的史官制度，當時没有留下多少文獻。景宗乾亨初，漢臣室昉拜樞密使，兼北宰相，監修國史。至統和八年（990），他"表進所撰《實録》二十卷"①。這二十卷《實録》的内容，當包括遼初五帝時期的史事。至興宗時期，又詔蕭韓家奴與耶律庶成等"録遙輦可汗至重熙以來事迹，集爲二十卷，進之"②。遼朝這兩次修《實録》，都是追記遼朝興起和遼初史事。道宗大安元年（1085），史臣又進太祖以下《七帝實録》，即太祖、太宗、世宗、穆宗、景宗、聖宗和興宗的實録。這是見於《遼史》記載的遼朝第三次纂修實録。遼朝末年，耶律儼嘗修《皇朝實録》七十卷。③這是遼朝第四次纂修立國以來歷代皇帝《實録》。耶律儼字若思，析津（今北京市）人，本姓李。咸雍進士。道宗壽昌間，官至參知政事，遷知樞密院事。儼深受道宗信任，道宗彌留之際，儼曾與北院樞密使阿思同受顧命。正因爲耶律儼在遼朝地位顯赫，而且與契丹皇室關係密切，再加上他有文才，所以纔成爲遼朝實録的編纂者。

金滅遼後，耶律儼的《皇朝實録》稿本歸金朝廷。《金史》卷四《熙宗本紀》於皇統元年（1141）二月記

① 《遼史》卷七九《室昉傳》。
② 《遼史》卷一〇三《蕭韓家奴傳》。
③ 《遼史》卷九八《耶律儼傳》。

載，熙宗"自是頗讀《尚書》《論語》及五代、遼史諸書，或以夜繼焉"。這裏記載金熙宗所讀的《遼史》，當是耶律儼的《皇朝實錄》。上引《熙宗本紀》於皇統八年又記載"《遼史》成"，則是金初纂修的《遼史》，表明金熙宗不僅讀遼朝留下的史書，而且他在位期間還曾下令纂修《遼史》。此事先由廣寧尹耶律固承擔，未及成書，耶律固先亡，於是又由其門人蕭永祺續成。耶律固與蕭永祺都是契丹人，當時距遼亡不久，他們可能都通曉契丹文字。因此，他們修《遼史》不僅使用漢文文獻，當時能見到的契丹文的文獻，也一定都會加以利用。這部《遼史》有紀三十卷、志五卷和傳四十卷，紀、傳卷數與今本元修《遼史》相同。書成後，未曾刊行。後至章宗時期又第二次纂修《遼史》，先後有移刺履、賈鉉、党懷英及蕭貢等人參與，至泰和七年（1207）由陳大任完成，但亦未刊行。

熙宗和章宗時期兩度纂修《遼史》都未刊行，其原因多半是與遼末女真興起的一段史事有關。女真原爲遼朝屬部，《金史》記載其初興歷史，多諱言其原本隸屬於遼，如何處理這段史事，金人是頗費斟酌的。後因宣宗南遷及哀宗自汴京出逃，這兩部未刊《遼史》也歷經波折。金亡後，蕭永祺《遼史》稿本已散佚無存，耶律儼《實錄》和陳大任的《遼史》稿本也均已殘缺不全。元好問言及此事曾說："泰和中詔修《遼史》，書成，尋有南遷之變，簡册散失，世復不見。今人語遼事至不知起滅凡幾主，下者不論也。《〔續〕通鑑長編》所附見及《亡遼錄》《北顧備問》等書，多敵國誹謗之詞，可盡信邪?"① 袁桷《修遼金宋史搜訪遺書條列事狀》所列當時搜集到的關於遼朝歷史的遺書祇有《遼金誓書》和《使遼録》等，② 且都是宋人留下的。耶律固等人是遼末史事親歷者，如果其完整稿本爲修《遼史》的元人得見，《天祚本紀》當不必摘録《三朝北盟會編》及《契丹國志》拼凑成編，更不至於將一人一事誤書爲二人二事。

元朝修《遼史》時所能見到的遼朝文獻的確非常有限，但仍可以見到耶律儼的《實録》。據蘇天爵説: "遼人之書有耶律儼《實録》，故中書耶律楚材所藏，天曆間進入奎章閣。次則僧行均所撰《龍龕手鑑》，其他文集、小説亡者多矣。章宗初即命史官修《遼史》，當時去遼不遠，文籍必有存者，猶數勑有司搜訪事迹。其書又經党懷英、趙渢、王庭筠諸名士之手。章宗屢嘗促之，僅二十年，陳大任始克成編。"③ 既然天曆間（1328—1330）耶律儼的《實録》已經入藏奎章閣，那麼至正初年修遼史，元朝修史官肯定見到了這部《實録》。

元中統二年（1261）和至元元年（1264）曾兩度議修《遼史》和《金史》，南宋滅亡後，又議修《宋史》。作爲《遼史》總裁官之一的歐陽玄在《進遼史表》中曾這樣提及此事: "我世祖皇帝一視同仁，深加愍惻，嘗勑詞臣撰

---

① 元·蘇天爵編:《元文類》卷五一《故金漆水郡侯耶律公墓誌銘》。

② 元·袁桷:《清容居士集》卷四一。

③ 元·蘇天爵:《滋溪文稿》卷二五《三史質疑》。

次三史，首及於遼。六十餘年，歲月因循，造物有待。"①
在這樣一段漫長的時間裏，始終未能修成宋、遼、金三
史。元末至正三年（1343）四月，又詔儒臣分撰《遼史》，
這一次，僅用了不足一年的時間，至次年三月，《遼史》
即草草告成。

如果從中統二年（1261）元朝開始籌劃修《遼史》算
起，到最後成書，前後歷時已達八十餘年。其間遇到的困
難除了資料短缺之外，還有遼、宋、金三史"義例"即誰
爲"正統"的問題，這個核心難題遲遲確定不了。漢族知
識分子堅持大漢族主義的民族偏見，反對實事求是地對待
少數民族王朝的歷史地位問題。天曆二年（1329）揭傒斯
在《通鑑綱目書法序》中説："元魏據有中國，行政施化，
卒不能絕區區江左之晉而繼之。此萬世之至公而不可易焉
者而猶或易之，此《綱目》不得不繼《春秋》而作，此書
法不得不爲《綱目》而發也。"② 這位曾參與修《遼史》
並出任總裁官的揭傒斯贊成朱熹《通鑑綱目》的書法，反
對給予北魏以"正統"地位，當然與之相類似的遼朝也不
應被視爲"正統"。

元朝統治者雖然主要依靠漢族士大夫纂修遼、宋、金
三史，但他們的立場、觀點卻不可能與這些漢族士大夫完
全一致。元朝統治集團的主體是蒙古族，與遼、金王朝統
治集團的主體一樣都屬於北方少數民族。因此，否定遼、
金的正統地位，實際上對於元朝本身的正統地位也必有所

---

① 元·歐陽玄：《圭齋文集》卷一三。
② 元·揭傒斯：《揭文安公文集》卷八。

動搖。不過，元朝本身是一個大一統的王朝，這一點與宋、遼、金三個王朝又不一樣。他們起初是猶豫應當繼承宋還是繼承遼金的法統，對於其中的利弊得失頗費斟酌，直到元朝末年纔確定遼、宋、金三史的編修"各予正統、各繫其年號"。這樣，元末至正四年（1344），《遼史》終於得以修成。

《遼史》是一部官修史書，由當時的宰相脱脱任都總裁，其下有總裁官，除前面提及的歐陽玄和揭傒斯之外，還有鐵睦爾達世、賀惟一、張起巖及吕思誠等人，他們都是當世知名的文人。而實際擔當纂修工作的，則是廉惠山海牙、王沂、徐昺和陳繹曾四人，由他們擔任纂修官。廉惠山海牙是畏兀兒人，至治元年（1321）進士，曾任順州同知，泰定元年（1324）入史館。至正四年（1344），預修宋、遼、金三史。契丹和回鶻有密切關係，阿保機之妻述律氏就是歸化契丹的回鶻人，她的兄弟蕭敵魯及阿古只，都是阿保機的佐命功臣，分別被喻爲阿保機的"手"和"耳"。回鶻文化高於契丹，在創製契丹文字之前，契丹也許曾經使用回鶻文字記事。因此，廉惠山海牙參與修《遼史》，頗有助於釐清遼朝早期史事及契丹與回鶻的關係。王沂先世爲雲中（今山西省大同市）人，後徙真定（今河北省正定縣），延祐初進士，其六世祖，仕遼爲户部侍郎。[①] 沂本人曾任嵩州同知，至順三年（1332）出任國史院編修官。而至正四年三月《遼史》書成之時，他在朝廷任知制誥、同修國史兼經筵官。他被選中參與纂修《遼

---

① 元·馬祖常：《石田集》卷一三《監黄池税務王君墓碣銘》。

史》，可能與其先世仕於遼，因此熟悉遼朝史事有關。

　　元朝修遼、宋、金三史雖然確定了"各予正統、各繫其年號"的原則，但反對給予遼朝以"正統"地位者仍大有人在。紹興山陰縣（今浙江紹興）人楊維楨，元泰定四年（1327）進士，至正初，詔徵天下儒臣修遼、金、宋三史，維楨不得預。史成，正統訖無定論，至正三年（1343）維楨上表稱："夫遼固唐之邊夷也，乘唐之衰，草竊而起。石晉氏通之，且割幽燕以與之，遂得窺覦中夏，而石晉氏不得不亡矣。而議者以遼乘晉統，吾不知其何統也"，"中華之統正而大者，不在遼金而在於天付生靈之主也"。① 楊維楨的觀點與擔任《遼史》纂修總裁官的揭傒斯如出一轍。漢族知識分子這種極力貶低遼朝歷史地位的傾向，自然不利於利用當時有限的物質條件來纂修一部內容翔實的《遼史》，何況當時所能見到的遼朝文獻又殘缺不全。趙汸在論及元朝纂修宋、遼、金三史時的資料條件時曾這樣說："理度世相近而典籍散亡，遼金傳代久而記載殘闕，欲措諸辭而不失者亦難矣哉。"② 遼金文獻殘缺不全以及南宋末年傳世典籍的缺乏，給元朝修史造成極大困難。

　　元修《遼史》基本上是對前述耶律儼及陳大任兩家《遼史》稍加修定、編排，同時再以《契丹國志》《資治通鑑》等書中的資料補充而成。此外，關於契丹歷史的文

---

　　① 元·陶宗儀：《輟耕錄》卷三《正統辨》。據《千頃堂書目》卷五，維楨書名《宋遼金正統辨》，一卷。《東維子集》原不載此篇，四庫館臣奉諭旨據《輟耕錄》補入。

　　② 元·趙汸：《東山存稿》卷五《題三史目錄紀年後》。

獻，見於宋代尤袤《遂初堂書目》者，有《契丹官儀》《契丹機宜通要》《契丹事迹》《燕京會要》《契丹實錄》《契丹疆宇圖》《契丹朝獻禮物例》《契丹志》《燕北錄》《慶曆奉使錄》《匈奴須知》《北志》《契丹須知》《浮休居士使遼錄》《陰山雜錄》《契丹會要》等，① 共 16 種。今天，其中多數文獻已佚，存者如《燕北錄》，亦已殘缺不全；《陰山雜錄》又稱《虜庭雜記》，衹在他書中散見數條。但元朝修史時，這些書還都保存完好。高麗編纂的《大遼事迹》《大遼古今錄》等書，今天也已不可得見，但當時尚存，因此《遼史》編修者從這些文獻中也徵引了不少有價值的史料。大體上説，《遼史》帝紀（除《天祚皇帝本紀》之外）及列傳雖然記事簡略，但其中所涉及的歷史事實，多不見於他書記載。因此，《遼史》這兩部分的内容有很高的史料價值。尤其是大量的契丹人物傳，更是如此。此外，《遼史·營衛志》三卷是我們研究遼朝政治、軍事制度——捺鉢和宮衛制度最基本的史料。《遼史·禮志》五卷是在遼末宰相耶律儼以及大儒耶律固等人留下的稿本基礎上編纂而成的，對研究遼代政治、文化、民俗及與北宋、西夏、高麗的關係，都具有重要史料價值。《遼史·地理志》五卷中關於州縣建制及社會經濟狀況的資料，也都是很可寶貴的。不過總的説來，内容貧乏和記載史事不完備仍是《遼史》最主要的缺點。

《遼史》内容貧乏及記事不完備尤其突出地表現在不能如實地反映當時的民族關係。遼王朝治下的人民，漢人

---

① 《説郛》卷一〇下。

占大多數，就是在其統治集團內部，漢人也占有相當大的比例。然而《遼史》一書關於遼朝漢人的歷史事迹卻反映得很少。《遼史》有列傳四十五卷，正式立傳者 240 人，而耶律氏和蕭氏合起來就有 180 多人。爲數不多的漢臣傳當中，有的又幾乎完全照録《契丹國志》，如卷七六《張礪傳》就是如此。此外，卷七四《韓延徽傳》中的絕大部分内容也與《契丹國志·韓延徽傳》相同。遼朝的漢人在其境内開發了種植業、商業及手工業，然而《遼史·食貨志》中卻缺少關於契丹境内漢人經濟生活的明確記載。遼朝有一支數目龐大的漢軍，但關於漢軍之制，在《遼史·兵衛志》中也找不到明確的記載。正因爲如此，所以後世往往誤認爲《遼史》就是契丹人的歷史。

　　《遼史》記事的不完備還表現爲首尾欠缺。比如，聖宗、興宗和道宗三朝史事在《遼史》中記載較詳，而在此以前的史事，因爲尚無完備的史官制度，《實録》《國史》都是後來追記和補修的，故記述甚爲疏略。又如，記載遼朝建立以前契丹史事的《遼史·世表》，完全是摘編《魏書》《北齊書》《隋書》以及《唐書》中的契丹傳而成，且間有曲解。此外，《遼史》中關於遼末史事的記載也混亂不堪。元修《遼史》"率據金陳大任等所修《遼史》爲底本。大任《遼史》於遼末事迹記述特簡。元人乃於大任舊本之外，參取宋人記載，多所增補，其最要取材之一，即葉隆禮之《契丹國志》是已。《契丹國志》乃雜抄他書而成，天祚一代史事，實多襲遼末燕人史愿之《金人亡遼錄》"①。因爲修史時未加認真覈對，以致將原本是同一人者誤爲兩人。《遼史》中稱奚王回離保者實即《契丹國志》中之蕭幹，然《遼史·天祚皇帝本紀》中二名並存，一似二人。類似這種混亂情況，不獨遼末爲然。《遼史》卷一六《聖宗本紀七》開泰七年（1018）十一月壬戌記載："劉晟爲霸州節度使，北府宰相劉慎行爲彰武軍節度使。"其實，劉晟即劉慎行，彰武軍亦即霸州。此爲一事重出。此外，契丹人名、地名的異譯被誤爲二人、二地的情況就更爲多見。造成這種情況的原因是元修《遼史》主要是因襲耶律儼的《實錄》及陳大任的《遼史》舊稿草率成書，同時又兼採南朝記錄。史料來自不同時代，再加上五代、宋人記遼事所用人名、地名多與前述二家《遼史》不同，編纂者不加覈對，而是照單收錄、雜糅一處，於是同人異名被誤爲二人二事、同地異名被誤認爲不同地點的情況即多有發生。從這樣一部殘缺不全、混亂不堪的史書反映出來的遼朝歷史，自然難免有過多的疑點。

三

《遼史》成書草率，因此長期以來治遼史者多致力於對該書作文字校勘，以及對地理、紀年、漢臣、方鎮、藝文等內容進行訂補。早年，治遼史最有成績者，當數清代的厲鶚。厲鶚字太鴻，錢塘（今浙江省杭州市）人，清康熙五十九年（1720）舉人，作有《遼史拾遺》二十四卷。

---

① 傅樂煥：《遼史叢考》，中華書局 1984 年版，第 160—169 頁。

是書全面補證《遼史》，採摭群書，多至 358 種，[1] 分別爲《遼史》紀、傳、志、表各部分補充了大量史料。他倣裴松之注《三國志》的辦法，有注有補，以摘録《遼史》原文爲綱，再徵引他書條目羅列於下。成書後，初刻於乾隆八年（1743）。雖然該書引用的典籍絶大多數當時尚存，但卻使治遼史者大大開闊了眼界。乾隆五十九年，楊復吉又有《遼史拾遺補》五卷刊行，但較厲鶚書大爲遜色。此外，乾嘉時代的著名學者如錢大昕等人也都在《遼史》一書的校勘、考訂方面下過功夫。

清道光中葉以後，西方殖民主義者首先自東南沿海入侵，緊接着，我國從西到東漫長的北部邊疆地區也不斷遭到蠶食。民族危機的嚴重現實迫使向來輕視實學的士大夫開始重視實際問題的研究，於是，道、咸以後治邊疆史地成爲時尚，"言經者及今文，考史者兼遼、金、元，治地理者迄四夷，務爲前人所不爲"[2]。光緒年間，李慎儒撰《遼史地理志考》，何秋濤撰《遼代北徼二國考》，二者專門考訂了遼代地理。民國以來，又有丁謙《遼史各外國地理考證》、劉師培《遼史地理考》、馮家昇《遼史地理考補證》等諸家考證訂補之作。此外，譚其驤《遼史訂補三種》、陳漢章《遼史索隱》、羅繼祖《遼史拾遺續補》、吳廷燮《遼方鎮年表》、張亮采《補遼史交聘表》等著作對《遼史》某一方面或多個方面各有補證考辨。

---

[1]　據柴德賡先生統計（見《史籍舉要》，北京出版社 1982 年版，第140 頁）。

[2]　王國維：《觀堂集林》卷二三《沈乙庵先生七十壽序》。

　　總之，我們這部今注本《遼史》力求充分吸收清前期以來諸家治遼史的成果，特別是近百年來的學術成果，將遼史研究若干疑難問題的已有答案，呈現給讀者。

　　首先，今注本《遼史》澄清了幾個主要問題。其中，不能回避的是遼的朝廷究竟在哪裏？關於這個問題，一直是衆説紛紜。遼太祖耶律阿保機建國後，於神册三年（918）開始在今内蒙古自治區巴林左旗林東鎮以南築城，初名皇都。天顯元年（926）擴建，十三年改稱上京，並設臨潢府。澶淵之盟以後，爲適應與宋朝方面使節頻繁往來的新情況，遼聖宗又在今内蒙古寧城縣大明鎮營建了中京。上京和中京不同於歷史上其他王朝的都城，都祗是禮儀性的，皇帝在此舉辦典禮和接待宋、夏、高麗使節。禮儀結束之後，甚至不在城内過夜。皇帝平時不在都城，也就説明朝廷不在上京和中京。

　　那麼，遼朝皇帝平日身居何處呢？《遼史》卷三一《營衛志上》説：“有遼始大，設制尤密。居有宮衛，謂之斡魯朵；出有行營，謂之捺鉢。”這種説法並不符合遼朝的歷史實際。遼朝的“宮衛”除了斡魯朵之外，還包括在其管轄下的若干州、縣。遼朝皇帝並不住在斡魯朵，他們一年四季都活動在四時捺鉢行宮中。所謂“居有宮衛”“出有行營”，這是元人修史時添加的没有事實根據的解説。日本學者箭内亘誤信此説，以爲捺鉢即是“一時的牙帳也”，而斡魯朵則是“永久性的宮殿也”。[①] 姚從吾先生

---

　　① ［日］箭内亘著，陳捷、陳清泉譯：《元朝怯薛及斡魯朵考》，上海商務印書館1933年版，第126頁。

則更是將斡魯朵和捺鉢合二爲一，他認爲"簡單地説，《遼史》卷三一《營衛志》所説的'宮衛'，即是可汗比較久住的冬捺鉢。'出有行營，謂之捺鉢'，即是可汗四時巡行各地的牙帳，也就是春捺鉢，夏捺鉢，秋捺鉢"①。

傅樂煥先生在 1942 年發表的《遼代四時捺鉢考》中，就已經揭示了捺鉢在遼朝政治體制中所具有的核心地位，指出遼的朝廷不在中京，而在捺鉢，從而首次正確解讀了《遼史·營衛志》。他指出：

> 所謂捺鉢者，初視之似僅爲遼帝弋獵綱鈎，避暑消寒，暫時遊幸之所。宜無足重視。然而夷考其實，此乃契丹民族生活之本色，有遼一代之大法，其君臣之日常活動在此，其國政之中心機構在此。凡遼之北南面官，蕃漢人分治，種種特制，考其本源，無不出於是。②

誠如傅先生所言，在他揭示捺鉢爲遼代政治中心以前，人們對此向來沒有正確的解釋。一些遼史研究者由於不是從遼朝制度特點去解讀"春水""秋山"，而是以之作爲專門的地名進行探索，因此所得出的結論，必然與事實相距甚遠。傅先生還指出：

> 日人池内宏《遼代春水考》（《東洋學報》第六卷

---

① 姚從吾：《遼朝契丹族的捺鉢文化與軍事組織、世選習慣、兩元政治及遊牧社會中的禮俗生活》，《中山學術文化集刊》第一集，臺北中山學術文化基金董事會 1968 年版。

② 傅樂煥：《遼史叢考》，中華書局 1984 年版，第 37 頁。

二號）又津田左右吉《達魯古考》（《滿鮮地理歷史研究報告》二）及《關於遼代之長春州》（《東洋學報》七卷一號）均嘗於遼之春水秋山有所論列，顧皆未能得其要領。關於春水，二氏均以長春河擬之，同誤。①

我們在校注工作中，充分吸收了傅樂煥先生關於四時捺鉢的傑出研究成果，從而得以對《遼史》中關於諸宮衛——斡魯朵以及南、北面官等問題有了新認識，並對中華點校本中的相關問題做了重新處理。中華點校本《遼史》卷三一《營衛志上》有以下一段：

> 遼國之法：天子踐位置宮衛，分州縣，析部族，設官府，籍戶口，備兵馬。崩則扈從后妃宮帳，以奉陵寢。有調發，則丁壯從戎事，老弱居守。

根據以上標點，可以理解爲天子踐位設置宮衛之後，再分州縣、析部族。其實這一段講的是如何置“宮衛”，所謂“遼國之法”即是關於置宮衛的辦法。宮衛非天子所居，也不是朝廷之所在。所以“遼國之法”之後的冒號應當置於下一個逗號的位置上，其後則是幾個並列短語。故這一段的標點應當是：

> 遼國之法，天子踐位置宮衛：分州縣、析部族、設官府、籍戶口、備兵馬。崩則扈從后妃宮帳，以奉陵寢；有調發，則丁壯從戎事，老弱居守。

在確定了對捺鉢的正確解釋之後，我們發現元修《遼

---

① 《春水秋山考》附記，見《遼史叢考》，第63頁。

史》中的相關內容有許多是遼、金固有稿本中所無，因此判定是由元人修史時妄加的，比如北、南面官。遼的朝廷設官有所謂"北面""南面"之分，其義蓋指官員在皇帝殿帳內朝會排班的位置關係：契丹人拜日，殿帳東向，故上朝官員分列於殿帳之前，一側屬北面，另一側爲南面。元初，由於幾經戰亂，遼朝的實錄、國史以及金朝據此編纂的《遼史》都已殘缺不全，元修《遼史·百官志》根據元好問所説的"南衙不主兵，北司不理民"，構擬出了無所不包的北、南面官體系，不僅有"北面朝官""南面朝官"，還有"北面部族官""南面方州官"。部族官、方州官不上朝，如何分北、南？

中華點校本《遼史》卷四五《百官志一》進一步"完善"了這個無所不包的北、南面官體系，該卷"校勘記"云：

> "北面"及"北面朝官"，原無此二目。按卷首目錄有"北面"，下文卷四七有"南面""南面朝官"之目，《南面朝官序》云："遼有北面朝官。"又《續通志》一三二《遼官制》亦列"北面""北面朝官"。道光殿本已增，今補。

這一條校勘記衹列出了增加此二目的根據，卻忽略了不應作此增補的理由。傅樂焕先生經考證，指出：

> 今《遼史·百官志》分"北面官"（卷四五、四六）"南面官"（卷四七、四八）兩大部門，愚疑此兩部門非出同源。北面官門當爲舊本《遼史》所有，南

面官則爲元人新撰……北面官爲契丹政治之核心，遼人重視，遠過南面。余更疑今《百官志》北面官門，實爲舊《百官志》之"全文"。其篇首之《契丹南樞密·契丹北樞密院》兩目（"契丹"頭銜乃元人妄加）亦係舊志固有。蓋北南兩樞密院爲北南官僚之最高衙門，乃弁之篇首。然以不重南面官，故僅列南樞密院一目，另未細裁……如以上之推測不誤，則今《百官志》南面官兩卷，乃北面"（契丹）南樞密院"一條之複出。①

《遼史》卷四七、卷四八《百官志》完全是摘録紀、傳有關資料，按照事先構擬的無所不包的北、南面官體系杜撰而成。我們雖然對一些重要官稱作了注釋，但並不表明認同這兩卷的史料價值。

1919 年，日本"東洋史學"權威津田左右吉在《滿洲朝鮮地理歷史研究報告》第五本中發表了《遼國制度的二重體系》一文。島田正郎曾對"二重體系"説推崇備至，並將其修正爲"二元制"。② 津田左右吉和島田正郎將遼朝制度"二元制"説視爲一項了不起的發明，其實這個"發明"不過僅僅是爲《遼史·百官志》構擬的北、南面官體制貼上了一個新標籤。在這一新的標籤之下，他們對北、南面官制度所作的一項重要解釋，就是聲稱遼朝曾實行"漢人自行管理的行政原則"。這種觀點，在國外學術界甚

---

① 傅樂煥：《遼史叢考》，中華書局 1984 年版，第 301—302 頁。
② ［日本］島田正郎：《遼朝北面中央官制的特色》，臺灣《大陸雜誌》第 29 卷第 12 期，1964 年。

爲流行，一部西方近年出版的頗有影響的中國史著作就這樣寫道：

> 世宗統治時代初期，當他返回上京後不久，就正式將帝國分爲南北兩套系統（北面、南面）。這是對遼朝領土的真正地域劃分。南面包括統治漢人與渤海人的南部和東部地區，北面爲主要居住着契丹及其屬部的地區。由於北面也包括定居的漢人、渤海人甚至回鶻人，故而它也是一個雙重管理體制。它分爲契丹北樞密院、契丹南樞密院。①

把世宗時期確立的北、南面官體制説成是"正式將帝國分爲南北兩套系統（北面、南面）"，甚至説"這是對遼朝領土的真正地域劃分"，這種論斷既反映了西方學者頭腦中先入爲主的日本人的遼朝"二元制"説的影響，同時也反映了其治學祇滿足於一知半解。遍查《遼史》可以發現，"北面""南面"無不與官制——中央官制相聯繫，而没有一處涉及"領土劃分"。至於他們提及的北面樞密院又"分爲契丹北樞密院、契丹南樞密院"的説法，則早在二十世紀四十年代就由傅樂煥先生證明，這完全是元代修史者由於不諳遼朝史事杜撰出來的。

如果説傅樂煥先生的著作開創了正確解讀遼朝制度的總體框架，其他學者廣有影響的著作則對遼史中的若干具體問題做了科學解讀。王國維的著作，如《黑車子室韋

---

① ［德國］傅海波、［英國］崔瑞德編，史衛民等譯：《劍橋中國遼西夏金元史》，中國社會科學出版社 1998 年版，第87—88頁。

考》《達旦考》和《西遼都城虎思斡耳朵考》（均見《觀堂集林》卷一四）的考證，鄧恭三先生在《〈遼史·兵衛志〉"御帳親軍""大首領部族軍"兩事目考源辨誤》（《鄧廣銘全集》第九卷）中對相關問題的澄清，以及陳得芝先生《耶律大石北行史地雜考》（《歷史地理》第二輯）對遼在漠北軍政機構以及若干地理問題的考證，是我們在注釋中解決相關疑難問題的依據。金毓黻、陳述、蓋之庸諸先生的著作也對我們有很大幫助。

　　其次，今注本《遼史》訂補了諸多書中疏陋。記事疏略，謬誤迭出，是《遼史》一書突出的缺陷，因此訂正書中的史實錯誤成爲歷代諸家的重任。清代厲鶚《遼史拾遺》即是爲此而作。然而，時過境遷，厲鶚的成果已有不合時宜之處。如今學術條件突飛猛進，不僅有更爲便捷的文獻檢索，而且有不斷增加的考古資料和陸續出土的遼代墓誌。這樣的客觀條件，使得《遼史》的補證可以更豐富、更接近史實。

　　卷一《太祖本紀》載：

　　　　元年春正月庚寅，命有司設壇于如迂王集會堝，燔柴告天，即皇帝位。尊母蕭氏爲皇太后，立皇后蕭氏。北宰相蕭轄剌、南宰相耶律歐里思率群臣上尊號曰天皇帝，后曰地皇后。庚子，詔皇族承遙輦氏九帳爲第十帳。

　　"元年"，即阿保機即汗位之年，爲後梁開平元年（907）。這一年正月庚寅，阿保機"如迂王集會堝，燔柴告天"。燔柴告天是古代天子祭天之禮。據《爾雅·釋天》："祭天曰燔柴。"然而，行此禮，未必就代表即皇帝位。且不説當初行此禮的周天子並不是皇帝，契丹遙輦可汗行此禮更非稱帝。因此，開平元年阿保機行此禮也不代表稱帝、即皇帝位。關於這個問題，《遼史拾遺》沒有補證。據《舊五代史》（輯本薛史）卷一三七《外國列傳》：

> 天祐末，阿保機乃自稱皇帝，署中國官號。其俗舊隨畜牧，素無邑屋，得燕人所教，乃爲城郭宮室之制於漠北，距幽州三千里，名其邑曰西樓邑，屋門皆東向，如車帳之法。城南別作一城，以實漢人，名曰漢城，城中有佛寺三，僧尼千人。其國人號阿保機爲天皇王。

阿保機稱皇帝必與"署中國官號"及"爲城郭宮室之制"相聯繫，而"皇都"即西樓邑，亦即遼上京，是神册三年（918）始建成，故其稱皇帝亦當是在神册建元之時，即公元916年。同卷《外國列傳》又載：

> 及梁祖建號，阿保機亦遣使送名馬、女樂、貂皮等求封册。梁祖與之書曰："朕今天下皆平，唯有太原未伏，卿能長驅精甲，徑至新莊，爲我剪彼寇讎，與爾便行封册。"莊宗初嗣世，亦遣使告哀，賂以金、繒，求騎軍以救潞州。

梁開平元年（907），這一年的年初，耶律阿保機已即汗位。朱温稱帝後，他送上厚禮求封册。由於他在梁晉之爭中一直首鼠兩端，梁一直未對其行封册。最後，阿保機建元"神册"，即聲稱已經有神爲其封册，不再乞求中原皇帝封册了。至此，纔算正式即皇帝位。

《遼史》地名注釋，十分複雜。雖盡力考索，由於能力所限，仍有許多待解之迷。南北分立時期，人民遷徙、流亡或被大規模掠奪的事情常有發生。中古時期，人們總是聚族而居、舉族遷徙，因此便有地隨人遷之事，於是出現了許多僑置州縣。"唐末劉守光據州叛，暴虐尤甚，營平之地於中國爲南海隔，其民不得已歸於北虜。會石晉割賂燕薊，易定帥王郁盡驅其民入契丹，因以灤河爲名以居之，縣邑猶不改望都、安喜之名。"[1] 不僅塞外有漢人北上僑置的州縣，還有漢人內遷同時也有地名隨遷，如柳城縣的治所變更。據《漢書·地理志》，柳城縣屬遼西郡，唐以前營州治柳城（今遼寧省朝陽市），契丹興起以後，唐逐漸放棄柳城所在的營州，從阿保機在柳城建霸州彰武軍起，以柳城爲治所的營州就被徹底廢棄了。阿保機以定州俘户置廣寧縣，是在今昌黎縣境內，而唐時曾在這裏僑置柳城縣，所以唐柳城縣與漢柳城縣並非同一地點。

遼代的僑置州縣，還有以渤海人和朝鮮半島上的居民爲基礎而設置的。比如，遼實際上存在兩個顯州，其一爲顯陵所在之顯州（今遼寧省北鎮市），其二爲渤海顯德府之顯州（今吉林省敦化市）。兩個顯州名稱雖相同，但時空不一致。《續資治通鑑長編》卷七四宋真宗大中祥符三年（1010）九月戊辰載："知雄州李允則言契丹由顯州東侵高麗。"這證明該顯州靠近高麗，亦即原渤海顯德府在遼仍稱顯州。《遼史·地理志》卻將兩個顯州合而爲一，

---

① 宋·曾公亮：《武經總要》前集卷一六下《幽州四面州軍》。

並將這個顯州說成是原渤海顯德府，然後又説顯陵和醫巫閭山（均在今遼西北鎮），也在原顯德府。這就錯成連環套了。

《遼史》還分不清遼上京（今内蒙古自治區巴林左旗林東鎮）與金上京（今黑龍江省哈爾濱市阿城區）的區别。卷三七《地理志一·上京道》載："淶流河自西北南流，繞京三面，東入於曲江，其北東流爲按出河。"淶流河、按出河，都是流經金上京境内的河流。《遼史·地理志》實際上是誤以金上京爲遼上京。元人犯這種錯誤並不奇怪。遼亡以後，遼上京很快就失去作爲京城的地位，祇稱臨潢府，由於名稱變易、地位降格，早在宋金時期，中原人分不清遼上京與金上京者，就已經大有人在了。南宋洪皓《松漠紀聞》載其出使金朝事："自上京至燕。二千七百五十里。上京即西樓。"所謂"西樓"，是遼上京的契丹地名，與洪皓所記金上京無關。

遼與宋、金、西夏、高麗相涉史事，在注釋中我們儘量採用兩方或三方的記載加以解説。如《遼史》卷八《景宗本紀上》載，乾亨二年（980）十一月壬寅，"休哥敗宋兵於瓦橋東，守將張師引兵出戰，休哥奮擊，敗之"。"守將張師"應是《續資治通鑑長編》卷二一宋太宗太平興國五年（980）十一月壬寅記事中的守禦瓦橋關（雄州）的龍猛副指揮使荆嗣。

《遼史·天祚本紀》四卷多用《三朝北盟會編》的相關記載，有的章節甚至一字不差。如卷二七關於"頭魚宴"阿骨打拒絕獻舞一事，我們在注中引出《三朝北盟會編》政宣上帙三的記載，即可辨明《遼史》相關記載的來源。涉及遼金和戰史事，注釋則引用《金史》有關記載。

檢查記事出處，可以發現元修《遼史》不嚴謹之處甚多。以卷一一五《二國外記》爲例，《高麗傳》載"自太祖皇帝神册間，高麗遣使進寶劍"。按：卷二《太祖本紀下》，高麗向遼遣使，初見於天贊四年（925）冬十月辛巳，"高麗國來貢"。中華點校本校勘記則云："按《紀》，高麗進寶劍，在太祖九年十月。"進寶劍的"高麗"其實是僧人弓裔於公元901年在朝鮮半島北部建立的後高句麗。太祖九年時爲後梁乾化五年（915），當時王氏高麗尚未建立。918年，後高句麗爲王建的高麗王朝所滅。另外，《遼史》中的康肇，《高麗史》則作"康兆"，卓思正作"卓思政"，契丹使臣耶律資忠則作"耶律行平"。此外，對照《高麗史》注釋會發現《遼史》還有多處史實錯誤。

《遼史》卷一一五《西夏傳》多取材於《宋史》卷四八五、卷四八六《夏國傳》，但不免斷章取義。如《遼史·西夏傳》在言及德明"製字若符篆"時，就有"其俗，衣白窄衫，氈冠，冠後垂紅結綬。自號嵬名"一段文字。其實"衣白窄衫"既非德明之俗，亦非夏人之俗。據《宋史·夏國傳》，元昊"少時好衣長袖緋衣，冠黑冠"，"既襲封，明號令，以兵法勒諸部。始衣白窄衫，氈冠紅裏，冠頂後垂紅結綬"。自號"嵬名"者，亦非德明，而是其子元昊即位後"自號嵬名吾祖"。又如"有炮手二百人，號'潑喜'。勇健者號'撞令郎'"。其實據《宋史·夏國傳》，應是"得漢人勇者爲前軍，號'撞令郎'"。

此外，爲訂正《遼史》記載訛誤，我們還利用新見史料。其一，考古工作者關於遼上京、中京以及其他城址的發掘及調查報告、遼代墓葬的發掘報告是我們確認都城、頭下軍州所處位置以及注釋《遼史·食貨志》的基礎資料；其二，遼代碑刻、墓誌亦爲補證《遼史》的重要文獻，比如卷六四《皇子表》中，耶律迭剌的後代記錄缺失，據《耶律琮神道碑》可補"子允，孫琮，曾孫昌言、昌時、阿難奴"等子孫姓名，又據《蕭孝恭墓志銘》可補"孫桂、解里、筠"等子孫姓名。應當説明的是，我們引用的遼代墓誌，更多的是用劉鳳翥自拓、自藏的拓本，珍貴稀缺。

再次，今注本《遼史》利用了有關契丹文字研究的學術成果。這也是本書在内容方面的一大特色。二十世紀七十年代以來，隨着出土文獻的增多，契丹文字的解讀有了新進展，故而中國學者的研究碩果累累。契丹文字的研究成果判明了一些被塵封的不見於《遼史》的歷史問題，例如從對契丹文字的研究中可以發現，遼代實行"契丹·遼"或"遼·契丹"的雙國號。遼人在什麽情況下用"契丹·遼"，又在什麽情況下用"遼·契丹"，這是有規律可循的。同時，劉鳳翥還廣泛彙集中外研究成果，並以自己多年收藏的契丹文字墓誌拓本爲實例，編成《遼史·國語解新編》和《番漢對照遼史年表》兩份成果，附載於書後，以豐富今注本《遼史》的内容。

各個歷史時期的語言文字不僅是那一時代史料的載體，同時其本身的構形、字義等也具有重要的史料價值。

遼朝建立後創製的契丹文字不僅形制類似漢字，而且有了這種文字之後，契丹語的語彙便得以進一步豐富起來，尤其是契丹語中大量出現的漢語借詞，也成爲了遼代政治、社會、歷史研究領域中極具價值的特殊史料。這類詞彙不僅反映了契丹文化與漢文化的密切關係，同時也體現了當時的政治、社會屬性和時代特徵，應當爲我們所重視和利用。

四

（一）今注本《遼史》的版本與校勘①

元至正四年（1344）三月，《遼史》修成；至正五年，與《金史》一起下江浙、江西行省雕版印製，各印造一百部。此即至正初刻本。由於印行數量不多，元明之交板片盡失，故至正本今已不傳。今天所能見到的《遼史》最早刻本是明初洪武年間的福建覆刻本，也是百衲本《遼史》所據的底本，此本今藏中國國家圖書館、上海圖書館、臺北"中央圖書館"、日本靜嘉堂文庫等處。《遼史》的早期版本還有《永樂大典》殘本（按，經過八國聯軍兵燹，目前存世的《永樂大典》僅約占原書的百分之三，殘本中仍有數卷《遼史》）和原內閣大庫藏明初朱絲欄抄本，學界認爲二者皆源出元至正本，個別異文優於百衲本，這爲我們校勘《遼史》提供了重要參考。此外，流傳於世的明代版本尚有明嘉靖八年（1529）南京國子監刻本以及據此翻

①　本節內容主要由劉鳳翥提供。

刻的明萬曆三十四年（1606）北京國子監本。迨至清代，《遼史》版本漸次增多，有内府抄本、乾隆殿本、道光殿本、五省官書局本等多種。加上近現代人的各類影印本、整理本，粗略算之，《遼史》版本計有二十餘種。

經過綜合考量，今注本《遼史》的校勘使用了下列版本：

1. 《遼史》116卷，《百衲本二十四史》影印明初覆刻本，商務印書館1931年上海版。簡稱"百衲本"。

2. 《遼史》116卷，明嘉靖八年南京國子監刻本，清順治十五年（1658）至十六年補刊。簡稱"南監本"。

3. 《遼史》116卷，明萬曆三十四年北京國子監刻本，清康熙二十五年（1686）重刊。簡稱"北監本"。

4. 《遼史》116卷（存110卷），《遼史彙編》影印原内閣大庫藏明初内廷朱絲欄抄本（原闕卷九至卷一四），鼎文書局1973年臺北版。簡稱"明抄本"。

5. 《遼史》116卷，影印乾隆四年（1739）武英殿校刊本，上海古籍出版社、上海書店1986年版。簡稱"殿本"。

6. 《遼史》，《永樂大典》殘本（卷五二四八、卷五二四九、卷五二五一皆爲"遼"字韻，對應本紀卷五至卷一五，卷二七至卷三〇；殘本中的其他卷次也保存了部分《遼史》本紀、志、表、列傳的内容），中華書局1986年北京版。簡稱"大典本"。

此外，我們還參考了現今學界幾部通行的整理本：

1. 《遼史》，中華書局點校本，1974年北京版。簡稱

"中華點校本"。

2.《遼史》，中華書局點校修訂本，2016 年北京版。簡稱"中華修訂本"。

3.《遼史補注》，陳述撰，中華書局 2018 年北京版。簡稱"補注本"。

4.《遼史長箋》，楊家駱和趙振績編纂，新文豐出版公司 2006 年臺北版。簡稱"長箋本"。

《遼史》草率修成，未及詳校，故錯字較多，這些錯字均體現在明初刻本中，但誠如張元濟在百衲本《遼史》的跋中所説："此在元刻，誠非精本。然求較勝者，竟不可得，瑕不掩瑜，故猶取焉。"（按，張氏又在《百衲本二十四史版本述要》中言此本"恐係覆本"，蓋其時缺明證，姑且言之爲元本）當然，明初刻本源出元至正本，百衲本據以影印並描潤補版，堪稱精良，是現存最優的《遼史》版本，因此中華點校本和修訂本均以此作"底本"，同時二者據他本校正了百衲本的許多錯誤，功不可没。今注本也以百衲本爲底本，我們逐字逐句校以其他各本，目的是爲廣大讀者提供一部校勘正確的《遼史》。這一目標究竟在多大程度上得到實現，還有待廣大讀者檢驗。

（二）今注本《遼史》的標點

古人云："句讀之不知，惑之不解。"爲古文獻添加正確標點，意在爲讀者釋疑解惑，在古籍整理工作中，其重要意義不言自明。《遼史》標點，首先遇到的困難是由於遼朝統治主體是少數民族，特殊的歷史語言環境導致從行文中區分語言的最小單位具有相當的難度。單詞、複合詞以及某些短語，在斷句過程中均不可以再分割，例如“駝鹿”“太常儀鳳”“渤海俘錦州户”“教坊監盞”“戀闕致詞”之類，都是不能再分割的最小單位，中華書局點校本《遼史》將其分割，結果則是變得難解其義或全非本義。其次相關史實考證，本書紀、志、表、傳互證也是斷句必不可少的前期工程。例如卷三二《營衛志·部族》：“契丹之初，草居野次，靡有定所。至涅里始制部族，各有分地。”（點校本第1册第377頁，修訂本第2册第427頁）涅里是阿保機的祖先，唐中葉助遙輦氏取代大賀氏，當時契丹早已有八部組織，故無“至涅里始制部族”之事，此時需要解決的是“草居野次，靡有定所”，標點無疑應是：“至涅里始制：部族各有分地。”又如卷七二《義宗倍傳》：“嘗從征烏古、党項，爲先鋒都統，及經略燕地。太祖西征，留倍守京師。”（點校本第3册第1209頁，修訂本第5册第1334頁）倍從阿保機征烏古、党項，受命爲先鋒都統與本紀記載相符，但經略燕地，倍卻没有跟隨。據卷二《太祖本紀》天贊三年（924）六月乙酉“大舉征吐渾、党項、阻卜等部。詔皇太子監國，元帥堯骨從行”。另據卷三《太宗本紀》“天贊元年，授天下兵馬大元帥，尋詔統六軍南徇地”。所謂“南徇地”亦即“經略燕地”，其間統率六軍的是德光，表明耶律倍的確未出征，而是留守京師。故上引《義宗倍傳》標點應爲：“嘗從征烏古、党項，爲先鋒都統。及經略燕地、太祖西征，留倍守京師。”此句中的“及”非“以及”，而是“待到”之義。

力求爲讀者提供正確標點，就是最有意義的實際行動，也是今注本努力奮鬬的目標之一。我們深知要完全實現這一目標非常不易，或許還需要有多位學者爲之付出，對此我們懷抱最真誠的期待。

　　總之，我們的工作已延續二十餘年，過程坎坷，如今成果有望付之梨棗，頗感欣慰。其間得到已故的總編纂張政烺先生、執行總編纂賴長揚先生的指導和幫助，他們優良的學風和傑出的工作，我們永志不忘。現任執行總編纂孫曉先生勤加督導，編輯部徐林平先生對本書的編輯、校對花費了很大心血，友人康鵬先生、陳曉偉先生協助我們查找資料，他們的付出推進了這項工作，在此一併致謝。我們誠懇期待讀者對本書缺點及失誤予以批評、指正。

二〇二一年九月一日

例　言

　　本例言根據《〈今注本二十四史〉編纂手册》（2017）之各項要求製訂，是我們從事《遼史》校注的工作細則。今注本《遼史》力求體現“史家注史”的基本特點，吸收學術界已有研究成果，旨在爲讀史者提供《遼史》文本的新校訂和新詮釋。

　　一、校勘。本書以百衲本《遼史》（書中簡稱爲“原本”）作底本，以明抄本、南監本、北監本、殿本爲參校本，並參考中華點校本、修訂本、陳述《遼史補注》、楊家駱和趙振績《遼史長箋》等諸家整理成果。

　　（一）原文校勘主要由劉鳳翥負責，校勘記稱“劉校”。李錫厚及編委會亦根據書稿情況適當補校，稱“李校”或“靳校”。

　　（二）本書根據新見史料和校注者新發現的證據對原

文加以校補。在正文中校補文字加六角括號"〔〕"（按，原中華本增補的文字一般僅出校勘記，不在文中作特殊標記），原底本中的注文以小五號字排印，以示與底本正文相區別。

（三）爲便於閱讀，本書還進行了適當的體例調整。百衲本卷首的《修三史詔》《進遼史表》《三史凡例》《修史官員》等有關修史的材料，從中華點校本移作附録；百衲本每卷卷端皆有"開府儀同三司上柱國録軍國重事中書右丞相監修、國史領經筵事都總裁臣脱脱奉勅修"之語，均删去。

二、注釋。本書注文涉及内容廣泛，包括人名、地名、官名、書名、族名、封爵名、廟號、年號以及疑難字詞、史實記載歧異辨析等，體現遼代歷史文化的多個方面。注釋者力求持之有故，言之成理。無能力解釋之文字不妄解。

（一）注釋大部分由李錫厚負責，劉鳳翥補注稱"劉注"；少部分（卷七一至七五及卷一一六）由劉鳳翥負責，李錫厚補注稱"李注"；《曆象志》部分（卷四二至四五）由陳久金負責，並由劉鳳翥補注。補注是原注内容的衍伸，也提供不同觀點之解説。此外，編委會亦根據書稿情況略加補注，稱"靳注"。

（二）劉鳳翥所補部分，個別處既有校勘之語，又有注釋之句，概稱"劉注"。李錫厚所著部分，除卷四二至四五、卷七一至七五、卷一一六外，凡有校有注者，皆省稱。

（三）爲體現文本簡潔明了，諸志以同類多卷爲單元，餘者（本紀、列傳、表、國語解）以一卷爲單元，同一單元內不重複注釋。

三、標點。全書句讀分段參考中華點校本，由李錫厚對全書句讀進行補校補訂。因此本書複雜、難解語句之標點以及分段與中華點校本多有不同。

四、附錄。本書附錄《國語解新編》《蕃漢對照遼史年表》（劉鳳翥編著）和《中華本〈遼史〉點校存疑舉要》（李錫厚編著）作爲本書校勘注釋工作之補充。《國語解新編》《蕃漢對照遼史年表》對本書中涉及的契丹語字詞做了統一解讀，是解讀研究《遼史》的有力工具；《中華本〈遼史〉點校存疑舉要》則例舉了一百多條示例，比對了本書點校與中華點校本的差異，表明了本書標點的根據和理由。

五、審訂。全書前 70 卷（卷一至七〇）由李錫厚負責審訂統稿；後 46 卷（卷七一至一一六）由劉鳳翥負責審訂統稿。

六、其他。

（一）爲尊重作者行文習慣，本書多依據舊字形。文中涉及的異體字，一般也從底本。

（二）全書每一條校注，如遇到兩位作者或多位作者皆有貢獻，則按如下次序編排：卷一至卷七〇、卷七六至卷一一五，李錫厚所著部分在前，劉鳳翥所著緊隨其後；卷七一至卷七六、卷一一六，劉鳳翥所著部分在前，李錫厚所著緊隨其後；卷四二至四四，陳久金所著部分在前，劉鳳翥所著緊隨其後。

（三）爲行文簡潔，本書涉及的多部文獻書名以簡稱出現，如《資治通鑑》省作《通鑑》，《續資治通鑑長編》省作《長編》，厲鶚《遼史拾遺》省作《拾遺》等。另外，常用的近現代學者著作如馮家昇《遼史初校》省作《初校》，羅繼祖《遼史校勘記》省作《羅校》，陳漢章《遼史索隱》省作《索隱》等。

（四）本書中的地理名詞所對應的當代地名及行政區劃均以《中華人民共和國行政區劃簡册（2020）》爲準。

（五）本例言中未盡事宜由《今注本二十四史》編委會負責解釋。

本書編撰者

二〇二一年十月十二日

主要參考文獻①

一、古籍整理

清·阮元校刻：《十三經注疏》，中華書局 1980 年版。

《周禮》，《四部叢刊》影印明翻宋岳氏相臺本。

《孝經》，《四部叢刊》影印宋刊本。

宋·陳暘：《樂書》，文淵閣《四庫全書》本。

漢·司馬遷：《史記》，點校本，中華書局 1959 年版。

漢·班固：《漢書》，點校本，中華書局 1962 年版。

南朝宋·范曄：《後漢書》，點校本，中華書局 1965 年版。

晉·陳壽：《三國志》，點校本，中華書局 1959 年版。

唐·房玄齡等：《晉書》，點校本，中華書局 1974 年版。

南朝梁·沈約：《宋書》，點校本，中華書局 1974 年版。

唐·姚思廉：《梁書》，點校本，中華書局 1973 年版。

北齊·魏收：《魏書》，點校本，中華書局 1974 年版。

---

① 校勘用書已見《前言》。此處主要介紹注釋所引文獻。

唐・李百藥：《北齊書》，點校本，中華書局 1972 年版。

唐・令狐德棻：《周書》，點校本，中華書局 1971 年版。

唐・李延壽等：《北史》，點校本，中華書局 1974 年版。

唐・魏徵、令狐德棻：《隋書》，點校本，中華書局 1973 年版。

後晉・劉昫等：《舊唐書》，點校本，中華書局 1975 年版。

宋・歐陽修、宋祁：《新唐書》，點校本，中華書局 1975 年版。

宋・薛居正等：《舊五代史》，點校本，中華書局 1976 年版。

宋・歐陽修：《新五代史》，點校本，中華書局 1974 年版。

元・脫脫等：《宋史》，點校本，中華書局 1985 年版。

元・脫脫等：《金史》，點校本，中華書局 1975 年版。

明・宋濂等：《元史》，點校本，中華書局 1976 年版。

清・錢大昕著，方詩銘、周殿傑校點：《廿二史考異》，上海古籍出版社 2004 年版。

清・錢大昕撰，錢侗增補：《宋遼金元四史朔閏考》，清嘉慶二十五年（1820）刻本。

［朝鮮］鄭麟趾等編：《高麗史》，韓國首爾大學奎章閣圖書館藏乙亥字本。

宋・葉隆禮撰，賈敬顏、林榮貴點校：《契丹國志》，上海古籍出版社 1985 年版。

宋・陸游：《南唐書》，《五代史書彙編》本，杭州出版社 2004 年版。

清・吳任臣撰，徐敏霞、周瑩點校：《十國春秋》，中華書局 1983 年版。

宋・司馬光等編著，元・胡三省音注：《資治通鑑》，點校本，中華書局 1956 年版。

宋・李燾：《續資治通鑑長編》，點校本，中華書局 1985 年版。

宋・李心傳：《建炎以來繫年要錄》，點校本，中華書局 1988

年版。

宋·徐夢莘：《三朝北盟會編》，影印清光緒三十四年（1908）許涵度刻本，上海古籍出版社 1987 年版。

宋·陳均撰，許沛藻等點校：《皇朝編年綱目備要》，中華書局 2006 年版。

宋·王偁：《東都事略》，清光緒九年（1883）淮南書局重刊本。

宋·李攸：《宋朝事實》，中華書局 1955 年版。

唐·杜佑撰，王文錦等點校：《通典》，中華書局 1988 年版。

清·嵇璜：《續通典》，影印《萬有文庫十通》本，浙江古籍出版社 2000 年版。

宋·王溥：《唐會要》，上海古籍出版社 1991 年版。

宋·王溥：《五代會要》，中華書局 1998 年版。

清·徐松：《宋會要輯稿》，影印本，中華書局 1957 年版。

宋·王欽若等編：《册府元龜》，中華書局 1960 年版。

元·馬端臨：《文獻通考》，影印《萬有文庫十通》本，中華書局 1986 年版。

宋·樂史撰，王文楚等點校：《太平寰宇記》，中華書局 2007 年版。

元·孛蘭肹等撰，趙萬里校輯：《元一統志》，中華書局 1966 年版。

明·李賢、彭時等纂修：《大明一統志》，文淵閣《四庫全書》本。

清·穆彰阿等修：《〔嘉慶重修〕大清一統志》，《四部叢刊》影印清史館藏寫本。

清·顧祖禹撰，賀次君、施和金點校：《讀史方輿紀要》，中華書局 2005 年版。

清·李鴻章修，黃彭年纂：《〔光緒〕畿輔通志》，河北大学出版社 2017 年版。

清·曾國荃等修：《［光緒］山西通志》，清光緒十八年（1892）刻本。

明·任洛等重修：《［嘉靖］遼東志》，《續修四庫全書》影印明刻本，上海古籍出版社 2001 年版。

清·和珅、梁志國纂修：《熱河志》，文淵閣《四庫全書》本。

清·和瑛：《熱河志略》，《續修四庫全書》影印寫本，上海古籍出版社 2001 年版。

清·于敏中等：《日下舊聞考》，北京古籍出版社 1983 年版。

清·阿桂等編修：《滿洲源流考》，文淵閣《四庫全書》本。

北魏·酈道元撰，陳橋驛點校：《水經注》，上海古籍出版社 1990 年版。

宋·陳襄：《使遼語録》，《遼海叢書》本，遼瀋書社 1985 年版。

金·王寂：《遼東行部志》，《遼海叢書》本，遼瀋書社 1985 年版。

［朝鮮］尹廷琦：《東寰録》，韓國中央研究院藏書閣圖書館藏 1911 年鉛活字本。

明·陶宗儀：《書史會要》，上海書店 1984 年版。

唐·蕭嵩：《大唐開元禮》，影印《武英殿聚珍版叢書》本，民族出版社 2000 年版。

宋·曾公亮：《武經總要》，《中國兵書集成》影印明代萬曆金陵書林唐富春刻本，解放軍出版社、遼瀋書社 1988 年版。

佚名：《三輔黃圖》，《四部叢刊》影印元刊本。

魏·王肅注：《孔子家語》，《四部叢刊》影印明翻宋本。

漢·揚雄原著，汪榮寶撰，陳仲夫點校：《法言義疏》，中華書局 1987 年版。

漢·班固原著，清·陳立疏證，吳則虞點校：《白虎通疏證》，中華書局 1994 年版。

漢・桓寬原著，王利器校注：《鹽鐵論校注》，中華書局 1992 年版。

漢・蔡邕：《獨斷》，文淵閣《四庫全書》本。

晉・崔豹：《古今注》，《四部叢刊》影印宋刊本。

宋・黎靖德編，王星賢點校：《朱子語類》，中華書局 1986 年版。

宋・宋敏求撰，誠剛點校：《春明退朝錄》，中華書局 1980 年版。

宋・程大昌：《演繁露》，明代程煦校刻本。

宋・田況：《儒林公議》，文淵閣《四庫全書》本。

宋・陸游撰，李劍雄、劉德叔點校：《老學庵筆記》，中華書局 1979 年版。

宋・葉夢得撰，宇文紹奕考異，侯忠文點校：《石林燕語》，中華書局 1984 年版。

宋・費袞撰，金圓校點：《梁谿漫志》，上海古籍出版社 1985 年版。

宋・吳曾：《能改齋漫錄》，上海古籍出版社 1979 年版。

宋・江少虞：《宋朝事實類苑》，上海古籍出版社 1981 年版。

清・顧炎武著，清・黃汝成集釋，欒保群、呂宗力校點：《日知錄集釋》，上海古籍出版社 2006 年版。

宋・王欽若等編：《冊府元龜》，影印明刊本，中華書局 1960 年版。

宋・沈括：《夢溪筆談》，文物出版社 1975 年版。

宋・洪皓：《松漠紀聞》，《遼海叢書》本，遼瀋書社 1985 年版。

宋・洪邁撰，何卓點校：《夷堅志》，中華書局 1981 年版。

宋・高似孫：《緯略》，文淵閣《四庫全書》本。

宋·孟元老:《東京夢華録》,中州古籍出版社 2010 年版。

宋·吳自牧:《夢粱録》,《知不足齋叢書》本。

明·陶宗儀等編:《説郛三種》,上海古籍出版社 1988 年版。

清·趙翼:《廿二史劄記》,商務印書館 1958 年版。

清·趙翼:《陔餘叢考》,商務印書館 1957 年版。

清·翁樹培:《古泉彙考》,中國國家圖書館藏清代手抄本。

宋·歐陽修撰,李偉國點校:《歸田録》,中華書局 1981 年版。

宋·黃震:《黃氏日抄》,文淵閣《四庫全書》本。

元·方回:《古今考》,文淵閣《四庫全書》本。

明·周祈:《名義考》,文淵閣《四庫全書》本。

明·葉子奇:《草木子》,文淵閣《四庫全書》本。

清·錢大昕撰,陳文和、孫顯軍點校:《十駕齋養新録》,江蘇古籍出版社 2000 年版。

清·何焯:《義門讀書記》,文淵閣《四庫全書》本。

遼·王鼎:《焚椒録》,《四庫全書存目叢書》影印明萬曆秀水沈氏刻寶類堂秘笈本,齊魯書社 1996 年版。

唐·陳子昂著,徐鵬校:《陳子昂集》,中華書局上海編輯所 1960 年版。

唐·王維:《王右丞集》,《四部叢刊》影印元刊本。

唐·白居易:《白氏長慶集》,《四部叢刊》影印日本翻宋大字本。

唐·陸贄:《陸宣公翰苑集》,《四部叢刊》影印宋刊本。

宋·李昉等:《文苑英華》,中華書局 1966 年版。

宋·余靖:《武溪集》,《北京圖書館古籍珍本叢刊》影印明成化九年(1473)刻本,書目文獻出版社 1998 年版。

宋·司馬光撰,李文澤、霞紹暉校點:《司馬光集》,四川大學出版社 2010 年版。

宋·劉攽：《彭城集》》，文淵閣《四庫全書》本。

宋·歐陽修：《歐陽文忠公集·外集》，《四部叢刊》影印元刊本。

宋·蘇頌著，王同策點校：《蘇魏公文集》，中華書局 1988年版。

宋·蘇轍：《欒城後集》，上海古籍出版社 2009 年版。

宋·曾几：《茶山集》，文淵閣《四庫全書》本。

宋·黃榦：《勉齋集》，文淵閣《四庫全書》本。

金·元好問：《遺山先生文集》，《四部叢刊》影印弘治中刊本。

元·耶律楚材：《湛然居士集》，《四部叢刊》影元寫本。

元·虞集：《道園學古錄》，《四部叢刊》影印明翻元小字本。

元·蘇天爵編：《國朝文類》，《四部叢刊》影印元刊本。

清·厲鶚編：《遼史拾遺》，文淵閣《四庫全書》本。

清·李慎儒：《遼史地理志考》，清光緒二十八年（1902）丹徒李氏刻本。

陳漢章：《遼史索隱》，《遼史彙編》本，臺灣鼎文書局 1973年版。

羅繼祖：《遼史校勘記》，上海人民出版社 1958 年版。

陳述輯校：《全遼文》，中華書局 1982 年版。

楊家洛、趙振續編纂：《遼史長箋》，臺灣新文豐出版公司 1995年版。

元·脫脫等撰，陳述補注：《遼史補注》，中華書局 2018 年版。

二、現代著作

巴林左旗地方志編纂委員會編，曹建華、魏昌友總纂：《巴林左旗志》，內蒙古人民出版社 1996 年版。

北京市文物研究所編：《北京考古四十年》，北京燕山出版社
　　1990 年版。

陳述：《契丹社會經濟史稿》，三聯書店 1963 年版。

陳明達：《應縣木塔》，文物出版社 1980 年版。

陳寅恪：《隋唐制度淵源略論稿》，生活・讀書・新知三聯書店
　　2001 年版。

赤峰文博院編：《石墨芳華——劉鳳翥、李春敏收藏遼金碑刻拓
　　本集》，文物出版社 2021 年版。

鄧廣銘：《鄧廣銘治史叢稿》，北京大學出版社 1997 年版。

馮家昇：《遼史研究與遼史初校》，載《遼史證誤三種》，中華
　　書局 1959 年版。

傅樂煥：《遼史叢考》，中華書局 1984 年版。

蓋之庸編：《內蒙古遼代石刻文研究》（增訂本），內蒙古大學
　　出版社 2007 年版。

韓儒林：《穹廬集——元史及西北民族史研究》，上海人民出版
　　社 1982 年版。

河北省文物研究所編：《宣化遼墓（1974—1993 年考古發掘報
　　告）》，文物出版社 2001 年版。

賈敬顏：《五代宋金元人邊疆行記十三種疏證稿》，中華書局
　　2004 年版。

金渭顯：《高麗史中中韓關係史料彙編》，臺灣食貨出版社 1983
　　年版。

金毓黻輯印：《遼陵石刻集錄》，僞奉天圖書館 1934 年版。

李殿福、孫玉良：《渤海國》，文物出版社 1987 年版。

林鵠：《〈遼史〉百官志考訂》，中華書局 2015 年版。

劉海文編著：《宣化出土古代墓誌錄》，遠方出版社 2002 年版。

劉鳳翥：《契丹文字研究類編》，中華書局 2014 年版。

劉鳳翥、唐彩蘭、青格勒編：《遼上京地區出土的遼代碑刻彙輯》，社會科學文獻出版社 2009 年版。

劉鳳翥、劉寧、王清林、蓋之庸輯錄：《遼代漢字碑刻輯錄》（待刊）。

劉鳳翥、華祖根、盧勛編：《中國民族史研究》（四），改革出版社 1992 年版。

梅寧華主編：《北京遼金史跡圖誌》上冊，北京燕山出版社 2003 年版。

梅寧華主編：《北京遼金史跡圖誌》下冊，北京燕山出版社 2004 年版。

苗潤博：《〈遼史〉探源》，中華書局 2020 年版。

內蒙古文物考古研究所、哲里木盟博物館編：《遼陳國公主墓》，文物出版社 1993 年版。

清格爾泰、劉鳳翥、陳乃雄、于寶麟、邢復禮編著：《契丹小字研究》，中國社會科學出版社 1985 年版。

孫進己、馮永謙總纂：《東北歷史地理》（上、下冊），黑龍江人民出版社 2013 年版。

譚其驤主編：《中國歷史地圖集釋文彙編》（東北卷），中央民族學院出版社 1988 年版。

唐彩蘭：《遼上京文物擷英》，遠方出版社 2005 年版。

田衛疆：《高昌回鶻史稿》，新疆人民出版社 2006 年版。

王承禮：《渤海簡史》，黑龍江人民出版社 1984 年版。

王承禮：《中國東北的渤海國與東北亞》，吉林文史出版社 2000 年版。

王國維：《王國維遺書》，上海古籍書店 1983 年版。

王健群、陳相偉：《庫倫遼代壁畫墓》，文物出版社 1989 年版。

王晶辰編：《遼寧碑誌》，遼寧人民出版社 2002 年版。

王綿厚、王海萍主編：《遼寧省博物館藏碑誌精粹》，文物出版社 2000 年版。

魏良弢：《西遼史綱》，人民出版社 1991 年版。

楊志玖：《元史三論》，人民出版社 1985 年版。

政協巴林左旗委員會編，魏昌友、曹建華、金永田主編：《臨潢史跡》，內蒙古人民出版社 1999 年版。

中國社會科學院考古研究所編：《新中國的考古發現和研究》，文物出版社 1984 年版。

〔日本〕白鳥庫吉撰，方狀猷譯：《東胡民族考》，商務印書館 1934 年版。

〔德國〕傅海波、〔英國〕崔瑞德編，史衛民等譯：《劍橋中國遼西夏金元史》，中國社會科學出版社 1998 年版。

〔法國〕閔宣化著、馮承鈞譯：《東蒙古遼代舊城探考記》，中華書局 1956 年版。

〔伊朗〕志費尼著，何高濟譯，翁獨健校訂：《世界征服者史》，內蒙古人民出版社 1980 年版。

三、學術論文

蔡美彪：《遼代后族與遼季后妃三案》，《歷史研究》1994 年第 2 期。

陳得芝：《耶律大石北行史地雜考》，《歷史地理》第二輯，1982 年。

陳述：《契丹世選考》，《歷史語言研究所集刊》第八本第二分冊，1939 年。

陳述：《頭下考》（上），《歷史語言研究所集刊》第八本第三分冊，1939 年。

陳述：《頭下釋義》，《東北集刊》第一期，1941 年。

陳述：《哈喇契丹説——兼論拓拔改姓和元代清代的國號》，《歷史研究》1956 年第 2 期。

陳述：《遼史朔閏正誤》，載劉鳳翥、華祖根、盧勳主編《中國民族史研究》（四），改革出版社 1992 年版。

陳曉偉：《再論契丹"五色紀年説"——以契丹小字爲中心》，《文史》2011 年第 4 期。

程妮娜：《遼朝黑龍江流域屬國、屬部朝貢活動研究》，《求是學刊》2012 年第 1 期。

東北博物館編：《義縣奉國寺調查報告》，《文物參考資料》1951 年第 9 期。

馮永謙：《遼史外戚表補證》，《社會科學輯刊》1979 年第 3 期。

馮永謙：《遼史外戚表補證》（續），《社會科學輯刊》1979 年第 4 期。

馮永謙：《遼上京附近水道辨誤——兼考金上京之曲江縣故址》，載《遼金史論集》第 2 輯，書目文獻出版社 1987 年版。

郭黛姮：《獨樂寺觀音閣在建築史的地位》，載清華大學建築系編《建築史論文集》（第九輯），清華大學出版社 1988 年版。

景愛：《遼史研究綜述》，《北方文物》1985 年第 6 期。

李健才：《樺甸蘇密城考》，《黑龍江文物叢刊》1983 年第 2 期。

李義：《遼代奚"大王記結親事"碑》，載宋德金、景愛、穆連木、史金波編《紀念陳述先生逝世三周年論文集：遼金西夏史研究》，天津古籍出版社 1997 年版。

李逸友、遼中京發掘委員會編：《遼中京城址發掘的重要收穫》，《文物》1961 年第 9 期。

李逸友：《遼耶律琮墓石刻及神道碑銘》，載《東北考古與歷史》第 1 輯，文物出版社 1982 年版。

連吉林：《内蒙古開魯縣遼墓發現的墨書題記與遼之龍化州》，《北方文物》2019 年第 2 期。

遼寧省博物館、遼寧鐵嶺地區文物發掘小組：《法庫葉茂台遼墓記略》，《文物》1975 年第 12 期。

劉鳳翥：《遼太祖尊號謐號考辨》，《社會科學輯刊》1979 年第 1 期。

劉鳳翥、金永田：《遼代韓匡嗣與其家人三墓誌銘考釋》，香港《中國文化研究所學報》新第 9 期。

劉鳳翥：《釋契丹語“迤邐免”和“乙林免”》，《瀋陽師範學院學報》1980 年第 1 期。

劉鳳翥：《契丹王朝何時何故改稱大遼》，《昭烏達蒙族師專學報》1987 年第 2 期。

劉鳳翥：《遼代太宗朝並無皇太子》，《北方文物》1998 年第 2 期。

劉浦江：《再論阻卜與韃靼》，《歷史研究》2005 年第 2 期。

馬冬：《“鞊鞢帶”綜論》，《藏學學刊》第 5 輯，2010 年。

滿岩：《遼王朝對渤海國遺民的治理策略》，《蘭臺世界》2015 年 9 月下旬版。

内蒙古文物考古研究所編：《遼上京城址勘查報告》，載《内蒙古文物考古文集》第 1 輯，中國大百科全書出版社 1994 年版。

内蒙古文物考古研究所、赤峰市博物館、阿魯科爾沁旗文物管理所編：《遼耶律羽之墓發掘簡報》，《文物》1996 年第 1 期。

邱靖嘉：《遼太宗朝的“皇太子”名號問題——兼論遼代政治文化的特徵》，《歷史研究》2010 年第 6 期。

邱靖嘉：《遼道宗"壽隆"年號探源——金代避諱之新證》，
《中華文史論叢》2014 年第 4 期。

邵國田：《敖漢旗羊山 1—3 號遼墓清理簡報》，《內蒙古自治區
文物考古》1999 年第 1 期。

宿白：《獨樂寺觀音閣與薊州玉田韓家》，《文物》1985 年第
7 期。

宿白：《宣化考古三題——宣化古建築、宣化城沿革、下八里遼
墓群》，《文物》1998 年第 1 期。

孫勐：《遼代道教文化與信仰的考古考察》，《中國道教》2010
年第 5 期。

魏志江：《論遼帝國對漠北蒙古的經略及其對草原絲綢之路的影
響》，載《元史及民族與邊疆集刊》第 34 輯，上海古籍出
版社 2017 年版。

姚從吾：《遼朝契丹族的捺缽文化與軍事組織、世選習慣、兩元
政治及遊牧社會中的禮俗生活》，《中山學術文化集刊》第
一集，臺北中山學術文化基金董事會 1968 年版。

閻萬章：《遼道宗宣懿皇后父爲蕭孝惠考》，《社會科學輯刊》
1979 年第 2 期。

閻萬章：《〈遼史補正三則〉辨正》，《社會科學輯刊》1983 年第
3 期。

閻萬章：《點校本〈遼史〉正誤》，《遼海文物學刊》1995 年第
1 期。

張少珊：《遼代耶律李胡與和魯斡的封號》，《民族研究》2016
年第 2 期。

《耶律隆運（韓德讓）墓誌銘》，拓片載《考古》2020 年第 4
期、錄文載《考古》2020 年第 5 期。

［日本］島田正郎：《遼朝北面中央官制的特色》，臺灣《大陸

雜誌》第 29 卷第 12 期，1964 年。

［日本］津田左右吉：《遼の制度の二重體系》，《津田左右吉全
　　集》，岩波書店 1964 年版。

遼史　卷一

本紀第一

太祖上

太祖大聖大明神烈天皇帝姓耶律氏，[1]諱億，[2]字阿保機，小字啜里只，契丹迭剌部霞瀨益石烈鄉耶律彌里人，[3]德祖皇帝長子，[4]母曰宣簡皇后蕭氏，[5]唐咸通十三年生。[6]初，母夢日墮懷中有娠。及生，室有神光異香，體如三歲兒，即能匍匐。祖母簡獻皇后異之，[7]鞠爲己子，常匿於別幕，[8]塗其面，不令他人見。三月能行，晬而能言，知未然事，自謂左右若有神人翼衛。雖齠齔，[9]言必及吉務，時伯父當國，[10]疑輒咨焉。既長，身長九尺，豐上銳下，目光射人，關弓三百斤，[11]爲撻馬狨沙里。[12]時小黃室韋不附，[13]太祖以計降之。伐越兀及烏古、六奚、比沙狨諸部，[14]克之。國人號阿主沙里。[15]

[1]太祖：遼朝開國皇帝耶律阿保機的廟號。　大聖大明神烈

天皇帝：阿保機諡號。詳本書卷二《太祖本紀下》。　耶律：遼代契丹皇族的姓氏。據《新五代史》卷七二《四夷附録第一》，阿保機"以其所居橫帳地名爲姓，曰世里。世里，譯者謂之耶律"。

[2]諱億：億是遼太祖的漢名。他生前無漢名。漢名億是在其死後由其子德光爲其所定。據《新五代史》卷七二《四夷附録第一》：德光"葬阿保機木葉山，諡曰大聖皇帝，後更其名曰億"。以是知阿保機有漢名，是在其即葬之後。【劉注】《通鑑》卷二六六注引趙志忠《虜庭雜記》云："太祖諱億，番名阿保謹，又諱幹里。"根據對契丹文字的研究成果，契丹男人的契丹語名字有"小名（孩子名）""第二個名"和"全名"之分，三者均可單獨作名字使用。"全名"是把"小名"和"第二個名"疊加在一起，疊加時，"第二個名"置於"小名"之前。漢字文獻在處理契丹人的契丹語名字時，把"小名"作"名"，把"第二個名"處理爲"字"。凡"第二個名"均有尾音 n。"阿保機"和"阿保謹"是同名異譯，是番名，即契丹語的"第二個名"。"阿保謹"的翻譯更符合尾音 n 的規律。"小字"即小名。"啜里只"和"幹里"爲同名異譯，是小名。

[3]迭剌部：契丹部族名。據本書卷三二《營衛志・部族》，遙輦氏時期，原來耶律（即世里）有七部，後合併爲一，成爲迭剌部。　霞瀨益石烈鄉耶律彌里：契丹部族組織名稱。"石烈"是構成部族的小單位，"彌里"是構成石烈的小單位，《遼史・百官志》以之分別對應爲"縣"和"鄉"。這里稱"霞瀨益石烈鄉"，是音譯再加意譯。【劉校】"鄉"原本誤作"卿"，據南監本和北監本改。　契丹：【劉注】一爲中國北方古代民族名。源於東胡後裔鮮卑。金富軾《三國史記》卷一八《小獸林王》八年（378）條："九月，契丹犯北邊，陷八部落。"這是契丹之名見於史書的最早確切年代。《魏書》始立《契丹傳》。是後《北史》《隋書》《舊唐書》《新唐書》《舊五代史》《新五代史》均有契丹傳。二爲國號，朝代名。

[4]德祖：阿保機父親的廟號。重熙二十一年（1052）七月追尊。名撒剌的。

[5]宣簡皇后：阿保機母親的謚號。重熙二十一年七月追尊。死於天顯八年（933），本書卷七一有傳。

[6]唐：李淵所建立的朝代名（618—907）。 咸通：唐懿宗年號（860—874）。

[7]簡獻皇后：阿保機祖母的謚號。本書卷七一有傳。

[8]別幕：本書卷七一《簡獻皇后傳》作“別帳”，即其寢帳之外的另一帳幕。

[9]齠（tiáo）齔（chèn）：古代稱男八歲、女七歲換牙爲齠齔。

[10]伯父當國：指阿保機幼年時，其三伯父述瀾任于越，實際主持契丹八部聯盟的軍政事務。本書卷一一二《耶律轄底傳》稱轄底“與耶律釋魯（述瀾）同知國政”。阿保機之父撒剌的（後追尊爲德祖簡獻皇帝）有兄弟四人：長曰麻魯，早卒；次曰巖木，任迭剌部夷离堇；三曰述瀾，任于越；撒剌的行四。

[11]關弓：即彎弓，滿張弓以備發矢。

[12]撻馬狘（xuè）沙里：音譯的契丹語官名。意爲“管率扈從的郎君”。這是阿保機即位前首次擔任的官職，本書卷一一六稱“撻馬，人從也。沙里，郎君也。管率衆人之官”。在契丹語中，謂語置於賓語後面。從語法分析，“狘”應爲作謂語用的動詞“管率”之義。陳漢章《索隱》“狘即管轄之義”，是。

[13]小黄室韋：部族名。據本書卷三三《營衛志下》，小黄室韋實即突呂不室韋的一部分，本名大、小二黄室韋户。阿保機爲撻馬狘沙里時，以計降伏大、小黄室韋，並且仍置爲二部。後設節度使，戍泰州（今吉林省白城市），隸屬東北路統軍司。

[14]越兀：部族名。其事不詳。 烏古：部族名。又稱嫗厥律、于厥律，居契丹西北。《新五代史》卷七四《四夷附録第一》：“嫗厥律，其人長大，髡頭，酋長全其髮，盛以紫囊。地苦寒，水

出大魚，契丹仰食。又多黑、白、黄貂鼠皮，北方諸國皆仰足。其人最勇，鄰國不敢侵。" 六奚：即"六部奚"。奚族六個部的總稱。奚族最初有遙里、伯德、奧里、梅只、楚里五部。天贊二年（923），東扒里廝胡損恃險抗命，被遼太祖消滅，遂以奚府給役户，併括諸部隱丁，收合流散而置墮瑰部。連同以前的五部共爲六部。

比沙狨：部族名。居地不詳。

[15]阿主沙里：契丹人對阿保機的尊稱。契丹人稱父祖爲"阿主"。【劉注】"阿主沙里"是契丹語"小祖宗"的音譯。即以阿保機這位郎君爲長輩，也是對阿保機的昵稱。

唐天復元年歲辛酉，[1]痕德菫可汗立。[2]以太祖爲本部夷离菫，[3]專征討，連破室韋、于厥及奚帥轄剌哥，[4]俘獲甚衆。冬十月，授大迭烈府夷离菫。[5]

[1]天復：唐昭宗年號（901—904）。

[2]痕德菫：契丹遙輦氏末代可汗名，又稱"欽德"，其立爲契丹可汗應早於天復元年。據《新唐書》卷二一九《契丹傳》，咸通（860—874）間，契丹可汗爲習爾之。"習爾之死，族人欽德嗣。光啓時天下盜興，北疆多故，乃鈔奚、室韋，小部種皆役服之，因入寇幽、薊。"可見，光啓時（885—888），欽德已在可汗位。

[3]夷离菫：契丹部族官名。本書卷一一六《國語解》："夷离菫，統軍馬大官。會同初，改爲大王。"源於突厥語官名"俟斤"（Irkin）。突厥各部的最高元首稱"可汗"（Qaghan），其他各部酋長則稱爲俟斤。初，契丹"其君大賀氏，有勝兵四萬，臣於突厥，以爲俟斤"（《新唐書》卷二一九《契丹傳》）。後，契丹首領自立爲可汗，其下所屬各部酋長則稱爲"俟斤"，亦即夷离菫。契丹立國後，大部族之夷离菫稱王，小部族之夷离菫則稱爲節度使。舉凡一部之軍政、民政皆由其統掌。參見韓儒林《穹廬集》（上海人民

出版社 1982 年版，第 314—316 頁）。

[4]室韋：部族名。北魏始見於記載，分佈於黑龍江、嫩江流域，唐時分爲許多部。契丹多爲其役屬。

[5]大迭烈府：即迭剌部之府。

明年秋七月，[1]以兵四十萬伐河東代北，[2]攻下九郡，獲生口九萬五千，馳、馬、牛、羊不可勝紀。九月城龍化州於潢河之南，[3]始建開教寺。

[1]明年：指唐天復二年（902）。

[2]河東代北：唐河東道代北軍。又稱鴈門軍，治代州（今山西省代縣），領代、忻二州，光啓中併入河東節度使。【劉校】代北，原本誤作“伐北”，南監本和北監本誤作“河北”，中華點校本據本書卷三四《兵衞志上》及《大典》（道光殿本《考證》引）改。今從。

[3]龍化州：地名。傳説契丹始祖奇首可汗居此，原稱龍庭。地當今內蒙古自治區奈曼旗東北。唐天復二年阿保機成爲迭剌部夷離堇，破代北，遷徙代北居民於此建州。詳本書卷三七《地理志一·上京道》。【劉注】據孫進己、馮永謙《東北歷史地理》下册（黑龍江人民出版社 2013 年版），今內蒙古自治區庫倫旗扣河子鎮酒局子村古城址爲遼代龍化州治所。　潢河：河流名。今內蒙古自治區境內的西拉木倫河，即西遼河上游。

明年春伐女直，[1]下之，獲其户三百。九月復攻下河東懷遠等軍，[2]冬十月引軍略至薊北，[3]俘獲以還。先是德祖俘奚七千户，徙饒樂之清河，[4]至是創爲奚迭剌部，[5]分十三縣。遂拜太祖于越、總知軍國事。[6]

[1]明年：指唐天復三年（903）。　女直：部族名。本作“女真”，因避遼興宗宗真名諱，改稱女直。遼時居東北地區東部。其在南者入遼籍，稱“熟女真”或“合蘇館女真”；在北者不入遼籍，稱“生女真”。

[2]懷遠軍：唐軍鎮名。陳漢章《索隱》“案唐志河東道無懷遠軍”。據《新唐書·地理志》，懷遠軍屬范陽道。另據《唐會要》卷七八，該軍鎮係天寶二年（743）經安禄山奏請所置。

[3]冬十月引軍：【劉校】原本誤作“十月引軍冬”，據南監本和北監本改。　薊北：地區名，唐薊州北部。薊州治所在今天津市薊州區。

[4]饒樂：唐代都督府名。唐初置饒樂都督府，統轄奚族各部。

[5]奚迭剌部：奚部族組織名。契丹征服奚族以後，以其一部分所置的新部族。

[6]于越：契丹語官名。爲契丹貴官，據本書卷一一六《國語解》，“于越，貴官，無所職。其位居北、南大王上。非有大功德者不授”。

明年歲甲子三月廣龍化州之東城。[1]九月討黑車子室韋，[2]唐盧龍軍節度使劉仁恭發兵數萬遣養子趙霸來拒，[3]霸至武州，[4]太祖諜知之，伏勁兵桃山下。[5]遣室韋人牟里詐稱其酋長所遣，約霸兵會平原，既至，四面伏發擒霸，殲其衆。乘勝大破室韋。

[1]明年：指唐天復四年（904）。

[2]黑車子室韋：部族名。室韋之一部，即《舊唐書·回紇傳》的“和解室韋”。其住地當今内蒙古自治區東部的呼倫湖東南，南與契丹接。詳見王國維《觀堂集林》卷一四《黑車子室韋考》。

　　[3]盧龍軍：唐軍鎮名。據《唐會要》卷七八，該軍鎮係天寶二年（743）設置，治所在今河北省盧龍縣。　劉仁恭：人名，唐末割據軍閥，深州樂壽（今河北省獻縣）人。早年爲晉王李克用壽陽鎮將，乾寧元年（894）又爲盧龍軍節度使。其子守文爲橫海軍節度使，父子率兩鎮兵十萬，號稱三十萬，稱雄一方。仁恭後爲另一子守光所囚禁。乾化元年（911）守光自號大燕皇帝。次年仁恭父子爲晉王所擒殺。《新唐書》卷二一二有傳。《舊五代史》卷一三七《外國列傳》：“劉仁恭鎮幽州，素知契丹軍情僞，選將練兵，乘秋深入，踰摘星嶺討之，霜降秋暮，即燔塞下野草以困之，馬多饑死，即以良馬賂仁恭，以市牧地。仁恭季年荒恣，出居大安山，契丹背盟，數來寇鈔。”看來，劉仁恭的攻擊，使契丹受到了嚴重的損失。

　　[4]武州：【劉注】陳漢章《索隱》：“案此武州非遼西京道之武州，亦非唐關内道之武州，爲唐河東道之武州。”州治故址在今河北省張家口市宣化區。

　　[5]桃山：【劉注】山名。陳漢章《索隱》：“案《一統志》，桃山在萬全縣西北，新河口堡東北三里，亦名桃山臺。”

　　明年七月復討黑車子室韋。[1]唐河東節度使李克用遣通事康令德乞盟，[2]冬十月太祖以騎兵七萬會克用于雲州。[3]宴酣，克用借兵以報劉仁恭木瓜澗之役，[4]太祖許之。易袍馬，約爲兄弟。及進兵擊仁恭，拔數州，盡徙其民以歸。

　　[1]明年：指唐天祐二年（905）。
　　[2]李克用（856—908）：人名。沙陀部人。朱邪赤心（唐懿宗賜姓名李國昌）之子。早年因參與鎮壓黄巢起義，爲唐朝收復長安，而被任命爲河東節度使。後進封晉王。曾長期與朱溫交戰。克

用死後，其子存勗在後梁龍德元年（923）建立後唐，追尊克用爲太祖。　　通事：唐官名。唐於中書省置通事舍人十六人，從六品上，掌朝見引納、殿庭通奏。四夷入貢，也經由通事舍人轉呈皇帝。後，任此職者多通“四夷”語言。

［3］會克用于雲州：據《通鑑》與《舊五代史》所記，此事發生在天祐四年（梁開平元年，907）。據《通鑑》胡注，李克用與阿保機會於雲州城東，列兵相去五里，使人馬上持盃往來以展酬酢之禮。延入帳中，約爲兄弟，李克用謂曰：“唐室爲賊臣所篡，吾以今冬大舉，弟助我精騎二萬，同收汴、洛。”阿保機許諾。阿保機謂李克用曰：“我番中酋長，舊法三年則罷。若他日見公，復相禮否？”李克用曰：“我受朝命鎮太原，亦有遷移之制，但不受則可，何憂罷乎！”阿保機由此用其教。阿保機留旬日乃去，晉王贈以金繒數萬，阿保機留馬三千匹、雜畜萬計以酬之。　　雲州：故址在今山西省大同市。

［4］木瓜澗之役：唐著名戰役。此役發生在乾寧四年（897），是年八月李克用在蔚州（今河北省蔚縣）木瓜澗爲劉仁恭部將楊師侃所敗，亡失大半。此事距克用與阿保機雲州會盟，已經過去了十年，已是事過境遷，劉仁恭不僅不再是李克用的敵人，而且成了他的盟友，他們共同的敵人是後梁朱溫。因此，李克用與阿保機會盟的目的，不可能是爲報木瓜澗之仇，而是“約以今冬共擊梁”。

　　明年二月復擊劉仁恭還，[1]襲山北奚，[2]破之。汴州朱全忠遣人浮海奉書幣、衣帶、珍玩來聘。[3]十一月遣偏師討奚、霫諸部及東北女直之未附者，[4]悉破降之。十二月痕德堇可汗殂，群臣奉遺命請立太祖。曷魯等勸進。[5]太祖三讓，從之。[6]

　　［1］明年：指唐天祐三年（906）。

　　[2]山北奚：部族名。爲奚族的一部分。契丹强大後，奚爲其役屬，其中一部分不堪忍受契丹奴役者，在首領去諸率領下，歸附中原，遷居媯州（今河北省懷來縣）。唐稱新、媯、儒、武等州爲“山後”又稱“山北”。“山北奚”當即指這部分南遷的奚族。

　　[3]汴州：治所在今河南省開封市。　朱全忠（852—912）：即朱温，後梁王朝的建立者。公元907—912年在位。宋州碭山（今屬安徽省）人。早年曾參加黄巢起義，中和二年（882）降唐，被任爲河中行營招討副使。因鎮壓起義有功，受封爲梁王。天祐四年（907）代唐稱帝，建立後梁。

　　[4]霫（xí）：古代部族名。原居土河（今老哈河）以北，其俗與契丹略同。後被契丹役屬，與奚、契丹諸族逐漸融合。

　　[5]曷魯（872—918）：即耶律曷魯。契丹迭刺部人。阿保機“佐命功臣”之一。匣馬葛之孫，偶思之子。阿保機即位後以曷魯爲“阿魯敦于越”。本書卷七三有傳。

　　[6]太祖三讓，從之：此係史家爲阿保機諱。他取代遙輦氏，實爲强取，並不是被動所爲。《五代會要》卷二九《契丹》：“其八族長皆號曰大人，稱刺史，内推一人爲王，建旗鼓以尊之。每三年，第其名以代之。唐末有耶律阿保機者，怙强好勇，不受諸侯之代，吞侵鄰部，兵力漸盛，嘗與後唐太祖會盟于雲中，結爲兄弟。其後僭稱帝號，以妻述律氏爲皇后，燕人韓延徽爲宰相，法令嚴明，諸部皆畏伏之。”《舊五代史》卷一三七《外國列傳》也有大體相同的記載。

　　元年，[1]春正月庚寅命有司設壇于如迂王集會堝，[2]燔柴告天，[3]即皇帝位，尊母蕭氏爲皇太后，[4]立皇后蕭氏。[5]北宰相蕭轄剌、南宰相耶律歐里思率群臣上尊號曰天皇帝，[6]后曰地皇后。庚子詔皇族承遙輦氏九帳爲第十帳。[7]

[1]元年：耶律阿保機即汗位的第一年。因開國草創，沒有年號。此年爲後梁開平元年（907）。【劉注】公元907年，耶律阿保機建國稱契丹。此後時稱契丹時稱遼。會同元年（938）遼太宗改國號爲遼。統和元年（983）遼聖宗又改國號爲契丹，咸雍二年（1066）遼道宗又改國號爲遼。根據對契丹文字的解讀，漢文文獻稱國號爲契丹的時候，例如重熙二十二年（1053）契丹文字《耶律宗教墓誌銘》中稱國號爲"契丹·遼"的雙國號，"契丹"置於"遼"之前。在漢文文獻稱國號爲遼的時候，例如咸雍二年之後的一些契丹文字墓誌銘中，稱國號爲"遼·契丹"的雙國號，"遼"置於"契丹"之前。

[2]如迁王集會堝：契丹語地名。其義不詳。據中華點校本校勘記，即是本書卷三《太宗本紀》天顯五年（930）所記之"如迁正集會堝"。其地既建有《太祖聖功碑》，則當在阿保機陵寢（今内蒙古自治區巴林左旗查干哈達蘇木石房子嘎查）附近。

[3]燔柴告天：古代天子祭天之禮。又簡稱爲"燔柴"。《爾雅·釋天》："祭天曰燔柴。"行禮時，積薪於壇，取玉及牲置於柴上焚燒。

[4]蕭氏：契丹后族姓氏。隋唐時期，與契丹可汗通婚的乙室已（根據對契丹文字的解讀，應爲"乙室己"）部和拔里部，被稱爲"審密"，又稱孫氏，後來的蕭氏爲其異譯。參見蔡美彪《遼代后族與遼季后妃三案》（《歷史研究》1994年第2期）。　皇太后：指阿保機母宣簡皇后。本書卷七一有傳。

[5]皇后蕭氏（879—953）：即阿保機妻述律氏。漢名平，小字月里朵。其先爲回鶻人。本書卷七一有傳。

[6]宰相：契丹部族官名。契丹可汗之下有北、南二府，各部族則分屬二府，分設宰相，故北宰相亦稱北府宰相，南宰相亦稱南府宰相。

[7]遙輦氏九帳：即遙輦氏九個可汗的宮帳。"宮帳"又稱"宮衛"，負責管理可汗在掠奪戰爭中所俘獲的生口及其他私產。遙

遙輦氏九可汗依次是：遙輦洼可汗、阻午可汗、胡剌可汗、蘇可汗、鮮質可汗、昭古可汗、耶瀾可汗、巴剌可汗以及痕德菫可汗。

二月戊午以從弟迭栗底爲迭烈府夷离菫。[1]是月征黑車子室韋，降其八部。

[1]迭栗底：亦作“迭里特”。本書卷一一二有傳。

夏四月丁未朔唐梁王朱全忠廢其主，[1]尋弒之，[2]自立爲帝，[3]國號梁，遣使來告。[4]劉仁恭子守光囚其父，[5]自稱幽州盧龍軍節度使。秋七月乙酉其兄平州刺史守奇率其衆數千人來降，[6]命置之平盧城。[7]冬十月乙巳討黑車子室韋，破之。

[1]朱全忠廢其主：據《通鑑》卷二六六唐昭宣帝天祐四年（907）三月甲辰，“唐昭宣帝降御劄禪位於梁”。

[2]尋弒之：據《通鑑》卷二六六後梁太祖開平二年二月癸亥，朱全忠將被廢爲濟陰王的唐帝李柷酖殺，追謚爲唐哀皇帝。

[3]自立爲帝：據《通鑑》卷二六六，朱全忠在天祐四年四月甲子即皇帝位。

[4]梁遣使來告：《舊五代史》卷一三七《外國列傳第一》：“及梁祖建號，阿保機亦遣使送名馬、女樂、貂皮等求封册。梁祖與之書曰：‘朕今天下皆平，唯有太原未伏，卿能長驅精甲，徑至新莊，爲我翦彼寇讎，與爾便行封册。’”

[5]劉仁恭子守光囚其父：《通鑑》卷二六六繫此事於後梁開平元年（907）四月己酉。

[6]平州：唐置，治所在今河北省盧龍縣。　守奇：據《通

鑑》卷二六六梁開平元年四月："守光弟守奇奔契丹，未幾，亦奔河東。"守奇是守光之弟，而非其兄。守光另有兄，名守文。

[7]平盧城：唐置平盧軍節度使，治所在營州柳城（今遼寧省朝陽市），其地於五代初已在契丹治下，故將劉守奇安置於此。

二年，[1]春正月癸酉朔御正殿，受百官及諸國使朝。辛巳始置惕隱，[2]典族屬，以皇弟撒剌爲之。[3]河東李克用卒，[4]子存勗襲，[5]遣使弔慰。

[1]二年：阿保機即汗位之第二年。此年是梁開平二年（908）。

[2]惕隱：契丹官名。又稱梯里己，掌皇族政教。本書卷一一六《國語解》："惕隱，典族屬官，即宗正職也。"

[3]撒剌：即阿保機之弟剌葛。剌葛字率懶，"撒剌"乃"率懶"同名異譯，其事蹟詳載本書卷六四《皇子表》。

[4]河東李克用卒：【劉校】原本、南監本、北監本和殿本均無"卒"字。據中華點校本補。

[5]存勗：即後唐莊宗李存勗（885—926）。五代時期後唐的建立者，晉王李克用之子。初嗣位爲晉王，據太原，與梁逐鹿中原。天祐二十年（923）稱帝，國號唐，史稱後唐，都洛陽。同年十月攻陷大梁（今河南省開封市），梁末帝死於兵間。三年後，李存勗也死於內亂。

夏五月癸酉詔撒剌討烏丸、黑車子室韋。[1]

[1]烏丸：古代部族名。又作"烏桓"，東胡的一支，原附匈奴，漢武帝擊敗匈奴後，始轉而附漢。建安十二年（207）曹操將其一部分遷至中原。撒剌所征之烏丸應是留居東北地區烏桓之

後裔。

　　秋八月壬子幽州進合歡瓜。冬十月己亥朔建明王樓。[1]築長城於鎮東海口。[2]遣輕兵取吐渾叛入室韋者。[3]

　　[1]明王樓：契丹建築名。據本書本卷記載：七年三月剌葛"其黨神速姑復劫西樓，焚明王樓"，以是知明王樓建在西樓，即後來的遼上京（今内蒙古自治區巴林左旗林東鎮）。
　　[2]鎮東海口：其地在大連市金州區。"遼太祖所建的鎮東海口長城，後世簡稱'哈斯罕關'。哈斯罕關址乃該長城的望臺，由此往北，依稀可見斷斷續續的地隔，當地人俗稱土崗子，經考證，這些土隔應爲當年的城牆"（張松《中國"最短的長城"在大連》，《遼瀋晚報》2017年1月3日）。
　　[3]吐渾：古代部族名。據《新五代史》卷七四，吐渾"自後魏以來，名見中國，居於青海之上。當唐至德中，爲吐蕃所攻，部族分散，其内附者，唐處之河西。其大姓有慕容、拓拔、赫連等族。懿宗時，首領赫連鐸爲陰山府都督，與討勛，以功拜大同軍節度使。爲晉王所破，其部族益微，散處蔚州界中"。"晉高祖立，割鴈門以北入於契丹，於是吐渾爲契丹役屬，而苦其苛暴"。【劉注】"吐谷渾"的省稱，鮮卑語音譯，義爲"泥土"。

　　三年，[1]春正月幸遼東。二月丁酉朔梁遣郎公遠來聘。三月滄州節度使劉守文爲弟守光所攻，[2]遣人來乞兵討之，命皇弟舍利素、夷离堇蕭敵魯以兵會守文於北淖口，[3]進至橫海軍近淀，[4]一鼓破之，守光潰去。因名北淖口爲會盟口。

[1]三年：阿保機即汗位之第三年，此年是梁開平三年（909）。

[2]劉守文（？—909）：劉守光之兄。《新五代史》卷三九《劉守光傳》：“其兄守文聞父且囚，即率兵討守光，至於盧台，爲守光所敗，進戰玉田，又敗，乃乞兵於契丹。明年，守文將契丹、吐渾兵四萬人戰於鷄蘇，守光兵敗，守文陽爲不忍，出於陣而呼其衆曰：‘毋殺吾弟！’守光將元行欽識守文，躍馬而擒之，又囚之於別室，既而殺之。”守文與守光戰於玉田，《通鑑》繫於開平二年。此後守文借契丹兵與守光復戰於鷄蘇，則是在開平三年五月。鷄蘇，據胡三省注在薊州（今天津市薊州區）西。

[3]舍利素：即阿保機異母弟蘇。據本書卷六四《皇子表》，滄州節度使劉守文求救，蘇曾奉阿保機之命，前去解滄州之圍。蕭敵魯（？—919）：阿保機妻述律氏之弟，阿保機即汗位以後，敵魯與曷魯等總宿衛事，爲佐命功臣。後拜北府宰相。本書卷七三有傳。　北淖口：其地不詳。疑即薊運河入海之北塘口，當年劉守文與守光會戰於薊州境內，當去此不遠。

[4]橫海軍：唐軍鎮名。故址在今河北省滄州市。

夏四月乙卯詔左僕射韓知古建碑龍化州大廣寺，[1]以紀功德。

[1]左僕射：唐官名。唐不設尚書令，最初以左僕射、右僕射與中書令、侍中同爲宰相。中宗以後，不加同中書門下平章事者即不爲宰相。　韓知古：薊州玉田（今屬河北省）人，早年爲契丹俘獲，阿保機即位後，受命爲中書令。爲遼代開國功臣。本書卷七四有傳。

五月甲申置羊城於炭山之北，[1]以通市易。

[1]炭山：山名。《新五代史》卷七二："漢城在炭山東南灤河上，有鹽鐵之利，乃後魏滑鹽縣也。其地可植五谷，阿保機率漢人耕種，爲治城郭、邑屋、廛市如幽州制度，漢人安之，不復思歸。"

冬十月已巳遣鷹軍討黑車子室韋，[1]破之。西北嘔娘改部族進挽車人。[2]

[1]己巳：【劉校】原本誤作"紀巳"，中華點校本據南監本、北監本和殿本改。今從。　鷹軍：遼軍號。鷹，鷙鳥，以之名軍，取速捷之義。

[2]嘔娘改：亦曰"幹朗改"，部族名。遊牧於今俄羅斯貝加爾湖以東地區。元代稱"烏梁海"。

四年，[1]秋七月戊子朔以后兄蕭敵魯爲北府宰相，[2]后族爲相自此始。

[1]四年：阿保機即汗位的第四年，此年是梁開平四年（910）。

[2]后兄：遼太祖淳欽皇后之兄。【劉注】《蕭義墓誌銘》稱"其先迪烈寧，太祖姑表弟，應天皇后之長兄也"。"迪烈寧"即"敵魯"的同名異譯。"應天皇后"即"淳欽皇后"。

冬十月烏馬山奚庫支及查剌底、[1]鋤勃德等叛，討平之。

[1]烏馬山：山名。今地不詳。

　　五年，[1]春正月丙戌朔日有食之。丙申上親征西部奚。[2]奚阻險，叛服不常，數招諭弗聽。是役所向輒下，遂分兵討東部奚，亦平之。於是盡有奚、霫之地，東際海，南暨白檀，[3]西踰松漠，[4]北抵潢水，凡五部咸入版籍。

　　[1]五年：阿保機即汗位之第五年，此年是後梁開平五年（911）。

　　[2]西部奚：奚族的一部分。據《五代會要》卷二八，"自天祐初，契丹兵力漸盛，室韋、奚、霫皆受制焉。故奚之部族爲契丹代守邊土，既虜人虐其首領，去諸怨之，以別部內附，徙於媯州，依北山而居，漸至數千帳，故有東、西奚之號"。所謂"西部奚"，即內徙至媯州（今河北省懷來縣）的那一部分奚族，因其住地在古北口外那部分奚人之西，故稱"西部奚"。

　　[3]白檀：漢縣名。故城在今河北省承德市西。

　　[4]松漠：契丹原住地。即今內蒙古自治區赤峰市松山區和翁牛特旗一帶，又稱"平地松林"，唐初在此置松漠都督府以統契丹諸部。

　　三月次灤河，[1]刻石紀功。復略地薊州。

　　[1]灤河：發源於今河北省沽源縣，流經該省北部，至灤州市、樂亭縣分道入海。

　　夏四月壬申遣人使梁。[1]

　　[1]遣人使梁：據《五代會要》卷二九《契丹》，後梁開平

"五年四月，（契丹）又遣使實柳梅老來朝貢"。

五月皇弟剌葛、迭剌、寅底石、安端謀反。[1]安端妻粘睦姑知之以告，得實，上不忍加誅，乃與諸弟登山，刑牲告天地爲誓而赦其罪。出剌葛爲迭剌部夷离董，封粘睦姑爲晉國夫人。

[1]剌葛：字率懶，阿保機之二弟。其事蹟詳載本書卷六四《皇子表》。 迭剌：字雲獨昆，阿保機之三弟。聰明過人，是契丹小字的創製者。曾參與其兄剌葛謀反。其事蹟詳載本書卷六四《皇子表》。 寅底石：字阿辛，阿保機之四弟。其事蹟詳載本書卷六四《皇子表》。 安端：字偎隱，阿保機之五弟。也曾參與"謀反"。世宗天禄初賜號"明王"，成爲東丹國的統治者。其事蹟詳載本書卷六四《皇子表》。 謀反：關於剌葛與諸弟謀反作亂事，《通鑑》卷二七〇後梁貞明四年（918）於事後追述此事說："初，契丹主之弟撒剌·阿撥，號北大王，謀作亂於其國。事覺，契丹主數之曰：'汝與吾如手足，而汝興此心，我若殺汝，則與汝何異！'乃因之。期年而釋之。撒剌·阿撥帥其衆奔晉。晉王厚遇之，養爲假子，任爲剌史。胡柳之戰，以其妻子來奔。"剌葛字率懶，"率懶"與"撒剌"乃同名異譯。所謂"撒剌·阿拔"就是剌葛。另據《通鑑》卷二七二同光元年（923）十月條，後唐莊宗李存勗詔曰："契丹撒剌·阿撥叛兄棄母，負恩背國，宜與［趙］巖等並族誅於市。"

秋七月壬午朔斜离底洎諸蕃使來貢。[1]

[1]斜离底：部族名。本書僅此一見，其活動地區不詳。

八月甲子劉守光僭號幽州，[1]稱燕。

[1]劉守光僭號：《通鑑》卷二六八後梁乾化元年（911）八月條：“甲子，守光即皇帝位，國號大燕，改元應天。以梁使王瞳爲左相，盧龍判官齊涉爲右相，史彦羣爲御史大夫。受册之日，契丹陷平州，燕人驚擾。”

冬十月戊午置鐵冶。[1]十一月壬午遣人使梁。

[1]置鐵冶：設置冶鐵機構。據本書卷二，耶律阿保機的父親撒剌的“仁民愛物，始置鐵冶，教民鼓鑄”。

六年，[1]春正月以化葛爲惕隱。[2]

[1]六年：阿保機即汗位的第六年，此年是後梁乾化二年（912）。

[2]化葛：亦作“化葛里”，即耶律化葛里。阿保機之弟寅底石之子。本書卷一一三有傳。【劉注】契丹語人名譯爲漢語時脱落尾音“里”是常有的事。例如耶律仁先大女兒兀欲丈夫的漢名叫蕭閣，《蕭閣墓誌銘》説他契丹語的名字是“蒲打里”，耶律仁先的兒子叫耶律慶嗣，《耶律慶嗣墓誌銘》説他的妹丈叫“普達”，“蒲打里”即“普達”之異譯，脱掉了尾音“里”。

二月戊午親征劉守光。
三月至自幽州。
六月梁郢王友珪弑父自立。[1]

[1]六月：【劉校】諸本均作"夏四月"。中華點校本校勘記云，《新五代史》卷二及《通鑑》卷二六八，均把梁郢王友珪弑父自立事繫於乾化二年（912）六月。據改。

秋七月丙午親征尤不姑，[1]降之，俘獲以數萬計。命弟剌葛分兵攻平州。

[1]尤不姑：一作"阻卜"，部族名。遊牧於今蒙古國的鄂爾渾河上游地區，對遼朝叛服不常。

八月壬辰上次恩德山。皇子李胡生。[1]

[1]李胡（912—960）：阿保機第三子。一名洪古，字奚隱。爲其母述律氏所鍾愛。太宗即位後，天顯五年（930）立爲皇太弟，兼天下兵馬大元帥。太宗死後，應天皇太后反對世宗兀欲而欲立李胡，失敗，母子被囚。穆宗時因參與其子喜隱謀反事而下獄死。興宗時，更謚"章肅皇帝"。本書卷七二有傳。

冬十月戊寅剌葛破平州。還，復與迭剌、寅底石、安端等反。甲申遣人使梁致祭。[1]壬辰還次北阿魯山，聞諸弟以兵阻道，引軍南趨十七濼。是日燔柴。翼日次七渡河，[2]諸弟各遣人謝罪。上猶矜憐，許以自新。

[1]遣人使梁致祭：祭梁太祖朱全忠。
[2]七渡河：河名。發源於今北京市懷柔區北部，至通州區流入北運河。

19

是歲以兵討兩冶，以所獲僧崇文等五十人歸西樓，[1]建天雄寺以居之，[2]以示天助雄武。

[1]西樓：遼地名。遼上京的別稱。陳述《阿保機營建四樓説證誤》（見《契丹社會經濟史稿·附録》）認爲，所謂"西樓"，也就是"世里"的異譯。而"四樓"則是漢人根據契丹有"西樓"附會而成，其實並無營建四樓之事。

[2]天雄寺：遼上京佛寺名。爲阿保機主持修建的寺廟，在上京城內東南隅，其寺內奉安阿保機之父德祖撒剌的的遺像。今已不存。

七年，[1]春正月甲辰朔以用兵免朝。[2]晉王李存勗拔幽州，[3]擒劉守光。[4]甲寅王師次赤水城，弟刺葛等乞降。上素服乘赭白馬，以將軍耶律樂姑、轄剌僅阿鉢爲御，解兵器、蕭侍衛以受之，因加慰諭。刺葛等引退，上復數遣使撫慰。

[1]七年：阿保機即汗位的第七年，此年是後梁乾化三年（913）。

[2]用兵：指阿保機鎮壓諸弟反叛之戰。

[3]晉王李存勗拔幽州：《通鑑》卷二六八乾化三年十月條："盧龍巡屬皆入于晉，燕主守光獨守幽州城，求援於契丹；契丹以其無信，竟不救。守光屢請降於晉，晉人疑其詐，終不許。"十一月"壬戌，晉王（李存勗）督諸軍四面攻城，克之，擒劉仁恭及其妻妾。守光帥妻子亡去。癸亥，晉王入幽州"。

[4]擒劉守光：《通鑑》卷二六九乾化三年十二月條："燕主守光將奔滄州就劉守奇，涉寒，足腫，且迷失道。至燕樂之境，晝匿

20

阬谷，數日不食。令妻祝氏乞食於田父張師道家。師道怪婦人異狀，詰知守光處，並其三子擒之。癸酉，晉王方宴，將吏擒守光適至。"

二月甲戌朔梁均王友貞討殺其兄友珪，[1]嗣立。

[1]梁均王友貞：朱全忠第四子（含假子友文）。其兄朱友珪弑父自立，友貞討殺其兄，自立爲帝，即梁末帝。其事蹟詳載《舊五代史》卷八至卷一〇。

三月癸丑次蘆水。弟迭剌哥圖爲奚王，[1]與安端擁千餘騎而至，紿稱入覲。[2]上怒曰："爾曹始謀逆亂，朕特恕之，使改過自新，尚爾反覆，將不利於朕！"遂拘之。以所部分隸諸軍。而剌葛引其衆至乙室菫淀，具天子旗鼓，[3]將自立。皇太后陰遣人諭令避去。[4]會弭姑乃、懷里陽言車駕且至，其衆驚潰，掠居民北走。上以兵追之。剌葛遣其黨寅底石引兵徑趨行宮，[5]焚其輜重、廬帳，[6]縱兵大殺。皇后急遣蜀古魯救之，[7]僅得天子旗鼓而已。其黨神速姑復劫西樓，焚明王樓。上至土河，[8]秣馬休兵，若不爲意。諸將請急追之，上曰："俟其遠遁，人各懷土，懷土既切，其心必離，我軍乘之，破之必矣！"盡以先所獲資畜分賜將士，留夷離畢直里姑總政務。[9]

[1]迭剌哥：即"迭剌"之異譯，耶律阿保機之三弟。其事蹟詳載本書卷六四《皇子表》。

[2]入覲：入朝晉見皇帝。原以諸侯朝見天子稱“覲”。

[3]天子旗鼓：儀仗名。遼有國仗，據《新唐書》卷二一九，貞觀三年（629）契丹首領摩會入朝，唐朝賜其鼓纛，此即契丹國仗，又稱“天子旗鼓”，即唐天子賜給契丹可汗的儀仗。

[4]皇太后：指阿保機之母德祖宣簡皇后。

[5]行宮：亦稱行帳，即阿保機轉徙隨時的車帳組成的朝廷，契丹語稱“捺鉢”，遼朝中葉逐漸形成“四時捺鉢”制度。

[6]輜重：【劉校】原本誤作“輜其”。中華修訂本據南監本、北監本和殿本改。今從。

[7]蜀古魯：【劉校】據中華點校本校勘記，本書卷五八《儀衛志四》作“曷古魯”，是。

[8]土河：即今老哈河，發源於今河北省平泉市馬盂山。流經今內蒙古自治區赤峰市境內，在今翁牛特旗與西拉木倫河匯合。

[9]夷离畢：遼契丹語官名。爲執政官，相當於副宰相參知政事。後來官分南、北，北面官有夷离畢院，主要掌刑政。　直里姑：人名，本書僅此一見，其事蹟不詳。

夏四月戊寅北追剌葛，己卯次彌里，聞諸弟面木葉山射鬼箭厭禳，[1]乃執叛人觧里向彼，[2]亦以其法厭之。至達里淀，選輕騎追及培只河，盡獲其黨輜重、生口。先遣室韋及吐渾酋長拔剌、迪里姑等五人分兵伏其前路，命北宰相迪里古爲先鋒進擊之。剌葛率兵逆戰，迪里古以輕兵薄之，其弟遇古只臨陣射數十人斃，[3]衆莫敢前。相拒至晡衆乃潰，[4]追至柴河，遂自焚其車乘廬帳而去。前遇拔剌、迪里姑等，伏發合擊，遂大敗之。剌葛奔潰，遺其所奪神帳於路，[5]上見而拜奠之。所獲生口盡縱歸本土。其黨庫古只、磨朵皆面縛請罪。師次劄堵河，大雨暴漲。

[1]聞諸弟：【劉校】“聞”原作“問”。據馮家昇《遼史初校》改。意爲阿保機得悉諸弟面向木葉山射鬼箭，以祓除不祥。木葉山：山名。契丹語稱“大”爲“木葉”。“木葉山”可以泛指任何“大山”，也可專指某一大山爲“木葉山”。此處指永州境內一座山，契丹人視此山爲神山，其地在今內蒙古自治區翁牛特旗新蘇莫蘇木的西拉木倫河與老哈河匯合處一帶。“上建契丹始祖廟，奇首可汗在南廟，可敦（可汗之妻）在北廟，繪塑二聖幷八子神像。”詳見本書卷三七《地理志一》永州條。　射鬼箭：契丹人的巫術、刑罰。皇帝出征及祭祀先帝時，都要行這種巫術。即取死囚一人，置於所要前往之方向，以亂箭射殺，名爲射鬼箭。契丹人認爲，以此可以祓除不祥。班師歸來則以俘虜射鬼箭。後來則以此作爲刑罰的一種。

[2]向彼：即阿保機向諸弟方向射鬼箭。

[3]遏古只：即蕭敵魯之弟阿古只。兄弟二人一同爲阿保機掌腹心部。剌葛叛亂，阿古只追擒之於榆河。本書卷七三有傳。

[4]晡：申時，即午後三至五時。

[5]神帳：即載有天子旗鼓的車帳。

五月癸丑遣北宰相迪輦率驍騎先渡。[1]甲寅奏擒剌葛、涅里袞阿鉢於榆河，[2]前北宰相蕭實魯、寅底石自到不殊。[3]遂以黑白羊祭天地。壬戌剌葛、涅里袞阿鉢詣行在，以槀素自縛，牽羊望拜。[4]上還至大嶺。時大軍久出，輜重不相屬，士卒煮馬駒、採野菜以爲食。孳畜道斃者十七八，物價十倍，[5]器服資貨委棄於楚里河，狼藉數百里，更剌葛名暴里。丙寅至庫里，以青牛白馬祭天地。[6]以生口六百、馬二千三百分賜大、小鶻軍。[7]

[1]迪輦：即蕭敵魯。其字迪輦。本書卷七三有傳。

[2]涅里袞阿鉢：阿保機族叔轄底，字涅里袞。早年曾經以欺詐手段自取夷离堇位。後主使阿保機諸弟謀亂，失敗後被縊殺（一說命其自投崖而死）。本書卷一一二有傳。【劉注】阿鉢，陳述《遼史補注》卷一，"阿鉢，爲稱號"。　榆河：河流名。流經今遼寧省西南部，入大凌河。

[3]自到不殊：自己以刀斷首而未至死。

[4]行在：皇帝出行時所在之地。　槀索自縛：以草索將自己綁縛起來。槀，草。　牽羊望拜：戰敗者牽羊向勝利者行禮。羊代表吉祥，表示爲勝利者祝賀。

[5]物價：【劉校】"價"，原本、南監本均作"賈"，中華點校本據北監本和殿本改。今從。

[6]以青牛白馬祭天地：契丹禮儀之一種。契丹祭祀天地用青牛白馬，表示不忘祖先。本書卷三七《地理志一》永州條："相傳有神人乘白馬，自馬盂山浮土河而東，有天女駕青牛車由平地松林泛潢河而下。至木葉山，二水合流，相遇爲配偶，生八子。其後族屬漸盛，分爲八部。每行軍及春秋時祭，必用白馬青牛，示不忘本云。"

[7]大、小鶻軍：大、小黃室韋部的軍號。

六月辛巳至榆嶺，以轄賴縣人掃古非法殘民，磔之。[1]甲申上登都庵山，撫其先奇首可汗遺跡，[2]徘徊顧瞻而興歎焉。聞獄官涅离擅造大校，[3]人不堪其苦有至死者，命誅之。壬辰次狼河，[4]獲逆黨雅里、彌里，生薶之銅河南軌下。[5]放所俘還，多爲于骨里所掠。[6]上怒，引輕騎馳擊。復遣驍將分道追襲，盡獲其衆並掠者。庚子次阿敦濼，以養子涅里思附諸弟叛，以鬼箭射殺之。其餘黨六千，各以輕重論刑。于厥掠生口者三十餘人，亦俾贖其罪，放歸本部。至石嶺西，詔收回軍乏食所棄兵仗，召北府兵驗而還之。以夷离堇涅里衮附諸弟爲叛，不忍顯戮，命自投崖而死。[7]

[1]磔（zhé）：古代的一種酷刑。分裂肢體。當契丹興起時，中原地區早已廢除。據《唐律疏議·名例律》，唐朝死刑衹有二等，爲“絞”和“斬”。

[2]奇首可汗遺跡：據本書卷三七《地理志一》永州條，契丹在永州木葉山建有始祖廟。故奇首可汗遺跡當在永州，即今内蒙古自治區翁牛特旗新蘇莫蘇木的西拉木倫河與老哈河匯合處一帶。

[3]擅造大校（jiào）：擅自製造不如式的、過大、過重的枷。校，古代的一種刑具，即“枷”。

[4]狼河：河流名。其地不詳。

[5]生薶：契丹特有的酷刑之一，即活埋。“薶”同“埋”。

[6]于骨里：古代部族名。即烏古。

[7]投崖：契丹特有的酷刑。主要用於處罰犯反逆罪的親王，不予斬首，而令其自投懸崖而死。

秋八月己卯幸龍眉宮，[1]轘逆黨二十九人，[2]以其妻女賜有功將校，所掠珍寶、孳畜還主，亡其本物者，命責償其家；不能償者，賜以其部曲。

[1]龍眉宮：契丹地名。即後來的遼上京臨潢府。據本書卷一一六《國語解》：“太祖取天梯、蒙國、別魯三山之勢，於葦淀射金

鶤箭以識之，名龍眉宮。神册三年築都城於其地，臨潢府是也。"

［2］輘（huàn）：當時中原早已廢除的古代酷刑之一，即車裂。

九月壬戌上發自西樓。冬十月庚午駐赤崖。戊寅和州回鶻來貢。[1]癸未乙室府人迪里古、迷骨离部人特里以從逆誅。[2]詔群臣分決滯訟，[3]以韓知古録其事，只里姑掌捕亡。[4]

［1］和州回鶻：回鶻之一部。又稱西州回鶻、高昌回鶻。和州，今新疆吐魯番以東高昌故城。

［2］乙室府：即乙室部。契丹部族名。爲阿保機時期二十部之一，統以本部夷离堇。會同二年（939）該部夷离堇稱大王，隸南府。其大王及都監率部鎮守西南境，負責防禦西夏。　迷骨离部：部族名。本書僅此一見，其情不詳。

［3］決滯訟：判決久拖不決的訟案。

［4］掌捕亡：逮捕人犯及追捕逃犯。

十一月祠木葉山。還次昭烏山，省風俗，見高年，議朝政，定吉凶儀。[1]十二月戊子燔柴於蓮花濼。

［1］吉凶儀：遼朝的兩類禮儀，吉儀和凶儀。吉儀包括祭山儀、瑟瑟儀、柴册儀、拜日儀、告廟儀、謁廟儀、孟冬朝拜陵儀、熱節儀和歲除儀等；凶儀包括喪葬儀、忌辰儀、宋使祭奠吊慰儀、宋使進遺留物儀，以及高麗、夏國告終儀等。

八年，[1]春正月甲辰以曷魯爲迭剌部夷离堇，忽烈爲惕隱。於骨里部人特离敏執逆党怖胡、亞里只等十七人來獻，上親鞫之。[2] 辭多連宗室及有脅從者，乃杖殺首惡怖胡，餘並原釋。于越率懶之子化哥屢蓄奸謀，[3]上每優容之，而反復不悛，召父老群臣正其罪，并其子戮之，分其財以給衛士。有司所鞫逆黨三百餘人，獄既具，[4]上以人命至重死不復生，賜宴一日，隨其平生之好使爲之：酒酣，或歌、或舞、或戲射、角觝，[5]各極其意。明日，乃以輕重論刑。首惡剌葛，其次迭剌哥，上猶弟之，不忍寘法，杖而釋之。以寅底石、安端性本庸弱，爲剌葛所使，皆釋其罪。前于越赫底里子解里、剌葛妻轄剌已實預逆謀，命皆絞殺之。[6]寅底石妻涅離脅從，安端妻粘睦姑嘗有忠告，並免。因謂左右曰："諸弟性雖敏黠，而蓄奸稔惡。嘗自矜有出人之智，安忍兇狠，谿壑可塞而貪黷無厭。[7]求人之失，雖小而可恕，謂重如泰山；身行不義，雖入大惡，謂輕於鴻毛。昵比群小、謀及婦人，同惡相濟以危國祚，雖欲不敗其可得乎！北宰相實魯妻餘盧覩姑于國至親，[8]一旦負朕，從於叛逆，未寘之法而病死，此天誅也。解里自幼與朕常同寢食，眷遇之厚冠於宗屬，亦與其父背大恩而從不軌，茲可恕乎！"

[1] 八年：阿保機即汗位的第八年，此年是後梁乾化四年（914）。

[2] 鞫：審訊。

[3] 率懶：即阿保機之弟剌葛。

[4] 獄既具：審理完畢。

[5] 角觝：類似今日的摔跤，宋人稱之爲"相撲"。

[6] 解里（？—914）：即耶律轄底之子迭里特。據本書卷一一

二《轄底傳》：迭里“太祖在潛，已加眷遇，及即位拜迭剌部夷离堇”。後從剌葛亂，與其父轄底俱被縊殺。

［7］谿壑可塞：【劉校】“可”原本作“奇”，中華點校本據南監本和北監本改。今從。

［8］實魯妻餘盧覩姑：即阿保機之女質姑。

秋七月丙申朔，有司上諸帳族與謀逆者三百餘人罪狀，皆棄市。[1]上嘆曰：“致人於死豈朕所欲，若止負朕躬尚可容貸，此曹恣行不道、殘害忠良、塗炭生民、剽掠財產，民間昔有萬馬，今皆徒步，有國以來所未嘗有，實不得已而誅之。”

［1］棄市：執行死刑。古代在鬧市上行刑，並暴屍於街頭，稱爲棄市。

冬十月甲子朔，建開皇殿于明王樓基。[1]

［1］開皇殿：宮殿名。遼上京三大殿之一。

九年，[1]春正月烏古部叛，討平之。

［1］九年：阿保機即汗位的第九年，此年是後梁乾化五年（915）。

夏六月，幽州軍校齊行本舉其族及其部曲男女三千人請降，詔授檢校尚書、左僕射，[1]賜名兀欲，給其廩食。[2]數日亡去，幽帥周德威納之。[3]及詔索之，德威語不遜，乃議南征。

[1]檢校尚書：唐宋皆有檢校官，屬加官而非正授。

[2]廩食：官府供給糧食。

[3]周德威（？—918）：晉王李克用的一員勇將，後事其子李
存勗。天祐十年（913）平幽州，擒劉守光，授幽州盧龍軍節度使。
天祐十五年攻汴州，死於是役。

　　冬十月戊申鈞魚于鴨渌江。[1]新羅遣使貢方物，高
麗遣使進寶劍，[2]吳越王錢鏐遣滕彦休來貢。[3]

[1]鈞魚：鑿冰捕魚。　鴨渌江：即今鴨綠江。

[2]新羅：朝鮮半島古國，公元4世紀成爲半島東南部的強國。
7世紀中葉滅百濟和高句麗，不久，統一半島大部。至9世紀衰落，
公元935年爲王氏高麗所取代。　高麗：此處指僧人弓裔於公元
901年在今朝鮮半島北部建立的後高句麗，後爲王建的高麗王朝
所滅。

[3]吳越（907—978）：五代時十國之一。都杭州。共歷五主
七十二年。　錢鏐（852—932）：五代時吳越國的建立者，字具美
（一作巨美），杭州臨安（今屬浙江省）人。公元907年至932年
在位。

　　是歲，君基太一神數見，[1]詔圖其像。

[1]君基太一神：福神名。據本書卷一一六《國語解》：“其神
所臨之國，君能建極，孚於上下，則治化升平，民享多福。”

神册元年，[1]春二月丙戌朔，上在龍化州，迭烈部夷离堇耶律曷魯等率百僚請上尊號，[2]三表乃允。丙申，群臣及諸屬國築壇州東，上尊號曰大聖大明天皇帝，后曰應天大明地皇后。大赦，建元神册。初，闕地爲壇得金鈴，因名其地曰金鈴岡。[3]壇側滿林曰册聖林。

[1]神册：遼太祖耶律阿保機年號（916—922）。
[2]上尊號：《新五代史》卷七二《四夷附録第一》："又制婚嫁，置官號。乃僭稱皇帝，自號天皇王。"因此，阿保機的所謂"尊號"，當即是"天皇王"。"大聖大明天皇帝"是他死後的謚號。
[3]金鈴岡：遼地名。據本書卷三七《地理志一》，在龍化城東。

三月丙辰，以迭烈部夷离堇曷魯爲阿盧朵里于越，[1]百僚進秩、頒賚有差，賜酺三日，[2]立子倍爲皇太子。[3]

[1]阿盧朵里：契丹語"貴顯"之義，又作"阿魯敦"。
[2]進秩：增加廩給。 頒賚：頒給賞賜。 酺（pú）：大飲酒。
[3]倍：即遼太祖耶律阿保機長子耶律倍（898—936）。倍爲漢名，契丹名圖欲（突欲）。生母爲淳欽皇后述律氏。天顯元年（926），遼滅渤海建東丹國，突欲被册爲人皇王，主東丹國政。阿保機死後，其母述律氏立德光，突欲被迫浮海投奔後唐。後唐明宗賜其姓名李贊華。清泰三年（遼天顯十一年，936）石敬瑭率軍攻入洛陽，後唐末帝李從珂約倍與之同死，倍不從，遇害。本書卷七二《宗室傳·義宗倍》也記載"神册元年春立爲皇太子"。然而，

即使確有此事，耶律倍也是徒具“皇太子”名義而已。當時契丹皇太子並不被視爲法定繼承人，因此阿保機死後，耶律倍還得與其弟德光一同參加選汗，而且最終竟被德光所排除。

夏四月乙酉朔，晉幽州節度使盧國用來降，[1]以爲幽州兵馬留後。[2]甲辰，梁遣郎公遠來賀。

[1]盧國用：即盧文進。文進字國用。他投降契丹是在第二年二月，此處所記“盧國用來降”與神册二年（917）二月所記“晉新州裨將盧文進殺節度使李存矩來降”爲同一件事。

[2]留後：官名。唐朝節度使如遇事故，往往自擇將吏以統馭其軍，稱“兵馬留後”。那些殺長官而自立的野心家也往往自稱“留後”，並迫使朝廷予以承認。

六月庚寅，吳越王遣滕彥休來貢。秋七月壬申，親征突厥、吐渾、党項、小蕃、沙陀諸部，[1]皆平之。俘其酋長及其户萬五千六百，鎧甲、兵仗、器服九十餘萬，寶貨、馳馬、牛羊不可勝算。

[1]突厥：古代族名。曾建立強大的突厥汗國，至公元6世紀分裂爲東西兩汗國。當阿保機建立契丹王朝時，突厥汗國早已滅亡。這里所謂“突厥”可能是指東突厥汗國的餘部。 党項：中國古代族名。又稱党項羌，唐以後主要活動於靈、慶、銀、夏等州，即今甘肅、寧夏、陝西和内蒙古等省區交界地區。 小蕃：契丹對某些吐蕃部落的稱呼。本書卷四六《百官志二·北面屬國官》所記“西蕃國王府”“大蕃國王府”“小蕃國王府”和“吐蕃國王府”，當都是指吐蕃各部。 沙陀：中國古代族名。爲突厥別部，原來遊

牧於西北地區，唐末遷至河東（今山西省北部）。

八月，拔朔州，[1]擒節度使李嗣本。[2]勒石紀功於青塚南。[3]

[1]朔州：治所在今山西省朔州市。

[2]李嗣本：唐振武節度使。其治所在蔚州（今河北省蔚縣），李嗣本爲契丹所擒，當是在蔚州，而非朔州。《舊五代史》卷二八《唐書·莊宗紀》：“是月，契丹入蔚州，振武節度使李嗣本陷於契丹。”另據《舊五代史》卷一二七：“天祐十三年八月，阿保機率諸部號稱百萬，自麟、勝陷振武，長驅雲、朔，北邊居擾，莊宗赴援於代，敵衆方退。”契丹雖然一開始取得了勝利，但最後還是被李存勖擊退了。

[3]青塚：即王昭君墓，在今内蒙古自治區呼和浩特市南面。

冬十月癸未朔，乘勝而東。十一月攻蔚、新、武、媯、儒五州，[1]斬首萬四千七百餘級。自代北至河曲踰陰山，[2]盡有其地。遂改武州爲歸化州，[3]媯州爲可汗州，[4]置西南面招討司，[5]選有功者領之。其圍蔚州，敵樓無故自壞，衆軍大噪乘之，不踰時而破。時梁及吳越二使皆在焉，詔引環城觀之，因賜滕彦休名曰述呂。十二月，收山北八軍。[6]

[1]蔚州：治所在今河北省蔚縣。　新州：治所在今河北省涿鹿縣。　武州：治所在今河北省張家口市宣化區。　媯州：治所在今河北省懷來縣。　儒州：治所在今北京市延慶區。

[2]河曲：【靳注】古地名。在今内蒙古自治區鄂爾多斯市境

内。　陰山：昆侖山的西北支。西起河套西北，向東綿亘於內蒙
古、河北等省區，與大興安嶺相接。該山脈隨地易名，此所謂"陰
山"，可能是指內蒙古境內的大青山。

[3]歸化州：即武州。據本書卷四一《地理志五·西京道》，
武州改歸化州是在後晉石敬瑭割獻於遼以後。本書卷四《太宗本紀
下》記此事，也繫於會同元年（938）十一月。

[4]可汗州：據本書卷四一《地理志·西京道》，嬀州改稱可
汗州是在阿保機之先。"五代時，奚王去諸以數千帳徙嬀州，自別
爲西奚，號可汗州，太祖因之。"

[5]西南面招討司：契丹軍事機構名。設招討使一人，駐西京
大同，負責對西夏的防務。

[6]山北八軍：山北八個軍鎮的統稱。"山北"又稱"山後"，
即新、嬀、儒、武等州。契丹"收山北八軍"與盧文進投降爲同一
件事，也應當是在下一年。詳見後。

　　二年春二月，晉新州裨將盧文進殺節度使李存矩來
降。[1]進攻其城，刺史安金全遁，[2]以文進部將劉殷爲
刺史。

[1]盧文進殺節度使李存矩來降：盧文進原係李存矩部將。
《舊五代史》卷九七《盧文進傳》："初，莊宗得山後八軍，以愛弟
存矩爲新州團練使以總領之。莊宗與劉鄩對壘於莘縣，命存矩於山
後召募勁兵，又令山北居民出戰馬器仗，每鬻牛十頭易馬一匹，人
心怨咨。時存矩團結五百騎，令文進將之，與存矩俱行。至祁溝
關，軍士聚謀曰：'我輩邊人，棄父母妻子，爲他血戰，千里送死，
固不能也。'衆曰：'擁盧將軍卻還新州，據城自守，奈我何！'因
大呼揮戈，趣傳舍，害存矩於榻下。文進撫膺曰：'汝輩累我矣。'
因環屍而泣曰：'此輩既害郎君，我何面目見王！'因爲亂軍所擁，

反攻新州，不克，又攻武州，又不利。周德威命將追討，文進遂奔契丹，僞命爲幽州兵馬留後，部分漢軍，常別爲營寨。"另據《新五代史》卷四八《盧文進傳》："盧文進字大用，范陽人也。爲劉守光騎將。唐莊宗攻范陽，文進以先降拜壽州刺史，莊宗以屬其弟存矩……文進有女幼而美，存矩求之爲側室，文進以其大將不敢拒，雖與，心常歉之也，因與亂軍殺存矩反。攻新州，不克，攻武州，又不克，遂奔於契丹，契丹使守平州。"

[2]安金全：李存勖委任的新州刺史。安金全逃走，此事發生在當年三月，即盧文進降契丹之後。《通鑑》卷二六九《後梁紀四》均王貞明三年（917）："三月，盧文進引契丹兵急攻新州，刺史安金全不能守，棄城走；文進以其部將劉殷爲刺史，使守之。晉王使周德威合河東、鎮、定之兵攻之，旬日不克。契丹主帥衆三十萬救之，德威衆寡不敵，大爲契丹所敗，奔歸。"

三月辛亥攻幽州，[1]節度使周德威以幽、并、鎮、定、魏五州之兵拒于居庸關之西，[2]合戰於新州東，大破之，斬首三萬餘級，殺李嗣恩之子武八。[3]以後弟阿骨只爲統軍，[4]實魯爲先鋒，東出關略燕趙，不遇敵而還。己未，於骨里叛，命室魯以兵討之。

[1]攻幽州：《通鑑》卷二六九《後梁紀四》均王貞明三年（917）載："契丹乘勝進圍幽州，聲言有衆百萬，氈車毳幕彌漫山澤。盧文進教之攻城，爲地道，晝夜四面俱進，城中穴地燃膏以邀之，又爲土山以臨城，城中熔銅以灑之，日殺千計，而攻之不止。周德威遣間使詣晉王告急，王方與梁相持河上，欲分兵則兵少，欲勿救恐失之，謀於諸將，獨李嗣源、李存審、閻寶勸王救之，王喜曰：'昔太宗得一李靖猶擒頡利，今吾有猛將三人，復何憂哉！'存審、寶以爲虜無輜重，勢不能久，俟其野無所掠，食盡自還，然後

踵而擊之。李嗣源曰：‘周德威社稷之臣，今幽州朝夕不保，恐變
生於中，何暇待虜之衰！臣請身爲前鋒以赴之。’王曰：‘公言是
也。’即日，命治兵。”另據《舊五代史》卷九七《盧文進傳》：
“未幾，文進引契丹寇新州，自是戎師數至。”《新五代史》卷四八
《盧文進傳》：“文進身長七尺，狀貌偉然，自其奔契丹也，數引契
丹攻掠幽薊之間，虜其人民，教契丹以中國織紝工作無不備，契丹
由此益強。同光中，契丹數以奚騎出入塞上，攻掠燕趙，人無寧
歲。唐兵屯涿州，歲時饋運，自瓦橋關至幽州，嚴兵斥候，常苦抄
奪，爲唐患者十餘年，盧文進爲之也。”

[2]并州：治所在今山西省太原市。　鎮州：治所在今河北省
正定縣。　定州：治所在今河北省定州市。　魏州：治所在今河北
省大名縣。　居庸關：要塞名。在今北京市昌平區西北。

[3]李嗣恩之子武八：【劉校】據中華點校本校勘記，“嗣恩”
原誤“嗣本”，“按新、舊《五代史·李嗣本傳》均不稱有子武八。
檢《舊五代史》五二《李嗣恩傳》：‘有子二人，長曰五八……戰契
丹於新州，歿焉。’”據改。

[4]阿骨只：亦名阿古只，阿保機妻述律氏之弟，契丹王朝建
立之初，與其兄蕭敵魯掌腹心部，神册三年（918）以功拜北府宰
相。本書卷七三有傳。

夏四月壬午，圍幽州，不克。[1]

[1]圍幽州，不克：《通鑑》卷二六九《後梁紀四》均王貞明
三年（917）載：“夏四月晉王命嗣源將兵先進，軍于淶水，閻寶以
鎮、定之兵繼之。”（秋七月）“晉王以李嗣源、閻寶兵少，未足以
敵契丹，辛未，更命李存審將兵益之。”另據《舊五代史》卷二八
《唐書·莊宗紀第二》天祐十四年（917）：“夏四月，命李嗣源率師
赴援，次於淶水，又遣閻寶率師夜過祁溝，俘擒而還。周德威遣人

告李嗣源曰：'契丹三十萬，馬牛不知其數，近日所食羊馬過半，阿保機責讓盧文進，深悔其來。契丹勝兵散佈射獵，阿保機帳前不滿萬人，宜夜出奇兵，掩其不備。'嗣源具以事聞。"

六月乙巳，望城中有氣如煙火狀，上曰："未可攻也。"以大暑霖潦班師，[1]留易魯、盧國用守之。剌葛與其子賽保里叛入幽州。[2]

[1]班師：契丹以攻幽州不克而退兵，此事《舊五代史》及《通鑑》失載。

[2]剌葛與其子賽保里叛入幽州：據本書卷六四《皇子表》：剌葛自幽州南竄，為人所殺。

秋八月，李存勗遣李嗣源等救幽州，[1]曷魯等以兵少而還。[2]

[1]李存勗遣李嗣源等救幽州：《舊五代史》卷二八《唐書·莊宗紀第二》天祐十四年（917）載："秋七月辛未，帝遣李存審領軍與嗣源會於易州，步騎凡七萬。於是三將同謀，銜枚束甲，尋潤谷而行，直抵幽州。八月甲午，自易州北循山而行，李嗣源率三千騎為前鋒。庚子，循大房嶺而東，距幽州六十里。契丹萬騎遽至，存審、嗣源極力以拒之，契丹大敗，委棄氈幕、穹廬、弓矢、羊馬不可勝紀，進軍追討，俘斬萬計。辛丑，大軍入幽州，德威見諸將，握手流涕。翌日，獻捷於鄴。九月，班師，帝授存審檢校太傅，嗣源檢校太保，閻寶加同平章事。"

[2]曷魯等以兵少而還：此役並非契丹主動退兵，而是為李嗣源等所敗。《通鑑》卷二七〇後梁均王貞明三年（917）八月載：

"契丹圍幽州且二百日，城中危困。李嗣源、閻寶、李存審步騎七萬會於易州……甲午，自易州北行，庚子，踰大房嶺，循澗而東。嗣源與養子從珂將三千騎爲前鋒，距幽州六十里，與契丹遇，契丹驚卻，晉兵翼而隨之。契丹行山上，晉兵行澗下，每至谷口，契丹輒邀之，嗣源父子力戰，乃得進。至山口，契丹以萬餘騎遮其前，將士失色；嗣源以百餘騎先進，免冑揚鞭，胡語謂契丹曰：'汝無故犯我疆場，晉王命我將百萬衆直抵西樓，滅汝種族！'因躍馬奮檛，三入其陣，斬契丹酋長一人。後軍齊進，契丹兵卻，晉兵始得出。李存審命步兵伐木爲鹿角，人持一枝，止則成寨。契丹騎環寨而過，寨中發萬弩射之，流矢蔽日，契丹人馬死傷塞路。將至幽州，契丹列陳待之。存審命步兵陳於其後，戒勿動，先令羸兵曳柴然草而進，煙塵蔽天，契丹莫測其多少；因鼓噪合戰，存審乃趣後陣起乘之，契丹大敗，席捲其衆自北山去，（取古北口路而去。）委棄車帳鎧仗羊馬滿野，晉兵追之，俘斬萬計。"

三年春正月丙申，以皇弟安端爲大內惕隱，命攻雲州及西南諸部。[1]

[1]雲州：治所在今山西省大同市。　西南諸部：指陝西、寧夏、內蒙、甘肅等省區一帶的党項、回鶻、吐蕃等部族。

二月，達旦國來聘。[1]癸亥城皇都，[2]以禮部尚書康默記充版築使。[3]梁遣使來聘。晉、吳越、渤海、高麗、回鶻、阻卜、党項及幽、鎮、定、魏、潞等州各遣使來貢。[4]

[1]達旦：即韃靼。中國古代族名。唐末始見於史籍。分佈至

廣，在南者，近塞，東起陰山，西逾黄河、黑河流域，至北宋中葉並散居青海附近。在《遼史》中也被稱爲"阻卜""尤不姑"。

[2]城皇都：即築上京臨潢府。據本書卷七四《康默記傳》："神册三年始建都，默記董役，人咸勸趨，百日而迄事。"

[3]康默記（?—927）：原爲薊州衙校，後爲阿保機俘獲。爲阿保機辦理與中原交涉事宜，並參與執法斷獄及軍事活動，還曾主持修建遼上京及阿保機陵墓。爲阿保機佐命功臣之一。本書卷七四有傳。

[4]渤海：唐代中國東北地區的割據政權名。粟末靺鞨族人大祚榮於公元 698 年所建，始稱粟末。唐玄宗先天二年（713，當年十二月改元"開元"）遣使封大祚榮爲左驍衛大將軍、渤海郡王，又設置忽汗州，加授大祚榮爲忽汗州大都督，始去靺鞨之號，專稱渤海。共傳十五王，歷 229 年，天顯元年（926）亡於契丹。其事詳見《新唐書》卷二一九《渤海傳》。【劉注】渤海國最初的國號爲"靺鞨"，不爲"震國"或"振國"。《新唐書》卷二一九《渤海傳》："睿宗先天中（應爲'玄宗先天二年'），遣使拜祚榮爲左驍衛大將軍、渤海郡王。以所統爲忽汗州，領忽汗州都督，自是始去靺鞨號，專稱渤海。"這裏不稱"始去震國之號，專稱渤海"，而稱"始去靺鞨之號，專稱渤海"。可見，稱"大祚榮建立震國"是混淆了封號與國號的區別。《新唐書》卷二一九《渤海傳》稱"武后封乞四比羽爲許國公，乞乞仲象（大祚榮之父）爲震國公"。"許國公"和"震國公"都是封號，並不意味着有"許國""震國"等政權。乞乞仲象死後。他兒子大祚榮繼承了"震國公"的封號，但他不滿足"公"級別，所以"自號震國王"。"震國王"僅僅是封號，並不意味着有"震國"。少數民族往往以其民族名爲國號，如"契丹""蒙古"等。渤海也應如此。　回鶻：古代民族名，即回紇。本突厥别部。北魏時稱袁紇，亦曰烏護、烏紇，至隋稱韋紇。大業元年（605），因反抗突厥的壓迫，與僕固、同羅、拔野古等成立聯盟，總稱回紇。唐天寶三年（744）破東突厥，建政權於

今鄂爾渾河流域，有今蒙古高原之地。唐時助平安史之亂，可汗屢尚公主。貞元四年（788）自請改稱回鶻。開成五年（840），爲黠戛斯所破，部衆分三支西遷：一支遷吐魯番盆地，稱高昌回鶻或西州回鶻；一支遷蔥嶺以西楚河一帶，即蔥嶺以西回鶻；一支遷河西走廊，稱河西回鶻。歷五代遼金，回鶻皆嘗入貢。元明時稱畏吾兒。其族在唐時奉摩尼教，宋元以來改奉伊斯蘭教。　阻卜：即尤不姑、達旦。亦稱韃靼。元人諱言達旦，而稱達旦爲阻卜，詳見王國維《觀堂集林》卷一四《達旦考》。　潞州：治所在今山西省長治市。

夏四月乙巳，皇弟迭烈哥謀叛。事覺，知有罪當誅，預爲營壙，[1]而諸戚請免。上素惡其弟寅底石妻涅里袞，乃曰：“涅里袞能代其死則從。”涅里袞自縊壙中，並以奴女古、叛人曷魯只生瘞其中。[2]遂赦迭烈哥。

[1]壙：墓穴。
[2]生瘞（yì）：即活埋，是遼朝特有的酷刑。詳見本書卷六一《刑法志上》。

五月乙亥，詔建孔子廟、佛寺、道觀。[1]

[1]建孔子廟：此事據本書卷七二《義宗倍傳》是在神册元年（916），且不與建佛寺、道觀同時。

秋七月乙酉，于越曷魯薨，上震悼久之，輟朝三日，[1]贈賻有加。[2]

［1］輟（chuò）朝：中止臨朝聽政。

［2］贈賻：贈送財物給辦喪事的人家。

冬十二月庚子朔，幸遼陽故城。[1]辛丑，北府宰相蕭敵魯薨，戊午，以于越曷魯弟汙里軫爲迭烈部夷离菫，蕭阿古只爲北府宰相。甲子，皇孫隈欲生。[2]

［1］遼陽故城：在今遼寧省遼陽市。

［2］隈欲：即遼世宗兀欲，東丹王耶律倍之子。其事蹟詳見本書卷五《世宗本紀》。

（李錫厚注　劉鳳翥校）

遼史　卷二

本紀第二

太祖下

四年春正月丙申，射虎東山。

二月丙寅，修遼陽故城，[1]以漢民渤海户實之，[2]改爲東平郡，[3]置防禦使。[4]

[1]遼陽故城：今遼寧省遼陽市。

[2]漢民渤海户：原屬渤海的人户。渤海國是靺鞨粟末部在今東北地區建立的政權，天顯元年（926）被契丹滅亡前，其統治範圍曾及於遼東地區，“漢民渤海户”可能是指渤海統治下的漢民，也可能是指漢民户及渤海人户。

[3]東平郡：即遼寧遼陽。

[4]防禦使：原爲唐官名。在遼爲防禦州的長官，官階低於團練使而高於刺史。

夏五月庚辰，至自東平郡。

　　秋八月丁酉，謁孔子廟，[1]命皇后、皇太子分謁寺觀。[2]

　　[1]孔子廟：遼上京孔子廟，係神册三年（918）所建。
　　[2]皇后：即阿保機妻述律氏（879—953），漢名平，小字月里朶。其先爲回鶻人。本書卷七一有傳。　皇太子：即遼太祖耶律阿保機長子倍（898—936），契丹名圖欲（突欲），生母爲淳欽皇后述律氏。天顯元年（926），阿保機滅渤海建東丹國，突欲被册爲人皇王，主東丹國政。本書卷七二《義宗倍傳》也記載“神册元年春立爲皇太子”。阿保機死後，其母述律氏立德光，突欲被迫浮海投奔後唐。後唐明宗賜其姓名李贊華。清泰三年（遼天顯十一年，936）石敬瑭率軍攻入洛陽，後唐末帝李從珂約倍與之同死，倍不從，遇害。

　　九月，征烏古部，[1]道聞皇太后不豫，[2]一日馳六百里還侍太后。病間，[3]復還軍中。

　　[1]烏古：部族名。又稱嫗厥律、于厥律，居契丹西北。《新五代史》卷七三《四夷附録第二》：“嫗厥律，其人長大，髡頭，酋長全其髮，盛以紫囊。地苦寒，水出大魚，契丹仰食。又多黑、白、黄貂鼠皮，北方諸國皆仰足。其人最勇，鄰國不敢侵。”
　　[2]皇太后：阿保機生母德祖宣簡皇后蕭氏。本書卷七一有傳。
　　不豫：【劉注】天子有病的諱稱。亦泛稱尊長有疾。
　　[3]病間：【劉注】亦作“病閒”，指病初愈。

　　冬十月丙午，次烏古部，天大風雪兵不能進，上禱於天，俄頃而霽。命皇太子將先鋒軍進擊，[1]破之，俘獲生口萬四千二百，[2]牛馬、車乘、廬帳、器物二十餘萬。自是舉部來附。

[1]先鋒軍：作戰時衝鋒在先的軍隊。《武經總要》後集卷五《故事》載，唐太宗嘗選精銳千餘騎爲奇兵，皆皂衣黑甲，分爲左右隊。隊建大旗，令騎將秦叔寶、程咬金、尉遲敬德、翟長孫等分統之。每臨敵，太宗躬被黑甲，先鋒率之，候機而進，所向摧靡，常以少擊衆，賊徒氣懾。

[2]生口：指俘虜。

五年，春正月乙丑，始製契丹大字。[1]

[1]契丹大字：一種採用漢字筆劃結構而創製的表意兼拼音契丹文字，用以記錄契丹語。製成後，通行於遼代及金前期。

夏五月丙寅，吳越王復遣滕彥休貢犀角、[1]珊瑚，授官以遣。庚辰，有龍見於拽刺山陽水上，上射獲之，藏其骨內府。[2]

[1]吳越（907—978）：五代時十國之一。都杭州。共歷五主七十二年。

[2]內府：皇室的倉庫。

閏六月丁卯，以皇弟蘇爲惕隱，[1]康默記爲夷离畢。[2]

[1]皇弟蘇（？—926）：即阿保機幼弟，名蘇。神册五年

（920）爲惕隱。次年爲南府宰相。據本書卷六四《皇子表》，滄州節度使劉守文求救，蘇曾奉阿保機之命，前去解滄州之圍。天顯元年（926）從太祖征渤海還，卒。　惕隱：契丹官名。掌皇族政教。

　　[2]康默記（？—927）：原爲薊州衙校，後爲阿保機俘獲。爲阿保機辦理與中原交涉事宜，並參與執法斷獄及軍事活動，還曾主持修建遼上京及阿保機陵墓。爲阿保機佐命功臣之一。本書卷七四有傳。　夷离畢：契丹官名。爲執政官，相當於副宰相參知政事。後來官分南、北，北面官有夷离畢院，主要掌刑政。

　　秋八月己未朔，党項諸部叛。[1]辛未，上親征。

　　[1]党項：中國古代族名。又稱党項羌，唐以後主要活動於靈、慶、銀、夏等州，即今甘肅、寧夏、陝西和内蒙古等省區交界地區。部分爲契丹征服。

　　九月己丑朔，梁遣郎公遠來聘。[1]壬寅，大字成，詔頒行之。皇太子率迭剌部夷离菫汗里軫等略地雲内、天德。[2]

　　[1]梁：指後梁，公元907年朱温代唐稱帝，建都汴（今河南省開封市），國號梁，史稱後梁。有今河南、山東兩省和陝西、山西、河北、寧夏、湖北、安徽、江蘇各一部分。公元923年爲後唐所滅。共歷三帝十七年。

　　[2]迭剌部：據《遼史》卷三二《營衛志・部族》，遙輦氏時期，原來耶律（即世里）有七部，後合併爲一，成爲迭剌部。　夷离菫：原爲突厥語官名。亦譯爲“俟斤”（Irkin）。突厥各部的最高元首稱“可汗”（Qaghan），其他各部酋長則稱爲俟斤。初，契丹“其君大賀氏，有勝兵四萬，臣於突厥，以爲俟斤”（《新唐書・

契丹傳》）。後，契丹首領自立爲可汗，其下所屬各部酋長則稱爲"俟斤"，亦即夷离堇。契丹立國後，大部族之夷离堇稱王，小部族之夷离堇則稱爲節度使。舉凡一部之軍政、民政皆由其統掌。參見韓儒林《穹廬集》（上海人民出版社 1982 年版，第 314—316 頁）。

雲內：據陳得芝考證，應在天德軍以東，大黑河下游，即《古豐識略》所記歸化城西南八十里西白塔古城。　天德：唐軍鎮名。即豐州。遼太祖阿保機於神册五年（920）平党項，仍以此地爲天德軍。治所在今內蒙古自治區呼和浩特市東白塔一帶。　汙里軫：【劉注】耶律覿烈的字，本書卷七五本傳作"兀里軫"。《耶律羽之墓誌銘》稱"次兄汙里堅"。"汙里軫""汙里堅"和"兀里軫"均爲同名異譯。

冬十月辛未，攻天德。癸酉，節度使宋瑤降，賜弓矢、鞍馬、旗鼓，更其軍曰應天。[1]甲戌，班師。宋瑤復叛。丙子，拔其城，擒宋瑤，俘其家屬，徙其民於陰山南。[2]

十二月己未，師還。

[1]更其軍曰應天：即改天德軍爲應天軍，此事本書卷四一《地理志五·西京道》失載。

[2]陰山：崑崙山北支。西起河套西北，向東綿亘於今內蒙、河北等省區，與大興安嶺相接，隨地易名。此處所謂"陰山"，可能是指內蒙古境內的大青山。

六年，春正月丙午，以皇弟蘇爲南府宰相，[1]迭里爲惕隱。南府宰相，自諸弟搆亂府之名族多罹其禍，故其位久虛，以鋤得部轄得里、只里古攝之。府中數請擇任宗室，上以舊制不可輒變；[2]請不已，乃告於宗廟而後授之。宗室爲南府宰相自此始。

[1]南府宰相：契丹部族官名。契丹可汗之下有北、南二府，各部族則分屬二府，並分設宰相統之。乙室、楮特、突舉等部隸南府。遼建國後，南府宰相以皇族充任。聖宗以後，也用漢人任此職。

[2]舊制：指契丹立國以前的傳統。依舊制，南府宰相以南府所屬各部的“名族”成員充，而契丹可汗族人是不出任宰相之職的。

夏五月丙戌朔，詔定法律、正班爵。[1]丙申，詔畫前代直臣像爲招諫圖，及詔長吏四孟月詢民利病。[2]

[1]正班爵：論功行賞，授臣下以官爵。《晉書》卷七一《王鑒傳》：“班爵序功，酬將士之勞。”

[2]四孟月：每一季的第一個月，即一月、四月、七月和十月。

六月乙卯朔，日有食之。

冬十月癸丑朔，晉新州防御使王郁以所部山北兵馬內附。[1]丙子，上率大軍入居庸關。[2]

[1]晉：此指與後梁對抗的以河東爲基地的李存勗政權。存勗稱晉王。　新州：治所在今河北省涿鹿縣。　王郁：京兆萬年（今陝西省西安市）人。唐義武軍（治所在今河北省定州市）節度使王處直之子，晉王李克用的女婿，爲新州防禦使。神冊六年（921）攜家室及所部降遼。本書卷七五有傳。　山北：唐稱新、嫣、儒、

武等州爲"山北"，又稱"山後"。

[2]居庸關：要塞名。在今北京市昌平區西北。

十一月癸卯，下古北口。[1]丁未，分兵略檀、順、安遠、三河、良鄉、望都、潞、滿城、遂城等十餘城，[2]俘其民徙内地。[3]

[1]古北口：在今北京市密雲區東北，爲長城上的要塞之一。

[2]檀：檀州。治所在今北京市密雲區。　順：順州。治所在今北京市順義區。　安遠：唐末所置軍鎮。治所在今天津市薊州區西北。　三河：縣名。治所在今河北省三河市。　良鄉：舊縣名。治所在今北京市房山區境内。三河、良鄉都是趙德鈞鎮幽州時所置，據《新五代史》卷七二《四夷附録第一》："莊宗之末，趙德鈞鎮幽州，於鹽溝置良鄉縣，又於幽州東五十里築城，皆戍以兵。及破賀邈等，又於其東置三河縣。由是幽薊之人，始得耕牧，而輸餉可通。"　望都：縣名。治所在今河北省望都縣。　潞：潞縣。治所在今北京市通州區。　滿城：縣名。治所在今河北省保定市滿城區。　遂城：縣名。治所在今河北省保定市徐水區。

[3]内地：契丹稱其原住地爲"内地"。

十二月癸丑，王郁率其衆來朝，上呼郁爲子，賞賚甚厚，而徙其衆於潢水之南。[1]庚申，皇太子率王郁略地定州，[2]康默記攻長蘆。[3]唐義武軍節度使王處直養子都囚其父，[4]自稱留後。[5]癸亥，圍涿州，[6]有白兔緣壘而上，是日破其郛。癸酉，刺史李嗣弼以城降。[7]乙亥，存勗至定州，[8]王都迎謁馬前。[9]存勗引兵趨望都，[10]遇我軍禿餒五千騎，圍之，存勗力戰數四，不解。李嗣昭領三百騎來救，我軍少卻，[11]存勗乃得出，大戰，我軍不利，引歸。存勗至幽州，[12]遣二百騎躡我軍後，我軍反擊，悉擒之。己卯，還次檀州，幽人來襲，擊走之，擒其裨將。詔徙檀、順民於東平灤州。[13]

[1]潢水：今内蒙古自治區境内的西拉木倫河，即西遼河上游。

[2]定州：治所在今河北省定州市。

[3]長蘆：舊縣名。治所在今河北省滄州市西。

[4]唐義武軍節度使王處直養子都囚其父：此事起源於鎮州的趙王王鎔爲其養子王德明（即張文禮）所害。晉王李存勗討伐張文禮，使定州的王處直受到威脅。《通鑑》卷二七一後梁均王龍德元年（921）秋七月載：“張文禮雖受晉命，内不自安，復遣間使因盧文進求援於契丹；又遣間使來告［後梁均王］曰：‘王氏爲亂兵所屠，公主無恙。今臣已北召契丹，乞朝廷發精甲萬人相助，自德、棣渡河，則晉人遁逃不暇矣。’帝疑未決。”後梁以文禮坐持兩端，欲以自固，而未出兵相救。阿保機率契丹軍援救王處直，爲晉王李存勗所敗。《新五代史》卷七二《四夷附録第一》載：“莊宗討張文禮，圍鎮州。定州王處直懼鎮且亡，晉兵必並擊己，遣其子郁説契丹，使入塞以牽晉兵。郁謂阿保機曰：‘臣父處直使布愚款曰：故趙王王鎔，王趙六世，鎮州金城湯池，金帛山積，燕姬趙女，羅綺盈庭。張文禮得之而爲晉所攻，懼死不暇，故皆留以待皇帝。’阿保機大喜。其妻述律不肯，曰：‘我有羊馬之富，西樓足以娱樂，今舍此而遠赴人之急，我聞晉兵強天下，且戰有勝敗，後悔何追？’阿保機躍然曰：‘張文禮有金玉百萬，留待皇后，可共取之。’於是空國入寇。郁之召契丹也，定人皆以爲後患不可召，而處直不聽。郁已去，處直爲其子都所廢。阿保機攻幽州不克，又攻涿州，陷之。聞處直廢而都立，遂攻中山，渡沙河。都告急於莊宗。莊宗自將鐵騎五千，遇契丹前鋒於新城，晉兵自桑林馳出，人馬精甲，光

明燭日，虜騎愕然，稍卻，晉軍乘之，虜遂散走，而沙河冰薄，虜皆陷沒。阿保機退保望都。會天大雪，人馬饑寒，多死，阿保機顧盧文進以手指天曰：'天未使我至此。'乃引兵去。莊宗躡其後，見其宿處，環秸在地，方隅整然，雖去而不亂，歎曰：'虜法令嚴，蓋如此也！'"《舊五代史》卷二九《唐書·莊宗紀三》載，天祐十八年（遼神册六年，921）"十二月辛未，王郁誘契丹阿保機寇幽州，遂引軍涿州，陷之。又寇定州，王都遣使告急，帝（指晉王李存勖）自鎮州率五千騎赴之"。【靳校】唐義武軍節度使，中華修訂本校勘記云，"唐"原本作"晉"，"據本書卷七五《王郁傳》、《舊唐書》卷一八二《王處直傳》及《通鑑》卷二六二《唐紀》七八昭宗光化三年九月癸未改"。今從改。

[5]留後：官名。唐朝節度使如遇事故，往往自擇將吏以統馭其軍，稱"兵馬留後"。那些殺長官而自立的野心家也往往自稱"留後"，並迫使朝廷予以承認。

[6]涿州：治所在今河北省涿州市。

[7]李嗣弼：後唐太祖李克用之弟克修之子，曾爲涿州刺史。

[8]李存勖（885—926）：即後唐莊宗，五代時期後唐的建立者，晉王李克用之子。初嗣位晉王，據太原與梁逐鹿中原。天祐二十年（923）稱帝，國號唐，史稱後唐，都洛陽。同年十月攻陷大梁（開封），梁末帝死於兵間。三年後，李存勖也死於內亂。

[9]存勖至定州，王都迎謁馬前：《舊五代史》卷二九《唐書·莊宗紀三》載此事於天祐十九年正月甲午，"帝（李存勖）至定州，王都迎謁，是夜宿於開元寺"。

[10]存勖引兵趨望都：《舊五代史》卷二九《唐書·莊宗紀三》載：李存勖至定州之"翌日，引軍至望都，契丹逆戰，帝身先士伍，馳擊數四，敵退而結陣，帝之徒兵亦陣於水次。李嗣昭躍馬奮擊，敵衆大潰，俘斬數千，追擊至易水，獲氈裘、氊幕、羊馬不可勝紀。時歲且北至，大雪平地五尺，敵乏芻糧，人馬斃踣道路，累累不絕，帝乘勝追襲至幽州"。

[11]李嗣昭領三百騎來救，我軍少卻：《舊五代史》卷一三七《外國列傳第一》載："莊宗次定州，翌日出戰，遇奚長禿餒五千騎，莊宗親軍千騎與之鬬，爲敵所圍，外救不及，莊宗挺馬奮躍，出入數四，酣戰不解。李嗣昭聞其急也，灑泣而往，攻破敵陣，掖莊宗而歸。"

[12]幽州：治所在今北京市。《舊五代史》卷一三七《外國列傳》載："莊宗至幽州，發二百騎偵之，皆爲契丹所獲，莊宗乃還。"

[13]瀋州：治所在今遼寧省瀋陽市。

天贊元年，[1]春二月庚申，復徇幽薊地。[2]癸酉，詔改元，赦軍前殊死以下。

[1]天贊：遼太祖年號（922—925）。
[2]幽薊地：指今北京市、天津市及河北省北部地區。

夏四月甲寅，攻薊州。戊午拔之，擒刺史胡瓊，以盧國用、涅魯古典軍民事。[1]壬戌，大饗軍士。癸亥，李存勗圍鎮州，[2]張文禮求援，[3]命郎君迭烈、將軍康末怛往擊，敗之，殺其將李嗣昭。[4]辛未，攻石城縣，[5]拔之。

[1]盧國用：即盧文進。原係幽州軍官，後降契丹。
[2]鎮州：治所在今河北省正定縣。
[3]張文禮（？—921）：鎮州趙王王鎔養子，原姓王名德明。天祐十八年（921）背叛趙王王鎔後，李存勗前來討伐，於是年八月間憂懼而卒。其子處瑾等秘不發喪，故至次年四月間，仍以文禮

名義向遼求援。

[4]李嗣昭（？—922）：李克用弟代州刺史克柔假子。據《舊五代史》卷五二《唐書・李嗣昭傳》："［天祐］十九年，莊宗親征張文禮於鎮州。冬，契丹三十萬奄至，嗣昭從莊宗擊之，敵騎圍之數十重，良久不解。嗣昭號泣赴之，引三百騎橫擊重圍，馳突出没者數十合，契丹退，翼莊宗而還。"可知嗣昭並未死於與契丹作戰中。嗣昭是在契丹退軍之後，於攻真定的戰役中爲王處球軍所殺。

[5]石城縣：舊縣名。元廢，當今河北省灤州市西南。

五月丁未，張文禮卒，其子處瑾遣人奉表來謝。[1]

[1]張處瑾（？—922）：張文禮之子。文禮死後，仍據鎮州抗拒晉王李存勗攻擊。天祐十九年（922）九月城破被俘死。

六月，遣鷹軍擊西南諸部，[1]以所獲賜貧民。

[1]鷹軍：契丹軍號。本書卷一一六《國語解》："鷹，鷙鳥，以之名軍，取捷速之義。"西南諸部：指今陝西、寧夏、内蒙、甘肅一帶的党項、回鶻、吐蕃等部族。

冬十月甲子，以蕭霞的爲北府宰相。[1]分迭剌部爲二院，[2]斜涅赤爲北院夷离堇，[3]綰思爲南院夷离堇。詔分北大濃兀爲二部，立兩節度使以統之。[4]

[1]北府宰相：契丹部族官名。契丹可汗之下有北、南二府，各部族則分屬二府，並分設宰相統之。五院部、六院部、品部、烏隗部、涅剌部、突呂不部等隸北府。阿保機取代遙輦氏後，世以后

族爲北府宰相。遼聖宗以後，漢人也有任此官者。

[2]分迭剌部爲二院：天贊元年（922），以迭剌部強大難制，析五石烈爲五院，六爪爲六院，各置夷离菫。會同元年（938），更夷离菫爲大王，部隸北府，以鎮南境。

[3]斜涅赤：字撒剌，契丹六院部舍利裏古直之族。早隸太祖阿保機幕下。太祖即位，掌腹心部。天贊元年迭剌部分爲北、南二院，斜涅赤爲北院夷离菫。曾隨太祖西征流沙及討渤海。爲佐命功臣之一。天顯中卒，年七十。本書卷七三有傳。

[4]分北大濃兀爲二部，立兩節度使以統之：本書卷三四《兵衛制上》載：“天贊元年，以戶口滋繁，糾轄疏遠，分北大濃兀爲二部，立兩節度使以統之。”

十一月壬寅，命皇子堯骨爲天下兵馬大元帥，[1]略地薊北。

[1]堯骨：漢名德光，即遼太宗。　天下兵馬大元帥：遼最高軍職名。遼朝歷代皇儲，多加此名號。

二年春正月丙申，大元帥堯骨克平州，[1]獲刺史趙思温、裨將張崇。[2]

[1]平州：唐置，治所在今河北省盧龍縣。

[2]趙思温（？—939）：盧龍（今屬河北省）人，字文美。原爲燕帥劉仁恭部將，後降晉王李存勖，任平州刺史兼平營薊三州都指揮使。降遼後從太祖征渤海，爲漢軍都團練使。太宗時，爲南京留守、盧龍軍節度使。本書卷七六有傳。　張崇：【劉校】據中華點校本校勘記，《新五代史》卷四七、《舊五代史》卷八八本傳並作“張希崇”。此避天祚延禧名諱，去“希”字。

二月，如平州。甲子，以平州爲盧龍軍，置節度使。

三月戊寅，軍於箭笴山，[1] 討叛奚胡損，獲之，射以鬼箭。[2] 誅其黨三百人，沉之狗河。置奚墮瑰部，[3] 以勃魯恩權總其事。

[1] 箭笴 (gǎn) 山：地名。胡損奚所居地。【靳注】此爲山名。在今河北省撫寧縣東北葦子峪外。

[2] 射鬼箭：契丹人的巫術、刑罰。皇帝出征及祭祀先帝時，都要行這種巫術。取死囚一人，置於所要前往之方向，以亂箭射殺，名爲射鬼箭。契丹人認爲，以此可以祓除不祥。班師歸來則以俘虜射鬼箭。後來則以此作爲刑罰的一種。

[3] 奚墮瑰部：據本書卷三三《營衛志下》：奚初爲五部，太祖盡降之，號五部奚。天贊二年（923）三月，"有東扒里廝胡損者，恃險堅壁於箭笴山以拒命，揶揄曰：'大軍何能爲，我當飲墮瑰門下矣！'太祖滅之，以奚府給役户，併括諸部隱丁，收合流散，置墮瑰部，因墮瑰門之語爲名，遂號六部奚。命勃魯恩主之，仍號奚王"。

夏四月己酉，梁遣使來聘，吳越王遣使來貢。癸丑，命堯骨攻幽州，[1] 迭剌部夷离堇覿烈徇山西地。[2] 庚申，堯骨軍幽州東，節度使符存審遣人出戰，[3] 敗之，擒其將裴信父子。

[1] 命堯骨攻幽州：據《通鑑》卷二七二後唐莊宗同光元年（923），"[閏四月]甲午，契丹寇幽州，至易定而還。時契丹屢入寇，鈔掠饋運，幽州食不支半年。衛州爲梁所取，潞州內叛，人情

炭炭，以爲梁未可取，帝患之"。《舊五代史》卷二九《唐書·莊宗紀第三》亦載："[同光元年閏四月]甲午，契丹寇幽州，至易、定而還。"

[2]覿烈（880—935）：即蕭覿烈，字兀里軫，契丹六院部人，偶思之子。太祖即位，其兄曷魯典宿衞，覿烈亦入侍帷幄，與聞政事。神册三年（918）爲迭剌部夷离堇。五年討党項，皇太子倍爲先鋒，覿烈副之，至天德、雲内。天贊二年（923）徇山西，所至城堡皆下。四年從征渤海拔扶餘城，留寅底石與覿烈守之。天顯二年（927）留守南京。十年卒。本書卷七五有傳。

[3]符存審：字德祥，陳州宛丘（今河南省淮陽縣）人。乾符末，歸於李克用，爲義兒，賜姓李。《通鑑》卷二七二後唐莊宗同光元年二月載："契丹寇幽州，晉王問帥於郭崇韜，崇韜薦橫海節度使李存審。時存審臥病，己卯，徙存審爲盧龍節度使，輿疾赴鎮。"

　　閏月庚辰，堯骨抵鎮州。壬午，拔曲陽。[1]丙戌，下北平。[2]是月，晉王李存勖即皇帝位，國號唐。[3]

[1]曲陽：縣名。治所在今河北省曲陽縣。
[2]北平：舊縣名。在今河北省順平縣東北。
[3]李存勖即皇帝位：據《通鑑》卷二七二後唐莊宗同光元年（923），"夏四月己巳，升壇，祭告上帝，遂即皇帝位，國號大唐，大赦，改元"。

　　五月戊午，堯骨師還。癸亥，大饗軍士，賞賚有差。
　　六月辛丑，波斯國來貢。[1]

[1]波斯國：古代國家名，今稱伊朗。

秋七月，前北府宰相蕭阿古只及王郁徇地燕趙。[1]
冬十月辛未朔，日有食之。己卯，唐兵滅梁。

[1]蕭阿古只：即迪里姑，蕭敵魯之弟，均爲阿保機述律皇后
之弟。兄弟二人一同爲阿保機掌腹心部。剌葛叛亂，阿古只追擒之
於榆河。本書卷七三有傳。　徇地燕趙：關於蕭阿古只與王郁“徇
地燕趙”一事，據《通鑑》卷二七二後唐莊宗同光元年（923）九
月載：“盧文進、王郁引契丹屢過瀛、涿之南，傳聞俟草枯冰合，
深入爲寇，又聞梁人欲大舉數道入寇，帝深以爲憂。”

三年春正月，遣兵略地燕南。[1]

[1]略地燕南：據《舊五代史》卷三一《唐書·莊宗紀第五》，
同光二年“［春正月］甲辰，幽州上言，契丹入寇至瓦橋。以天平
軍節度使李嗣源爲北面行營都招討使，陝州留後霍彥威爲副，率軍
援幽州……［癸丑］幽州北面軍前奏，契丹還塞，詔李嗣源班
師”。《通鑑》卷二七三後唐莊宗同光二年（924）載，“春正月甲
辰，幽州奏契丹入寇，至瓦橋。以天平軍節度使李嗣源爲北面行營
都招討使，陝州留後霍彥威副之，宣徽使李紹宏爲監軍，將兵救幽
州”。

夏五月丙午，以惕隱迭里爲南院夷離堇。是月，徙
薊州民實遼州地。[1]渤海殺其刺史張秀實而掠其民。[2]

[1]遼州：遼置。故治在今遼寧省瀋陽市西北一百八十里。

[2]渤海殺其刺史張秀實而掠其民:《五代會要》卷二九《契丹》:"後唐同光二年三月,阿保機率所部入寇新城。其年七月,又率兵東攻渤海國。至九月,爲鄰部室韋、女真、回鶻所侵。"《舊五代史》卷三二《唐書·莊宗紀六》:同光二年"[九月]庚戌,有司自契丹至者,言女真、迴鶻、黃頭室韋合勢侵契丹"。按:徙薊州民實遼州地,應是在渤海殺遼州刺史張秀實而掠其民之後的事,也應當是在該地區一系列戰事停止之後。

六月乙酉,召皇后、皇太子、大元帥及二宰相、諸部頭等,[1]詔曰:"上天降監惠及烝民,[2]聖主明王萬載一遇。朕既上承天命下統群生,每有征行皆奉天意,是以機謀在己,取捨如神。國令既行,人情大附;舛訛歸正,遐邇無愆。[3]可謂大含溟海,安納泰山矣。[4]自我國之經營,爲群方之父母,憲章斯在,胤嗣何憂![5]升降有期,去來在我。良籌聖會,自有契於天人;[6]衆國群王,豈可化其凡骨?三年之後歲在丙戌,時值初秋,必有歸處。然未終兩事,豈負親誠!日月非遙,戒嚴是速。"聞詔者皆驚懼,莫識其意。是日,大舉征吐渾、党項、阻卜等部。[7]詔皇太子監國,[8]大元帥堯骨從行。

[1]二宰相:指南府宰相和北府宰相。　諸部頭:指各部族首領。

[2]監:古代官名。傳説黃帝置左、右監。"上天降監"猶如説上天降下管理者。　烝民:衆民。"烝"是衆多的意思。"惠及烝民"即爲民衆帶來恩惠。

[3]舛訛:錯亂,謬誤。　遐邇無愆:遠近都沒有失誤。

[4]溟海:"溟"即海。"大含溟海",是説大到足以包含四海。

安納泰山：穩穩地容納下泰山。

[5]憲章：法制。"憲章斯在"即法制在此的意思。　胤嗣：繼承者，後繼者。

[6]契：合。"自有契於天人"，是説上天與人間自然會有契合之處。

[7]吐渾：古代部族名。即吐谷渾。據《新五代史》卷七四《四夷附録第三》，吐渾"自後魏以來，名見中國，居於青海之上。當唐至德中，爲吐蕃所攻，部族分散，其内附者，唐處之河西。其大姓有慕容、拓拔、赫連等族。懿宗時，首領赫連鐸爲陰山府都督，與討龐勛，以功拜大同軍節度使。爲晉王所破，其部族益微，散處蔚州界中"。"晉高祖立，割鴈門以北入於契丹，於是吐渾爲契丹役屬，而苦其苛暴"。另據《五代會要》卷二八《吐渾》："至開運中，捍虜於澶州，召承福等率其部衆從行，屬歲多暑熱，部下多死，復遣歸太原，移帳於嵐石州界。然承福馭下無法，多幹軍令。其族子白可久，名在承福之亞，因牧馬率本帳北遁，契丹授以官爵，復遣潛誘承福。承福亦思叛去，事未果，漢高祖知之，乃以兵環其部族，擒承福與其族白鐵櫃、赫連海龍等五家，凡四百有餘人，伏誅。籍其牛馬，命別部長王義宗統其餘屬。"　阻卜：即達旦、韃靼，古代族名。元人諱言達旦，而稱達旦爲阻卜，詳見王國維《觀堂集林》卷一四《達旦考》。

[8]監國：國君出行，由太子或親王留守而代行國事。

秋七月辛亥，曷剌等擊素昆那山東部族，破之。

八月乙酉，至烏孤山，以鵝祭天。甲午，次古單于國，[1]登阿里典壓得斯山，以麃鹿祭。[2]

[1]古單于國：指古代北方匈奴族部落聯盟。匈奴聯盟的首領稱爲"單于"。公元前3世紀末以後，匈奴征服鄰近各族，統一蒙

古高原，遊牧的國家政權機構逐步形成。其王庭設在龍城，當今蒙古國鄂爾渾河西側和碩柴達木湖附近。

［2］麃（páo）：即"麌"，鹿的一種。

　　九月丙申朔，次古回鶻城，[1]勒石紀功。庚子，拜日于躧林。[2]丙午，遣騎攻阻卜。南府宰相蘇、南院夷离堇迭里略地西南。乙卯，蘇等獻俘。丁巳，鑿金河水、取烏山石，[3]輦致潢河、木葉山，[4]以示山川朝海宗嶽之意。癸亥，大食國來貢。[5]甲子，詔礦闥遏可汗故碑，[6]以契丹、突厥、漢字紀其功。是月，破胡母思山諸蕃部，次業得思山，以赤牛青馬祭天地。回鶻霸里遣使來貢。[7]

　　[1]古回鶻城：即本書卷三〇《天祚本紀四·大石傳》所記之卜古罕城。其地當在今蒙古國鄂爾渾河上游左岸哈喇八喇哈孫。
　　[2]躧林：古時匈奴、鮮卑等族繞林而祭之處。契丹乃鮮卑的一支，俗同。每年秋季馬肥之時，他們都要會祭於林，無林木者則豎以柳枝，眾騎馳繞三周乃止，並課計人畜之數。此其自古相傳之法。據本書卷一一六《國語解》：躧林爲地名，即松林故地。
　　[3]鑿金河水，取烏山石：【劉校】據中華點校本校勘記，"按'鑿''取'二字互舛"。
　　[4]潢河：今西拉木倫河，即西遼河上游。　木葉山：山名。契丹語稱"大"爲"木葉"。"木葉山"可以泛指任何"大山"，也可專指某一大山爲"木葉山"。此處指永州境內一座山，契丹人視此山爲神山，其地在今內蒙古自治區翁牛特旗新蘇莫蘇木的西拉木倫河與老哈河匯合處一帶。"上建契丹始祖廟，奇首可汗在南廟，可敦（可汗之妻）在北廟，繪塑二聖并八子神像。"詳見本書卷三

七《地理志一》永州條。

[5]大食國：唐、宋時期中國對阿拉伯人的專稱與對伊朗語地區穆斯林的泛稱。當時人們還不知阿拉伯人、波斯人、穆斯林三者的區別，統稱爲大食。《遼史》有關於契丹遣嫁公主於大食王子等記載，其中大食顯然不是指遠在西方的阿拉伯人，而應是指中亞地區的某個穆斯林政權。

[6]闕遏可汗故碑：即毗伽可汗碑，立於735年。1889年，以俄國學者 H. M. 亞德林采夫爲首的考察隊於今蒙古國境内呼舒柴達木湖畔發現此碑及闕特勤碑。二碑所在地南距元上都遺址六十里，西距古回鶻城三十里。碑文皆用突厥文和漢文刻成。主要記述後突厥汗國建立者毗伽可汗和其弟闕特勤的事蹟。二碑文字多雷同。【劉注】"闕遏可汗故碑，即毗伽可汗碑"的説法似有值得商榷之處。此處説磨掉闕遏可汗故碑上的字，刻上契丹、突厥、漢字紀其功。毗伽可汗碑現在仍存在，上面仍是突厥文的毗伽可汗碑文，並没有契丹等字紀功碑内容。

[7]回鶻：古代部族名。據本書卷三三《營衛志下》，爲遼朝外十部之一。即回紇。本突厥別部。北魏時稱袁紇，亦曰烏護、烏紇，至隋稱韋紇。大業元年（605），因反抗突厥的壓迫，與僕固、同羅、拔野古等成立聯盟，總稱回紇。唐天寶三年（744）破東突厥，建政權於今鄂爾渾河流域，有今蒙古高原之地。唐時助平安史之亂，可汗屢尚公主。唐貞元四年（788）自請改稱回鶻。開成五年（840），爲轄戛斯所破，部衆分三支西遷：一支遷吐魯番盆地，稱高昌回鶻或西州回鶻；一支遷蔥嶺以西楚河一帶，即蔥嶺以西回鶻；一支遷河西走廊，稱河西回鶻。歷五代、遼、金，回鶻皆嘗入貢。元明時稱畏吾兒。其族在唐時奉摩尼教，宋元以來改奉伊斯蘭教。

冬十月丙寅朔，獵寓樂山，[1]獲野獸數千，以充軍食。丁卯，軍於霸離思山。[2]遣兵踰流沙，[3]拔浮圖城，[4]盡取西鄙諸部。

[1]寓樂山：【靳注】據《西域歷史文化大辭典》，今新疆維吾爾自治區哈密市東北之哈爾力克山。

[2]霸離思山：【靳注】陳漢章《索隱》以爲是北天山之鹽池山。《遼史紀事本末》認爲是巴爾斯山。"霸離思""巴爾斯"爲突厥語 Parisi 之音譯，亦即"虎"之義。其地當在今新疆維吾爾自治區哈密市東北之巴里坤山脉。地多湖泊，蒙古語謂"巴爾斯庫勒"，意即虎之湖（參見魏志江《論遼帝國對漠北蒙古的經略及其對草原絲綢之路的影響》，載《元史及民族與邊疆集刊》第 34 輯，2017年）。

[3]流沙：指我國西部廣大沙漠地區。古代亦稱現新疆境內羅布泊附近的白龍堆沙漠爲流沙。

[4]浮圖城：即可汗浮圖城。在今新疆維吾爾自治區吉木薩爾縣北。唐庭州與北庭都護府治所在此。據《舊唐書》卷四〇《地理志三》，貞觀十四年（640）侯君集討高昌，西突厥曾屯兵於此。

拔浮圖城：【劉校】原本作"授浮圖城"，中華點校本據南監本、北監本和殿本改。今從。

十一月乙未朔，獲甘州回鶻都督畢离遏，[1]因遣使諭其主烏母主可汗。射虎於烏剌邪里山，抵霸室山。六百餘里且行且獵，日有鮮食，軍士皆給。

[1]甘州回鶻：遊牧於甘州一帶的回鶻。9 世紀中葉，回鶻的一支西遷，分佈在甘州、沙州、涼州、賀蘭山、秦州、合羅川（今額濟納河）等地。其中以遊牧於甘州一帶的"甘州回鶻"最爲強盛。

四年春正月壬寅，以捷報皇后、皇太子。

二月丙寅，大元帥堯骨略党項。丁卯，皇后遣康末怛問起居，進御服、酒膳。乙亥，蕭阿古只略燕趙還，[1]進牙旗兵仗。辛卯，堯骨獻党項俘。

[1]蕭阿古只略燕趙還：《五代會要》卷二六《契丹》：同光三年（925）二月，“復入寇幽州，爲王師所敗，俘其首領勣多等”。《舊五代史》卷三二《唐書·莊宗紀第六》：“（同光三年春正月丙申）契丹寇幽州……（二月）丙子，李嗣源奏，涿州東南殺敗契丹，生擒首領三十人。”

三月丙申，饗軍于水精山。

夏四月甲子，南攻小蕃，下之。[1]皇后、皇太子迎謁於劄里河。癸酉，回鶻烏母主可汗遣使貢謝。

[1]小蕃：契丹對某些吐蕃部落的稱呼。本書卷四六《百官志二·北面屬國官》所載“西蕃國王府”“大蕃國王府”“小蕃國王府”和“吐蕃國王府”，當都是指吐蕃各部。

五月甲寅，清暑室韋北陘。

秋九月癸巳，至自西征。

冬十月丁卯，唐以滅梁來告，即遣使報聘。庚辰，日本國來貢。辛巳，高麗國來貢。[1]

[1]高麗：指王建創建的高麗王朝（918—1392）。統治地域在今朝鮮半島，首都在開京（今朝鮮開城市）。

十一月丁酉，幸安國寺，飯僧，赦京師囚，縱五坊鷹鶻。己酉，新羅國來貢。[1]

[1]新羅：朝鮮半島古國。新羅於公元4世紀成爲半島東南部的强國。7世紀中滅百濟和高句麗，不久，統一半島大部。至9世紀衰落，公元935年爲王氏高麗所取代。

十二月乙亥，詔曰：“所謂兩事，一事已畢，惟渤海世讎未雪，豈宜安駐！”乃舉兵親征渤海大諲譔。[1]皇后、皇太子、大元帥堯骨皆從。

[1]大諲譔：渤海國末王，其世不詳。公元906年即位，926年春正月，契丹攻陷渤海都城，大諲譔降而復叛，被俘，送遼上京西，築城居之。契丹更其名爲烏魯古，其妻名阿里只。烏魯古與阿里只爲遼太祖及述律後受大諲譔降時所乘二馬之名。　乃舉兵親征渤海大諲譔：按，契丹征渤海的時間，據《高麗史》記載則要早於十二月。《高麗史》卷一《太祖世家》於八年（925）秋九月庚子載：渤海禮部卿大和鈞均、老司政大元鈞、工部卿大福謨、左右衛將軍大審理等率民一百户來附。渤海本粟末鞨也，唐武后時高句麗人大祚榮走保遼東，睿宗封爲渤海郡王。因自稱渤海國，並有扶餘、肅慎等十餘國，有文字、禮樂、官府制度，五京十五府六十二州，地方五千餘里，衆數十萬，鄰於我境而與契丹世讎。至是契丹主謂左右曰：“世讎未雪，豈宜安處。”乃大舉攻渤海大諲譔，圍忽汗城。大諲譔戰敗乞降，遂滅渤海。於是其國人來奔者相繼。

閏月壬辰，祠木葉山。壬寅，以青牛白馬祭天地於烏山。[1]己酉，次撒葛山，[2]射鬼箭。丁巳，次商嶺，夜圍扶餘府。[3]

[1]以青牛白馬祭天地：契丹禮儀。本書卷三七《地理志一·
上京道》："相傳有神人乘白馬，自馬盂山浮土河而東，有天女駕青
牛車由平地松林泛潢河而下。至木葉山，二水合流，相遇爲配偶，
生八子。其后族屬漸盛，分爲八部。每行軍及春秋時祭，必用白馬
青牛，示不忘本云。"

[2]撒葛山：【靳注】山名。在今吉林省雙遼市。

[3]扶餘府：渤海國地名。治所在今吉林省農安縣。

天顯元年春正月己未，[1]白氣貫日。庚申，拔扶餘
城，誅其守將。丙寅，命惕隱安端、前北府宰相蕭阿古
只等將萬騎爲先鋒，遇諲譔老相兵，破之。皇太子、大
元帥堯骨、南府宰相蘇、北院夷离董斜涅赤、南院夷离
董迭里是夜圍忽汗城。[2]己巳，諲譔請降。庚午，駐軍
於忽汗城南。辛未，諲譔素服，槀索牽羊，[3]率僚屬三
百餘人出降。上優禮而釋之。甲戌，詔諭渤海郡縣。丙
子，遣近侍康末怛等十三人入城索兵器，爲邏卒所害。
丁丑，諲譔復叛，攻其城，破之。駕幸城中，諲譔請罪
馬前。詔以兵衛諲譔及族屬以出。祭告天地，復還
軍中。

[1]天顯：遼太祖耶律阿保機與遼太宗耶律德光的年號（926—
938）。

[2]忽汗城：即渤海上京龍泉府，在今黑龍江省寧安市渤海鎮。

[3]槀索牽羊：用草繩將自己捆縛起來，向勝利者謝罪，並牽
着羊向勝利者表示祝賀。

二月庚寅，安邊、鄭頡、南海、定理等府泊諸道節度、剌史來朝，[1]慰勞遣之。以所獲器幣諸物賜將士。壬辰，以青牛白馬祭天地。大赦，改元天顯。以平渤海遣使報唐。[2]甲午，復幸忽汗城，閱府庫物，賜從臣有差。以奚部長勃魯恩、王郁自回鶻、新羅、吐蕃、党項、室韋、沙陀、烏古等從征有功，優加賞賚。丙午，改渤海國爲東丹，[3]忽汗城爲天福。册皇太子倍爲人皇王以主之。以皇弟迭剌爲左大相，渤海老相爲右大相，渤海司徒大素賢爲左次相，耶律羽之爲右次相。[4]赦其國內殊死以下。丁未，高麗、濊貊、鐵驪、靺鞨來貢。[5]

[1]安邊：渤海國府名。治所在安州，今俄羅斯境內奧耳加城。鄭頡：渤海國府名。治所在莫州，即今黑龍江省哈爾濱市阿城區。 定理：渤海國府名。治所在今俄羅斯濱海邊疆區蘇城。按，以上三地據李殿福等《渤海國》（文物出版社1987年版，第66頁）。 南海：渤海國府名。其地不詳。

[2]以平渤海遣使報唐：《通鑑》卷二七四後唐明宗天成元年（926）春正月載：“契丹主擊女真及渤海，恐唐乘虛襲之，遣梅老鞋里赴唐修好。”滅渤海後，又遣使報唐。

[3]東丹：中國古代政權名。天顯元年（926），契丹耶律阿保機滅渤海，改稱東丹國，意即“東契丹”，以其長子耶律倍爲東丹王，賜天子冠服，建元甘露。初，仍都忽汗城（渤海上京龍泉府），稱天福。天顯三年耶律德光下令將東丹國都城遷往遼陽。天顯五年人皇王浮海投奔後唐。【劉注】“東丹意即東契丹”的説法似有值得商榷之處。在契丹小字中，“契丹”作天天火。“東丹”作仍天。二者没有音或義的關聯。“契丹”是一個不能再分割的完整的單詞，

在契丹語中，“契丹”不能簡稱爲“丹”。

[4]大素賢：渤海王族。末王大諲譔時，官司徒。渤海滅亡後，建東丹國，大素賢爲左次相。天顯五年，東丹王浮海投奔後唐，大素賢繼續輔佐王妃蕭氏主國政。會同三年（940）六月，東京宰相、契丹權貴耶律羽之言其不法，被解職。　耶律羽之（889—941）：契丹人，嗜學，通諸部族語言。天顯元年建東丹國，羽之任中臺省右次相。德光即位後，建議徙渤海遺民實東平。東丹王投奔後唐，羽之遷中臺省左相。據《耶律羽之墓誌銘》記載，羽之“以會同四年（941）歲次辛丑八月十一戊戌薨於官，春秋五十有二”。而《遼史》卷七五《耶律羽之傳》則不載其生卒年。墓誌還記載：“比及大聖大明昇天皇帝收伏渤海，革號東丹，册皇太子爲人皇王，乃授公中臺右平章事。雖居四輔之末班，獨承一人之顧命。”所謂“右平章事”即《遼史》紀、傳所記“右次相”，在中臺省四相中位居第四，但因受到太宗信任而大權獨攬。

[5]濊貊：朝鮮半島古代部族名。據《三國志·魏書·東夷傳》曹魏間南與辰韓、北與高麗、沃沮接，東臨大海。大約佔據朝鮮半島東部。户二萬。自漢以來，其官有侯邑君、三老，由他們管領下户。貴族自謂與高麗同種。其民言語法俗大抵與高麗相同，衣服則有區別。　鐵驪：族名，遼置鐵驪國王府，以統其衆。其地當今黑龍江省東部松花江流域。　靺鞨：部族名。爲肅慎、勿吉後裔。隋唐時稱靺鞨，分爲數十部，其中的粟末部，建渤海國。此外，北部的黑水部也很強大，遼代的生女真，主要爲該部，後建立金朝。遼置國王府，以統之。

三月戊午，遣夷离畢康默記、左僕射韓延徽攻長嶺府。[1]甲子，祭天。丁卯，幸人皇王宫。己巳，安邊、鄚頡、定理三府叛，遣安端討之。丁丑，三府平。壬午，安端獻俘，誅安邊府叛帥二人。癸未，宴東丹國僚

佐，頒賜有差。甲申，幸天福城。[2]乙酉，班師，以大
諲譔舉族行。

[1]韓延徽（882—959）：安次（今河北省廊坊市）人，字藏明。奉燕帥劉守光之命出使契丹，阿保機留之，令其參與謀議。長嶺府：渤海國府名。治所在今吉林省樺甸縣蘇密城遺址（參見李殿福等《渤海國》，第65頁）。

[2]天福城：即渤海上京龍泉府，在今黑龍江省寧安市渤海鎮。後來東丹國都遷遼陽，東京遼陽亦稱天福城。

夏四月丁亥朔，次繖子山。[1]辛卯，人皇王率東丹國僚屬辭。是月，唐養子李嗣源反，[2]郭存謙弒其主存勗，[3]嗣源遂即位。

[1]繖子山："繖"同"傘"。【劉校】"繖"，原本及明抄本、北監本、南監本、殿本同。中華點校本、修訂本徑改爲"傘"。

[2]李嗣源：李克用養子。因屢建戰功，爲宣武軍節度使，兼蕃漢內外馬步軍總管。後唐莊宗李存勗當面許諾"天下與爾共之"。同光元年（923）拜中書令。以名位高，見疑忌。天成元年（926），趙在禮反於魏，嗣源奉命討除，與叛軍合，南下入汴州。莊宗在洛陽爲亂軍所殺。嗣源隨即入洛陽即位。更名亶，是爲後唐明宗。卒於長興四年（933）。

[3]郭存謙：【劉校】《新五代史》卷五與《舊五代史》卷三四作"郭從謙"。

五月辛酉，南海、定理二府復叛，大元帥堯骨討之。

六月丁酉，二府平。丙午，次慎州，唐遣姚坤以國哀來告。[1]

[1]唐遣姚坤以國哀來告：《新五代史》卷七二《四夷附錄第一》載：莊宗崩，明宗遣供奉官姚坤告哀於契丹。坤至西樓而阿保機方東攻渤海，坤追至慎州見之。阿保機錦袍大帶垂後，與其妻對坐穹廬中，延坤入謁。阿保機問曰："聞爾河南、北有兩天子，信乎？"坤曰："天子以魏州軍亂，命總管令公將兵討之，而變起洛陽，凶問今至矣。總管返兵河北，赴難京師，爲衆所推，已副人望。"阿保機仰天大哭曰："晉王與我約爲兄弟，河南天子，即吾兒也。昨聞中國亂，欲以甲馬五萬往助我兒，而渤海未除，志願不遂。"又曰："我兒既没，理當取我商量，新天子安得自立？"坤曰："新天子將兵二十年，位至大總管，所領精兵三十萬，天時人事，其可得違？"其子突欲在側曰："使者無多言，蹊田奪牛，豈不爲過！"坤曰："應天順人，豈比匹夫之事。至如天皇王得國而不代，豈強取之邪？"阿保機即慰勞坤曰："理正當如是爾！"又曰："吾聞此兒有宮婢二千人，樂官千人，放鷹走狗，嗜酒好色，任用不肖，不惜人民，此其所以敗也。我自聞其禍，即舉家斷酒，解放鷹犬，罷散樂官。我亦有諸部樂官千人，非公宴不用。我若所爲類吾兒，則亦安能長久？"又謂坤曰："吾能漢語，然絶口不道於部人，懼其效漢而怯弱也。"因戒坤曰："爾當先歸，吾以甲馬三萬會新天子幽、鎮之間，共爲盟約，與我幽州，則不復侵汝矣。"

秋七月丙辰，鐵州刺史衛鈞反。[1]乙丑，堯骨攻拔鐵州。庚午，東丹國左大相迭剌卒。[2]辛未，衛送大諲譔於皇都西，築城以居之。[3]賜諲譔名曰烏魯古，妻曰阿里只。盧龍行軍司馬張崇叛，奔唐。[4]甲戌，次扶餘府，上不豫。是夕，大星隕於幄前。辛巳平旦，子城上見黃龍繚繞，可長一里，光耀奪目，入於行宮，有紫黑氣蔽天，踰日乃散。[5]是日上崩，年五十五。[6]天贊三年上所謂"丙戌秋初，必有歸處"，至是乃驗。壬午，皇后稱制，權決軍國事。[7]

[1]鐵州：渤海置，治所在今吉林省和龍市西北一百里之太陽城古城（見《中國歷史地圖集釋文彙編》東北卷，中央民族學院出版社1988年版，第99頁）。

[2]左大相：契丹東丹國宰輔機構中臺省設左、右大相及左、右次相。 迭剌卒：【劉校】"迭"原本誤作"送"，明抄本、南監本、北監本和殿本均作"迭"。中華點校本及修訂本徑改。今從改。

[3]皇都：即遼上京臨潢府，在今內蒙古自治區巴林左旗林東鎮。

[4]盧龍軍：唐軍鎮名。據《唐會要》卷七八，該軍係天寶二年（743）置，治所在今河北省盧龍縣。

[5]子城上見黃龍：【劉校】原本作"于城上見黃龍"，亦通。南監本、北監本和殿本均作"子城上見黃龍"。中華點校本據改，今從。 行宮：亦稱行帳，即阿保機轉徙隨時的宮帳。

[6]是日上崩：據此，阿保機崩於七月辛巳（二十七日），而《舊五代史》卷三七《唐書·明宗記》載："（天成元年十月）辛丑，契丹遣使來告哀，言國主阿保機以今年七月二十七日卒。"

[7]皇后稱制，權決軍國事：此是北方民族傳統，大汗死後，在選立新汗之前，由大汗之妻權決軍國事。

八月辛卯，康默記等攻下長嶺府。[1]甲午，皇后奉梓宮西還。壬寅，堯骨討平諸州，奔赴行在。[2]乙巳，人皇王倍繼至。[3]

[1]長嶺府：渤海國地名。治所在今吉林省樺甸市蘇密城古城。

[2]行在：皇帝出行時所在之地。當時阿保機已死，不當仍稱"行在"。

[3]人皇王倍繼至：據本書卷七二《義宗倍傳》："太祖訃至，倍即日奔赴山陵。"耶律倍與堯骨都不是"奔赴行在"。

九月壬戌，南府宰相蘇薨。丁卯，梓宮至皇都，權殯於子城西北。[1]己巳，上謚昇天皇帝，廟號太祖。

[1]子城：指遼上京皇城。

冬十月，盧龍軍節度使盧國用叛，奔于唐。

十一月丙寅，殺南院夷离堇耶律迭里、郎君耶律匹魯等。

二年八月丁酉，葬太祖皇帝于祖陵，[1]置祖州天城軍節度使以奉陵寢。[2]統和二十六年七月，進謚大聖大明天皇帝。重熙二十一年九月，加謚大聖大明神烈天皇帝。太祖所崩行宮在扶餘城西南兩河之間，後建昇天殿於此，而以扶餘爲黃龍府云。[3]

[1]祖陵：遼太祖耶律阿保機的葬所。位於祖州西南約五里，其地在今内蒙古自治區巴林左旗查干哈達蘇木石房子嘎查。

[2]祖州：州名。遼置，因阿保機的高祖、曾祖、祖、父皆出生於此，故名。治所在今内蒙古巴林左旗西南查干哈達蘇木石房子嘎查。轄境相當於今内蒙古巴林左旗、巴林右旗的一部分。阿保機

秋季多在此狩獵。金天會八年（1130）改爲奉州。

　　[3]黃龍府：治所在今吉林省農安縣。

　　贊曰：遼之先出自炎帝，[1]世爲審吉國，[2]其可知者蓋自奇首云。[3]奇首生都菴山，徙潢河之濱。傳至雅里，[4]始立制度、置官屬，刻木爲契、穴地爲牢，[5]讓阻午而不肯自立。[6]雅里生毗牒，毗牒生頦領。頦領生褥里思，大度寡欲，令不嚴而人化，是爲肅祖。[7]肅祖生薩剌德，嘗與黃室韋挑戰，[8]矢貫數劄，[9]是爲懿祖。[10]懿祖生匀德實，始教民稼穡，善畜牧，國以殷富，是爲玄祖。[11]玄祖生撒剌的，仁民愛物，始置鐵冶，教民鼓鑄，是爲德祖，[12]即太祖之父也。世爲契丹遙輦氏之夷离堇，[13]執其政柄。德祖之弟述瀾，[14]北征于厥、室韋，[15]南略易、定、奚、霫，[16]始興板築，[17]置城邑，教民種桑麻、習織組，已有廣土衆民之志。而太祖受可汗之禪，遂建國，東征西討如折枯拉朽。東自海，西至於流沙，北絶大漠，[18]信威萬里，歷年二百，[19]豈一日之故哉！周公誅管、蔡，[20]人未有能非之者。剌葛、安端之亂，[21]太祖既貸其死而復用之，非人君之度乎！舊史扶餘之變，亦異矣夫！

　　[1]炎帝：傳說中上古姜姓部族首領。號烈山氏，一作厲山氏。相傳少典娶於蟜氏而生。原居姜水流域，後向東發展到中原地區。曾與黃帝戰於阪泉（今河北省涿鹿東南），被打敗。一說炎帝即神農氏。
　　[2]審吉國：本書僅此一見。

[3]奇首：據卷三七《地理志一》，契丹始祖奇首可汗是在永州木葉山，因此後來契丹在那裏建始祖廟。故奇首可汗遺迹當在永州，即今內蒙古自治區東部赤峰市境內西拉木倫河與老哈河匯合處一帶。

[4]雅里：遼太祖阿保機之始祖。又稱涅里、泥里。

[5]穴地爲牢：在地面挖掘坑穴作爲居室。

[6]阻午：契丹遙輦氏當政時期的第二任可汗。

[7]肅祖：遼太祖耶律阿保機之四代祖耨里思的廟號。重熙二十一年（1052）七月追尊。耶律儼《紀》載，唐玄宗天寶年間，太祖四代祖耨里思爲迭剌部夷离堇，曾遣將只里姑、括里，大敗范陽安禄山於潢水。

[8]黃室韋：部族名。據本書卷三三《營衛志下》，小黃室韋實即突呂不室韋的一部分，本名大、小二黃室韋户。阿保機爲撻馬狨沙里時，以計降伏大、小黃室韋，仍置爲二部。後設節度使，戍泰州（今吉林省白城市），隸屬東北路統軍司。

[9]劄：盔甲頁片。

[10]懿祖：遼太祖耶律阿保機的曾祖父薩刺德的廟號。重熙二十一年七月追尊。

[11]玄祖：遼太祖耶律阿保機祖父匀德實的廟號。重熙二十一年七月追尊。本書卷五九《食貨志上》載："匀德實爲大迭烈府夷离堇，喜稼穡，善畜牧，相地利以教民耕。"

[12]德祖：阿保機父親撒刺的的廟號。重熙二十一年七月追尊。

[13]遙輦氏：契丹氏族。唐開元二十三年（734），可突於殘黨泥禮殺李過折，立阻午可汗，傳九世，至公元907年阿保機建國。遙輦九可汗繼位後各建宮衛，遼朝立國後，有遙輦九帳大常袞司之設，掌遙輦九世宮分之事務。

[14]述瀾：即釋魯。玄祖匀德實第三子，阿保機的伯父。本書卷六四《皇子表》："賢而有智，爲迭剌部于越時教民種植桑麻。年

五十七，爲子滑哥所弑。重熙中追封爲隋國王。"

[15]于厥：部族名。即烏古。　室韋：部族名。北魏始見於記載，分佈於黑龍江、嫩江流域，唐時分爲許多部。契丹多爲其役屬。

[16]易州：治所在今河北省易縣。　奚：古族名。南北朝時稱庫莫奚。分佈於今内蒙古東部西拉木倫河流域。《五代會要》卷二八《奚》："自天祐初，契丹兵力漸盛，室韋、奚、霤皆受制焉。故奚之部族爲契丹代守邊土。既虜人虐其首領，去諸怨之，以別部内附，徙於媯州，依北山而居，漸至數千帳，故有東、西奚之號。去諸卒，其子掃剌代立。後唐莊宗破幽州，賜掃剌姓李，名紹威。"東、西奚先後附遼，漸與契丹人相融合。　霤：古代部族名。原居潢水（今西拉木倫河）以北，其俗與契丹略同。後被契丹役屬，與奚、契丹諸族逐漸融合。

[17]板築：泛指土木建築。漢代劉向《說苑·建本》："毋淫宫室，以妨人宅；板築以時，毋奪農功。"

[18]大漠：指我國北部一帶的廣大沙漠地區。

[19]歷年二百：遼自公元 907 年建國，至 1125 年亡於金，享國 219 年。

[20]周公：周人。姬姓，周武王之弟，名旦，亦稱叔旦。因采邑在周（今陝西省岐山縣北），稱爲周公。曾助武王滅商。武王死後，繼立者成王年幼，周公攝政，管叔、蔡叔散佈流言，稱周公將不利於年幼的周成王，並乘機作亂，後被平定。

[21]剌葛：阿保機之弟，在其兄弟中排行第二，字率懶。太祖即位，爲惕隱。討涅烈部，破之，改爲迭剌部夷离堇。從太祖親征，統本部攻下平州。後與弟迭剌、安端等多次謀亂，神册二年（917）南竄，爲人所殺。　安端：亦阿保機之弟，在其兄弟中排行第五。字猥隱。與兄剌葛謀亂，太祖釋之。神册三年爲惕隱。天禄初，以功王東丹國，賜號明王，成爲東丹國的統治者。穆宗時，子察割弑逆被誅，穆宗赦其通謀罪，放歸田里。關於剌葛與諸弟謀反

作亂事，《通鑑》卷二七〇後梁均王貞明四年（918）於事後追述
此事說：“初，契丹主之弟撒剌阿撥號北大王，謀作亂於其國。事
覺，契丹主數之曰：‘汝與吾如手足，而汝興此心，我若殺汝，則
與汝何異！’乃囚之期年而釋之。撒剌阿撥帥其衆奔晉，晉王厚遇
之，養爲假子，任爲刺史；胡柳之戰，以其妻子來奔。”另據本書
卷六四《皇子表》，剌葛後南竄。所謂“撒剌阿拔”可能就是剌
葛，爲後唐莊宗李存勗所殺。《通鑑》卷二七二後唐莊宗同光元年
（923）冬十月詔：“契丹撒剌阿撥叛兄棄母，負恩背國，宜與
［趙］岩等並誅於市。”

（李錫厚注　劉鳳翥校）

遼史　卷三

本紀第三

太宗上

太宗孝武惠文皇帝諱德光，[1]字德謹，小字堯骨，[2]太祖第二子，母淳欽皇后蕭氏。[3]唐天復二年生，[4]神光異常，獵者獲白鹿、白鷹，人以爲瑞。及長，貌嚴重而性寬仁，軍國之務多所取決。

[1]太宗孝武惠文皇帝（902—947）：耶律德光尊號。天顯元年（926）遼太祖耶律阿保機死，由其母述律后立爲帝。十一年領兵南攻後唐，立石敬瑭爲帝，得燕雲十六州地。會同三年（940）至南京（幽州，即今北京）。連年領兵攻打後晉。大同元年（947）正月攻下晉都汴州（今河南開封）。二月，建國號大遼。四月，自汴州北返，行至欒城（今河北省石家莊市欒城區）病死。廟號太宗，墓號懷陵。統和二十六年（1008）七月上尊謚孝武皇帝，重熙二十一年（1052）九月，增謚孝武惠文皇帝。【劉注】根據《新五代史》卷七二《四夷附録第一》"改天顯十一年爲會同元年，更其國號爲大遼"，《東都事略》卷一二三"改元曰會同，國號爲大遼"

和《契丹國志》卷二“改元會同，國號大遼”等記載，遼代的國號由“契丹”改爲“大遼”的時間爲會同元年，不是大同元年。本書卷四大同元年“二月丁巳朔，建國號大遼”是指把後晉的國號改爲“大遼”，即把後晉合併到遼國的版圖中去。《契丹國志》稱此事爲“以晉國稱大遼”，措辭比《遼史》更爲確切。

[2]堯骨：又譯爲耀屈之。據《五代會要》卷二九《契丹》：德光本名曜屈之，慕中國之名，故改爲德光。【劉注】契丹族男人的契丹語名字有“小名（孩子名）”“第二個名”和“全名”之分。三者都可以用作名字。全名是把“第二個名”和“小名”疊加在一起，疊加時“第二個名”置於“小名”之前。凡“第二個名”都有尾音 n。漢字文獻在處理契丹語名字時，把“小名”處理爲“名”或“小字”，把“第二個名”處理爲“字”。“德謹”是遼太宗的契丹語“第二個名”，“堯骨”是遼太宗的契丹語“小名”。

[3]淳欽皇后：遼太祖阿保機皇后述律氏的謚號。遼興宗重熙二十一年九月追謚。本書卷七一有傳。

[4]天復：唐昭宗年號（901—904）。

天贊元年，[1]授天下兵馬大元帥，[2]尋詔統六軍南徇地。明年，下平州，[3]獲趙思温、張崇。[4]回破箭笴山胡遜奚，[5]諸部悉降。復以兵掠鎮、定，[6]所至皆堅壁不敢戰。師次幽州，[7]符存審拒於州南，[8]縱兵邀擊，大破之，擒裨將裴信等數十人。及從太祖破于厥里諸部，[9]定河壖党項，[10]下山西諸鎮，取回鶻單于城，[11]東平渤海，[12]破達盧古部，[13]東西萬里，所向皆有功。

[1]天贊：遼太祖年號（922—926）。

［2］天下兵馬大元帥：遼最高軍職。天贊元年（922）十一月，太祖以皇子堯骨（耶律德光）爲天下兵馬大元帥，後繼皇帝位。此後，遼朝歷代皇帝立皇儲，多加此號，成爲皇帝以下的最高尊稱。

［3］平州：唐置，治所在今河北省盧龍縣。

［4］趙思溫（？—939）：盧龍（今屬河北省）人，字文美。原爲燕帥劉仁恭部將，後降後唐莊宗李存勗，任平州刺史兼平營薊三州都指揮使。降遼後從太祖征渤海，爲漢軍都團練使。太宗時，爲南京留守、盧龍軍節度使。本書卷七六有傳。　張崇：《新五代史》卷四七、《舊五代史》卷八八本傳並作“張希崇”。此避天祚延禧名諱，去“希”字。

［5］箭笴（gǎn）山：地名。胡損奚所居地。【靳注】此爲山名。在今河北省撫寧縣東北葦子峪外。　胡遜奚：即奚族首領胡損所部，見本書卷三三《營衛志下》。

［6］鎮州：又稱恒州，治所在今河北省正定縣。　定州：治所在今河北省定州市。

［7］幽州：治所在今北京市。

［8］符存審：後唐將領。字德，陳州宛丘（今河南省淮陽縣）人。乾符末，歸於李克用，爲其義兒，賜姓李。《通鑑》卷二七二後唐莊宗同光元年（923）二月載：“契丹寇幽州，晉王問帥於郭崇韜，崇韜薦橫海節度使李存審。時存審臥病，己卯，徙存審爲盧龍節度使，輿疾赴鎮。”　裨將：副將。

［9］于厥里：又稱于厥，部族名。即烏古。

［10］河壖党項：党項之一部，居黃河地區。黃河邊素不耕墾之地稱“河壖”。党項又稱党項羌，唐以後主要活動於靈、慶、銀、夏等州，即今甘肅、寧夏、陝西和内蒙古等省區交界地區。

［11］回鶻單于城：地名。即本書卷一《太祖本紀》所記之古回鶻城及卷三〇《天祚本紀·大石傳》所記之卜古罕城。其地當在今蒙古國鄂爾渾河上游。

［12］渤海：古代少數民族王朝名。唐武后聖曆元年（698），

靺鞨粟末部首領大祚榮建立振國（亦稱震國）。唐玄宗先天二年（713，當年十二月改元“開元”）遣使封大祚榮爲左驍衛大將軍、渤海郡王，又設置忽汗州，加授大祚榮爲忽汗州大都督，並改稱渤海。寶應元年（762）晉爲國。天顯元年（926）爲遼所滅，改稱東丹。【劉注】渤海國最初的國號爲“靺鞨”，不爲“震國”或“振國”。《新唐書》卷二一九《渤海傳》：“睿宗先天中（應爲‘玄宗先天二年’），遣使拜祚榮爲左驍衛大將軍、渤海郡王。以所統爲忽汗州，領忽汗州都督，自是始去靺鞨號，專稱渤海。”這裏不稱“始去震國之號，專稱渤海”，而稱“始去靺鞨之號，專稱渤海”。可見，稱“大祚榮建立震國”是混淆了封號與國號的區別。《新唐書》卷二一九《渤海傳》稱“武后封乞四比羽爲許國公，乞乞仲象（大祚榮之父）爲震國公”。“許國公”和“震國公”都是封號，並不意味着有“許國”“震國”等政權。乞乞仲象死後。他兒子大祚榮繼承了“震國公”的封號，但他不滿足“公”級別，所以“自號震國王”。“震國王”僅僅是封號，並不意味着有“震國”。少數民族往往以其民族名爲國號，如“契丹”“蒙古”等。渤海也應如此。

[13]達盧古部：女真之一部。該部有城，稱達盧古城，位於拉林河以西地區。一説位於今吉林省前郭爾羅斯蒙古族自治縣興隆堡附近。

天顯元年七月，[1]太祖崩，皇后攝軍國事。[2]

[1]天顯：遼太祖年號（926），遼太宗即位初期沿用未改（927—938）。

[2]攝：代理，兼理。

明年秋，治祖陵畢。[1]冬十一月壬戌，人皇王倍率

群臣請於后曰：[2]“皇子大元帥勳望，中外攸屬，宜承
大統。”后從之，是日即皇帝位。癸亥，謁太祖廟。丙
寅，行柴冊禮。[3]戊辰，還都。壬申，御宣政殿，群臣
上尊號曰嗣聖皇帝。[4]大赦。有司請改元，不許。十二
月庚辰，尊皇太后爲太皇太后，[5]皇后爲應天皇太后，[6]
立妃蕭氏爲皇后。[7]禮畢，閱近侍班局。[8]辛巳，諸道將
帥辭歸鎮。己丑，祀天地。庚寅，遣使諭諸國。辛卯，
閱群牧於近郊。[9]戊戌，女直遣使來貢。[10]壬寅，謁太
祖廟。甲辰，閱旗鼓、客省諸局官屬。[11]丁未，詔選遙
輦氏九帳子弟可任官者。[12]

[1]祖陵：遼太祖耶律阿保機的葬所。位於祖州西南五里，其
地在今内蒙古自治區巴林左旗查干哈達蘇木石房子嘎查。

[2]人皇王：即遼太祖耶律阿保機長子倍，契丹名圖欲（突
欲，898—936），生母爲淳欽皇后述律氏。天顯元年（926）阿保機
滅渤海建東丹國，突欲被册爲人皇王，主東丹國政。據本傳載“神
册元年春立爲皇太子”。阿保機死後，其母述律氏立德光，突欲被
迫浮海投奔後唐。後唐明宗賜其姓名李贊華。清泰三年（遼天顯十
一年，936）石敬瑭率軍攻入洛陽，後唐末帝李從珂約倍與之同死，
倍不從，遇害。本書卷七二有傳。　即皇帝位：關於德光嗣立，
《通鑑》卷二七五後唐明宗天成元年（926）九月癸酉載：“契丹述
律后愛中子德光，欲立之，至西樓，命與突欲俱乘馬立帳前，謂諸
酋長曰：‘二子吾皆愛之，莫知所立，汝曹擇可立者執其轡。’酋長
知其意，爭執德光轡謹躍曰：‘願事元帥太子。’后曰：‘衆之所欲，
吾安敢違。’遂立之天皇王。突欲慍，帥數百騎欲奔唐，爲邏者所
遏；述律后不罪，遣歸東丹。天皇王尊述律后爲太后，國事皆決
焉。太后復納其姪爲天皇王后。天皇王性孝謹，母病不食亦不食，

侍於母前應對或不稱旨，母揚眉視之，輒懼而趨避，非復召不敢見也。以韓延徽爲政事令。聽姚坤歸復命，遣其臣阿思没骨餒來告哀。”

[3]柴册禮：此禮源於中國傳統的“燔柴告天”，是古代天子祭天之禮。《爾雅·釋天》：“祭天曰燔柴。”行禮時，積薪於壇，取玉及牲置於柴上焚燒。此禮與契丹的再生禮合併舉行，是爲契丹部落聯盟選汗和遼建國後新皇帝即位舉行的禮儀。相傳遙輦氏阻午可汗始製此儀，遼朝建國後有所增飾。

[4]嗣聖皇帝：遼太宗耶律德光的尊號。

[5]太皇太后：指阿保機母宣簡皇太后。本書卷七一有傳。

[6]應天皇太后（879—953）：即阿保機妻述律氏，漢名平，小字月里朵。其先爲回鶻人。本書卷七一有傳。

[7]立妃蕭氏爲皇后：蕭氏，小字温，淳欽皇后弟室魯之女。德光爲大元帥時納爲妃，生穆宗。即位後立爲皇后。天顯十年（935）死，諡彰德，葬奉陵。興宗重熙二十一年（1052）更諡靖安皇后。本書卷七一有傳。

[8]近侍：皇帝身邊的奴僕。

[9]群牧：此指畜群。契丹有專門機構管理畜群，這類機構亦稱“群牧”。諸路設群牧使司，下設某群太保、某群侍中、某群敞史；朝廷設總典群牧使司，有總典群牧部籍使、群牧都林牙。以“群”爲單位設某群牧司，設群牧使、群牧副使。此外，還有祇管理馬及牛群的機構。遼亡之後，金稱契丹群牧爲“烏魯古”。

[10]女直：本作女真，因避遼興宗耶律宗真名諱，改稱女直。遼時居東北部。在南者入遼籍，稱熟女真，或合蘇館女真；在北者不入遼籍，稱生女真。

[11]客省：官署名。唐代宗時始置。遼會同元年（938）沿置，掌接待諸國使節。設官有都客省、客省使、左右客省使等。

[12]遙輦氏九帳：即遙輦氏九個可汗的宮帳。“宮帳”又稱“宮衛”，負責管理可汗在掠奪戰爭中所俘獲的生口及其他私產。遙

輦氏九可汗依次是：遙輦洼可汗、阻午可汗、胡剌可汗、蘇可汗、鮮質可汗、昭古可汗、耶瀾可汗、巴剌可汗以及痕德菫可汗。

三年春正月己酉，閱北剋兵籍。庚戌，閱南剋兵籍。[1]丁巳，閱皮室、挞剌、墨離三軍。[2]己未，黃龍府羅涅河女直達盧古來貢。[3]庚午，以王郁爲興國軍節度使，[4]守中書令。[5]

[1]北剋、南剋：相當於北軍、南軍，負責宮帳警衛。本書卷四六《百官志二》載有“奚王南剋軍詳穩司”及“奚王北剋軍詳穩司”，同時記載：“諸帳並有剋官爲長。” 庚戌：【劉校】原本誤作“庚戌”，中華點校本據南監本、北監本和殿本改。今從。

[2]皮室：契丹軍名。“皮室”，意爲“金剛”。初爲阿保機所置，稱“腹心部”。後有南、北、左、右皮室及黃皮室等，皆掌精甲。 挞剌：契丹語“走卒”謂之“挞剌”，後爲軍官名。有掌旗鼓者，稱“旗鼓挞剌”，還有專司偵候、探報等職者。 墨離：遼軍名。意思不詳。

[3]黃龍府：治所在今吉林省農安縣。

[4]王郁：京兆萬年（今陝西省西安市）人。唐義武軍（治定州）節度使王處直之子，晉王李克用的女婿，爲新州防禦使。神册六年（921）攜家室及所部降遼。本書卷七五有傳。 興國軍：遼軍鎮名。治龍化州，其地在今內蒙古自治區奈曼旗東北。

[5]守中書令：暫攝中書令。唐制，以品級較低之人任較高職務，稱爲守某官。中書令爲中書省長官，在遼爲虛銜，非實職。

二月，幸長濼，[1]己亥，惕隱涅里袞進白狼。[2]辛丑，達盧古來貢。

[1]長濼：湖泊名。又作長泊，亦稱魚兒濼，是遼春捺鉢的地點，在长春州（治所在今吉林省前郭爾羅斯蒙古族自治縣塔虎城）境内。宋大中祥符六年（遼開泰二年，1013），晁迥使遼，回來後向宋廷報告此行至長泊所見遼帝四時捺鉢活動的情況。

[2]惕隱：契丹官名。又稱梯里己，掌皇族政教。

　　三月乙卯，東蒐。[1]癸亥，獵殺龐山。乙丑，獵松山。[2]唐義武軍節度使王都遣人以定州來歸。[3]唐主出師討之，[4]使來乞援，命奚禿里鐵剌往救之。[5]

[1]東蒐：上古天子東巡，諸侯從行助祭泰山，稱“東蒐”。遼帝“東蒐”，實即東獵。《左傳》定公四年“正義”説：“東蒐則爲從王巡守，助祭泰山。爲湯沐之邑若鄭之祊田，蓋近泰山也。王巡守者，諸侯爲王守土，天子以時出巡行之。今言蒐，則王之巡守，亦因田獵，以教習兵士。”

[2]松山：在今内蒙古自治區赤峰市松山區。

[3]唐：即後唐，五代王朝之一。同光元年（923）由李存勖建立，國號唐，都洛陽（今屬河南省），史稱後唐。　義武軍：後唐軍鎮名。治所在定州（今屬河北省）。　王都：後唐義武軍節度使王處直養子。處直以其爲節度副使。處直使王郁招契丹入援，王都與諸將反對此舉，遂囚處直，並殺之。後唐明宗即位以後，惡王都爲人，王都遂投契丹。

[4]唐主：指後唐明宗李嗣源，李克用養子。因屢建戰功，爲宣武軍節度使，兼蕃漢内外馬步軍總管。後唐莊宗李存勖當面許諾“天下與爾共之”。同光元年拜中書令。以名位高，見疑忌。天成元年（926），趙在禮反於魏，嗣源奉命討除，與叛軍合，南下入汴州。莊宗在洛陽爲亂軍所殺。嗣源隨即入洛陽即位。更名亶，是爲唐明宗。卒於長興四年（933）。

[5]禿里鐵剌：即禿餒。

　　四月戊寅，東巡。己卯，祭麀鹿神。[1]丁亥，於獵所縱公私取羽毛革木之材。甲午，取箭材赤山。[2]丙申，獵三山。鐵剌敗唐將王晏球於定州。[3]唐兵大集，鐵剌請益師。辛丑，命惕隱涅里袞、都統查剌赴之。[4]

　　[1]祭麀鹿神：契丹族多神崇拜之一種。據本書卷一一六《國語解》，“遼俗好射麀鹿，每出獵，必祭其神以祈多獲”。

　　[2]赤山：今内蒙古自治區赤峰市境内紅山。【劉注】據《巴林左旗志》（内蒙古人民出版社 1996 年版，第 168 頁），“烏蘭達壩，遼代稱‘赤山’”。遼代的“赤山”應是今内蒙古自治區巴林左旗境内的烏蘭達壩。

　　[3]王晏球（871 或 873—932）：唐末五代洛陽（今屬河南省）人，字瑩之。初爲朱溫帳下親軍，後以征戰有功，累遷至龍驤四軍都指揮使。同光元年（923）降後唐。賜姓李，名紹虔。明宗時拜宋州節度使、齊州防禦使，駐瓦橋關抵禦契丹。天成三年（928），定州節度使王都叛亂，勾引契丹，此時他爲北面招討使，大敗叛軍。次年，收復定州，不戮一卒，獲王都首級，擒契丹將禿餒。以功授天平軍節度使，後移鎮青州。

　　[4]都統：官名。唐乾元中，始以都統名官，總諸道征伐。後若調諸道兵馬會戰，多置此職，爲臨時軍事長官，不賜旌節，事解即罷。遼設諸路兵馬都統署司，下有諸路兵馬都統署，都統爲其長官。

　　五月丙午，建天膳堂。[1]獵索剌山。戊申，至自獵。丁卯，命林牙突呂不討烏古部。[2]己巳，女直來貢。

[1]天膳堂：遼太祖陵祭祀用殿。本書卷三七《地理志一》：
"太祖陵鑿山爲殿，曰明殿。殿南嶺有膳堂，以備時祭。"《契丹國
志》卷一一《天祚皇帝中》："金人攻上京路，祖州則太祖之天膳
堂，懷州則太宗德光之崇元殿。"

[2]林牙：契丹官名。掌文翰，相當於翰林學士。　突呂不
（？—942）：契丹六院部人，字鐸袞。曾參與創製契丹大字。數從
德光征伐，有戰功。本書卷七五有傳。　烏古部：部族名。又稱嫗
厥律、于厥律，居契丹西北。《新五代史》卷七三《四夷附録第
二》："嫗厥律，其人長大，髡頭，酋長全其髮，盛以紫囊。地苦
寒，水出大魚，契丹仰食。又多黑、白、黄貂鼠皮，北方諸國皆仰
足。其人最勇，鄰國不敢侵。"

六月己卯，行瑟瑟禮。[1]

[1]瑟瑟禮：契丹禮儀名。大旱時，舉行此禮儀，祈求上天
降雨。

秋七月丁未，突呂不獻討烏古捷。壬子，王都奏唐
兵破定州，[1]鐵剌死之，涅里袞、查剌等數十人被執。
上以出師非時，甚悔之，厚賜戰殁將校之家。庚午，有
事於太祖廟。

[1]唐兵破定州：《舊五代史》卷三九《唐書·明宗紀第五》
天成三年（928）載，五月"丁卯，鎮州奏，今月十八日，王師不
利於新樂。壬申，王晏球奏，今月二十一日，大破定州賊軍及契丹
於曲陽，斬獲數千人，王都與禿餒以數十騎入於定州"。另據《新
五代史》卷七二《四夷附録第一》："定州王都反，唐遣王晏球討

之。都以臘丸書走契丹求援，德光遣禿餒、荝剌等以騎五千救都，都及禿餒擊晏球於曲陽，爲晏球所敗。德光又遣惕隱赫邈益禿餒以騎七千，晏球又敗之於唐河。赫邈與數騎返走，至幽州，爲趙德鈞所執，而晏球攻破定州，擒禿餒、荝剌，皆送京師。明宗斬禿餒等六百餘人，而赦赫邈，選其壯健者五十餘人爲‘契丹直’。”《通鑑》卷二七六後唐明宗天成三年五月載：王晏球聞契丹發兵救定州，將大軍趣望都，遣張延朗分兵退保新樂。延朗遂之真定，留趙州刺史朱建豐將兵修新樂城。契丹已自他道入定州，與王都夜襲新樂，破之，殺建豐。乙丑，王晏球、張延朗會於行唐，丙寅，至曲陽。王都乘勝，悉其衆與契丹五千騎合萬餘人，邀晏球等於曲陽，丁卯，戰於城南。晏球集諸將校令之曰：“王都輕而驕，可一戰擒也。今日，諸君報國之時也。悉去弓矢，以短兵擊之，回顧者斬!”於是騎兵先進，奮撾揮劍，直沖其陣，大破之，僵屍蔽野；契丹死者過半，餘衆北走；都與禿餒得數騎，僅免。盧龍節度使趙德鈞邀擊契丹，北走者殆無孑遺。

八月丙子，突厥來貢。[1]庚辰，詔建《應天皇太后誕聖碑》於儀坤州。[2]

[1]突厥：古代族名。曾建立強大的突厥汗國，至公元 6 世紀分裂爲東西兩汗國。當阿保機建立契丹王朝時，突厥汗國早已滅亡。這里所謂“突厥”可能是指東突厥汗國的餘部。

[2]儀坤州：德光生母應天皇太后出生地，治所在今内蒙古自治區翁牛特旗西北。【劉注】一説治所在今内蒙古自治區敖漢旗雙廟鄉五十家子村古城址。

九月己卯，突呂不遣人獻討烏古俘。癸未，詔分賜群臣。己丑，幸人皇王倍第。[1]庚寅，遣人使唐。辛卯，再幸人皇王第。癸巳，有司請以上生日爲天授節，皇太后生日爲永寧節。[2]

[1]人皇王倍第：人皇王在上京的寓所。人皇王耶律倍來上京參加太祖葬禮，一直未返回東丹。

[2]天授節：遼以太宗德光生日爲天授節。　皇太后：即太宗德光生母應天皇太后述律氏。　永寧節：遼以應天皇太后述律氏生日爲永寧節。

冬十月癸卯朔，以永寧節，上率群臣上壽於延和宮。[1]己酉，謁太祖廟。唐遣使遺玉笛。甲子，天授節，上御五鸞殿受群臣及諸國使賀。[2]

[1]延和宮：遼上京的宮殿之一。

[2]五鸞殿：遼上京臨潢府三大殿之一。

十一月丙子，鼻骨德來貢。[1]辛丑，自將伐唐。

[1]鼻骨德：又作鱉古德，遼時黑龍江流域部族名。聖宗時分置伯斯鼻古德部與撻馬鼻古德部，均屬東北路統軍司。所在地相當於今黑龍江省富錦市至俄羅斯境內哈巴羅夫斯克（伯力）沿江一帶。

十二月癸卯，祭天地。庚戌，聞唐主復遣使來聘，[1]上問左右，皆曰：“唐數遣使來，實畏威也。未可輕舉，觀釁而動可也。”上然之。甲寅，次杏堝，唐使至，遂班師。時人皇王在皇都，[2]詔遣耶律羽之遷東丹民以實東平。[3]其民或亡入新羅、女直,[4]因詔困乏不能遷者,許上國富民給贍而隸屬之。[5]升東平郡爲南京。[6]

[1]唐主:指後唐明宗李嗣源。

[2]皇都:即遼上京臨潢府,治所在今内蒙古自治區巴林左旗林東鎮。

[3]耶律羽之(889—941):契丹迭剌部人。通諸部族語言。天顯元年(926)滅渤海以後,建東丹國,立耶律倍爲東丹王,羽之爲中臺省右次相,受德光信任。建議徙渤海遺民實東平(後稱東京遼陽府,即今遼寧省遼陽市)。東丹王投唐後,羽之實爲東京最高長官。本書卷七五有傳。 東丹:中國古代政權名。天顯元年,契丹耶律阿保機滅渤海,改稱東丹國,意即"東契丹",以其長子耶律倍爲東丹王,賜天子冠服,建元甘露。初,仍都忽汗城(渤海上京龍泉府),稱天福。天顯三年耶律德光下令將東丹國都城遷往遼陽。天顯五年人皇王浮海投奔後唐。【劉注】"東丹意即東契丹"的説法似有值得商榷之處。在契丹小字中,"契丹"作𘟝。"東丹"作𘟝。二者没有音或義的關聯。"契丹"是一個不能再分割的完整的單詞,在契丹語中,"契丹"不能簡稱成爲"丹"。 東平:後稱東京遼陽府,即今遼寧省遼陽市。

[4]新羅:朝鮮半島古國,公元4世紀成爲半島東南部的強國。7世紀中滅百濟和高句麗,不久,統一半島大部。至9世紀衰落,公元935年爲王氏高麗所取代。

[5]上國:指契丹。

[6]南京:本屬渤海。太宗天顯三年升爲南京,府名遼陽。天顯十三年,改爲東京遼陽府。即今遼寧省遼陽市。

四年春正月壬申朔,宴群臣及諸國使,觀俳優角觝戲。[1]己卯，如瓜堝。

[1]俳優：古代指以樂舞諧戲爲業的藝人。　角觝：類似今日的摔交，宋人稱之爲“相撲”。

　　二月庚戌，閱遙輦氏户籍。[1]

[1]遙輦氏户籍：遙輦九帳大常衮司所掌遙輦九世宫分之户籍。遙輦九可汗繼位後各建宫衛，遼朝立國後，遙輦氏宫帳繼續存在，歸遙輦九帳大常衮司管轄。

　　三月甲午，望祀群神。
　　夏四月辛亥，至自瓜堝。壬子，謁太祖廟。癸丑，謁太祖行宫。[1]甲寅，幸天城軍，[2]謁祖陵。辛酉，人皇王倍來朝，癸亥，録囚。

[1]太祖行宫：行宫亦稱行帳，“太祖行宫”即阿保機轉徙隨時的車帳。
[2]天城軍：遼軍鎮名。治所在祖州，即今内蒙古自治區巴林左旗查干哈達蘇木石房子嘎查。【靳注】本書卷三七《地理志一》：“祖州，天成軍，上，節度。”中華點校本本卷校勘記：“天成軍，《大典》同。《太祖紀》《太宗紀》並作‘天城軍’。”

　　五月癸酉，謁二儀殿，[1]宴群臣。女直來貢。戊子，射柳於太祖行宫。[2]癸巳，行瑟瑟禮。

[1]二儀殿：【劉注】本書卷三七《地理志一·祖州》：“殿曰

兩明，奉安祖考御容；曰二儀，以白金鑄太祖像。"從而知道遼代的二儀殿在祖州。

[2]射柳：遼朝的一種禮儀。《長編》卷一一〇宋仁宗天聖九年（1031）六月丁丑載：契丹"每謁木葉山即射柳枝，諢子唱番歌，前導彈胡琴和之，已事而罷"。此外，祈雨也射柳。金初接待宋使，亦以射柳作爲一種遊樂項目，元朝、明朝也有此類活動。

六月丙午，突呂不獻烏古俘。戊申，分賜將士。己酉，西巡。己未，選輕騎數千獵近山。癸亥，駐蹕涼陘。[1]

[1]涼陘：遼帝夏季納涼處。遼、金、元皇帝夏季都到涼陘納涼、狩獵。【劉注】"涼陘"又稱"涼淀"。本書卷三七《地理志一·上京臨潢府》："臨潢西北二百里號涼淀，在饅頭山南，避暑之處，多豐草，掘地丈餘即有堅冰。"

秋七月庚辰，觀市，曲赦繫囚。[1]甲午，祠太祖而東。

[1]曲赦：猶特赦。《通鑑》卷八三晉惠帝元康元年（291）八月"曲赦洛陽"，胡三省注曰："不普赦天下而獨赦洛陽，故曰曲赦。"

八月辛丑，至自涼陘，謁太祖廟。癸卯，幸人皇王第。己酉，謁太祖廟。

九月庚午，如南京。戊寅，祠木葉山。[1]己卯，行再生禮。[2]癸巳，至南京。

　　[1]木葉山：山名。契丹語稱“大”爲“木葉”。“木葉山”可以泛指任何“大山”，也可專指某一大山爲“木葉山”。此處指永州境内一座山，契丹人視此山爲神山，其地在今内蒙古自治區翁牛特旗新蘇莫蘇木的西拉木倫河與老哈河匯合處一帶。“上建契丹始祖廟，奇首可汗在南廟，可敦（可汗之妻）在北廟，繪塑二聖并八子神像。”詳見本書卷三七《地理志一》永州條。

　　[2]再生禮：契丹傳統禮儀之一。據本書卷一一六《國語解》，依契丹故俗，此種禮儀每隔十二年纔舉行一次，而且衹有皇帝、太后、太子及夷离董得行此禮。這是與選汗儀式同時舉行的禮儀，禮儀十分煩瑣。

　　冬十月壬寅，幸人皇王第，宴群臣。甲辰，幸諸營，閲軍籍。[1]庚戌，以雲中郡縣未下，[2]大閲六軍。甲子，詔皇弟李胡帥師趣雲中討郡縣之未附者。[3]

　　[1]軍籍：本書卷三二《營衛志中》：“奚六部以下，多因俘降而置。勝兵甲者即著軍籍，分隸諸路詳穩、統軍、招討司。番居内地者，歲時田牧平莽間。”此外，遼在南京（今北京市）、西京（今山西省大同市）、奉聖州（今河北省涿鹿縣）和平州（今河北省盧龍縣）以及中京、東京和上京設提轄司，提轄司所管轄的人户也是有軍籍的。提轄司是軍事機構，遇有戰事，負責點集兵馬。

　　[2]雲中：即雲州，治所在今山西省大同市。

　　[3]李胡（912—960）：阿保機第三子，天顯五年（930）立爲皇太弟兼天下兵馬大元帥。遼太宗死後，應天皇太后反對世宗兀欲而欲立李胡，失敗，母子被囚。穆宗時因參與其子喜隱謀反事而下獄死。本書卷七二有傳。

　　十一月丙寅朔，以出師告天地，丁卯，餞皇弟李胡

於西郊。壬申，命大內惕隱告出師於太祖行宮。[1]甲申，
觀漁三叉口。

[1]大內惕隱：掌契丹皇族四帳政教的官員。

十二月戊申，女直來貢。戊午，至自南京。
五年春正月庚午，皇弟李胡拔寰州捷至。[1]甲午，
朝皇太后。

[1]寰州：五代後唐置，遼廢。故治在今山西省朔州市東。

二月己亥，詔修南京。癸卯，李胡還自雲中，朝於
行在。[1]丙午，以先所俘渤海戶賜李胡。丙辰，上與人
皇王朝皇太后。[2]太后以皆工書，命書於前以觀之。辛
酉，召群臣議軍國事。

[1]行在：皇帝出行時所在之地，契丹稱之爲捺鉢。
[2]人皇王：【劉校】原本、南監本和北監本均誤作“太皇
王”，中華點校本據殿本改。今從。

三月丙寅，朝皇太后。丁卯，皇弟李胡請赦宗室舍
利郎君以罪繫獄者，[1]詔從之。己巳，幸皇叔安端第。[2]
辛未，人皇王獻白紵。乙亥，冊皇弟李胡爲壽昌皇太弟
兼天下兵馬大元帥。[3]壬午，以龍化州節度使劉居言同
中書門下平章事。[4]乙酉，宴人皇王僚屬便殿。庚寅，
駕發南京。

[1]舍利：契丹官名。即郎君。本書卷一一六《國語解》：“契丹豪民要裹頭巾者，納牛駝十頭，馬百匹，乃給官名曰舍利。”

[2]安端：在阿保機兄弟中排行第五，也曾參與“謀反”。世宗天禄初賜號“明王”，成爲東丹國的統治者。

[3]册皇弟李胡爲壽昌皇太弟：【劉校】“弟”原誤“子”。中華點校本據下文八年正月、本書卷七二本傳和卷六四《皇子表》改。今從。

[4]龍化州：傳説契丹始祖奇首可汗居此，原稱龍庭。地當今内蒙古自治區奈曼旗東北。唐天復二年（902）阿保機成爲迭剌部夷離堇，破代北，遷徙代北居民於此建州。詳見本書卷三七《地理志一·上京道》。　同中書門下平章事：唐制，大臣中有此名義者即爲事實上的宰相。遼襲唐制，在分設北、南面官之後，以同中書門下平章事爲南面宰相。

夏四月乙未，詔人皇王先赴祖陵謁太祖廟。丙辰，會祖陵。人皇王歸國。[1]

[1]人皇王歸國：即返回東京遼陽府。

五月戊辰，詔修裹潭離宮。乙酉，謁太祖廟。
六月己亥，[1]射柳於行在。乙卯，如沿柳湖。丁巳，拜太祖御容於明殿。[2]己未，敵烈德來貢。[3]

[1]六月己亥：【劉校】據中華點校本校勘記，“六月”二字原脱。按本書卷四四《朔考》，五月甲子朔，是月無“己亥”“乙卯”“丁巳”“己未”。此四日應屬六月，據補。

[2]明殿：遼祖州本契丹右八部世没里地，太祖秋獵多於此。

州西有祖山，太祖陵鑿山爲殿，稱明殿。殿南嶺有膳堂，以備時祭。門曰黑龍。東偏有聖蹤殿，立碑述太祖遊獵之事。殿東有樓，立碑以記太祖創業之功。太宗於天顯中建，隸弘義宮。《新五代史》卷七二《四夷附錄第一》："明殿，若中國陵寢下宮之制，其國君死，葬，則於其墓側起屋，謂之明殿，置官屬職司，歲時奉表起居如事生，置明殿學士一人掌答書詔，每國有大慶吊，學士以先君之命爲書以賜國君，其書常曰報兒皇帝云。"

　　[3] 敵烈德：遼金時北邊族名。又譯迪烈、迭烈德、達里底。遼時以遊牧、捕獵爲業，分佈於臚朐河（今克魯倫河）流域。有八部，稱爲八部敵烈或八石烈敵烈。與烏古部並稱爲北邊大部。遼聖宗以敵烈部降人置迭魯敵烈部和北敵烈部。遼開泰四年（1015）築河董城於臚朐河北，安置敵烈、烏古降人。壽昌二年（1096），徙敵烈、烏古於烏納水西。金末元初，敵烈人逐漸同化於女真人、蒙古人等。

　　秋七月壬申，烏古來貢。戊子，薦時果於太祖廟。
　　八月丁酉，以大聖皇帝、皇后宴寢之所號日月宮，[1]因建《日月碑》。丙午，如九層臺。

　　[1] 大聖皇帝：遼太祖耶律阿保機的謚號。　皇后：指遼太祖皇后述律氏。

　　九月己卯，詔舍利普寧撫慰人皇王。庚辰，詔置人皇王儀衛。丁亥，至自九層臺，謁及祖廟。[1]

　　[1] 及祖廟：【劉校】原本、南監本、北監本和殿本均作"及祖廟"。《初校》曰："'及'當作'太'。"中華點校本作"太祖

廟”，中華修訂本仍作“及祖廟”。

　　冬十月戊戌，遣使賜人皇王胙。癸卯，建《太祖聖功碑》於如迁正集會堝。[1]甲辰，人皇王進玉笛。

　　[1]《太祖聖功碑》：【劉注】石碑立於祖州和祖陵之間今稱龜趺山的山頂，用契丹大字和漢字刻寫。已經碎爲幾百片殘片。原石現存遼上京博物館。

　　十一月戊寅，東丹奏人皇王浮海適唐。[1]

　　[1]人皇王浮海適唐：《新五代史》卷六《唐本紀第六》於長興元年（930）十一月記載：“丙戌，契丹東丹王突欲來奔。”《通鑑》卷二七七《後唐紀六》也將此事繫於後唐明宗長興元年十一月丙戌：“契丹東丹王突欲自以失職，帥部曲四十人越海自登州來奔。”而《册府元龜》卷一七〇《帝王部·來遠》則記載：“長興二年正月，東丹王突欲率衆自渤海國内附。上御文明殿對突欲及其部曲慰勞久之。”《册府元龜》記載的是東丹王到達後唐都城受到明宗接見的時間。

　　六年春正月甲子，西南邊將以慕化轄戛斯國人來。[1]乙丑，敵烈德來貢。丁卯，如南京。

　　[1]轄戛斯：唐代西北民族名。原居西伯利亞葉尼塞河流域。契丹興起並據有漠北時，稱轄戛斯，遼朝在其地設有轄戛斯大王府。金代稱之爲紇里迄斯，蒙古人稱之爲吉利吉斯，清代隨着准噶爾人的叫法稱之爲布魯特。西遼的西遷和13世紀蒙古的西征都影

響到轄戛斯，促成部分轄戛斯人南遷。15 世紀以後，轄戛斯人被准噶爾人驅逐到中亞費爾干納一帶。18 世紀中葉，清朝平定准噶爾，部分轄戛斯返回七河流域故居。俄國至今有哈卡斯自治共和國。其主體民族即古代的轄戛斯。　西南邊將：【劉校】據中華點校本校勘記，轄戛斯在契丹的西北，"西南"疑爲"西北"之誤。

三月辛未，召大臣議軍國事。丁亥，人皇王倍妃蕭氏率其國僚屬來見。[1]

[1]人皇王妃蕭氏（？—940）：耶律倍正妻。耶律倍浮海投奔後唐，蕭氏未從行，主持東丹國政。會同三年（940）春正月庚寅朝見太宗德光。當年七月人皇王妃患病，德光從皇太后探視。蕭氏死後，德光"徙人皇王行宮於其妃薧所"。後倍妃蕭氏被追謚爲端順皇后。

夏四月己酉，唐遣使來聘。是月置中臺省於南京。[1]

[1]中臺省：東丹國宰輔機構。設左、右大相及左、右次相。

五月乙丑，祠木葉山。乙亥，至自南京。壬午，謁太祖陵。
閏月庚寅，射柳於近郊。
六月壬申，如涼陘，壬午，烏古來貢。
秋七月丁亥，女直來貢。己酉，命將校以兵南略。壬子，薦時果於太祖廟。東幸。
八月庚申，皇子述律生，[1]告太祖廟。辛巳，鼻骨德來貢。

[1]述律（931—969）：遼太宗耶律德光長子，生母爲靖安皇后蕭氏。會同二年（939）封壽安王。天禄五年（951）即皇帝位，改元應曆，群臣上尊號曰天順皇帝。應曆十九年（969）遇弒。廟號穆宗。

九月甲午，詔修京城。

冬十月丁丑，鐵驪來貢。[1]

[1]鐵驪：族名。遼置鐵驪國王府，以統其衆。其地當今黑龍江省東部松花江流域。

十一月乙酉，唐遣使來聘。

十二月甲寅朔，祭太祖廟。丙辰，遣人以詔賜唐盧龍軍節度使趙德鈞。[1]

[1]盧龍軍：唐軍鎮名。據《唐會要》卷七八，該軍係天寶二年（743）設置，治所在今河北省盧龍縣。　趙德鈞：幽州人，本名行實。先事劉守文、劉守光。後唐莊宗伐幽州，德鈞又遁歸莊宗。遷滄州節度使。同光三年（925）移鎮幽州。明宗即位，尤承倚重。始改名德鈞。其子延壽尚明宗女興平公主。鎮幽州凡十餘年，有善政，累官至檢校太師、兼中書令，封北平王。清泰三年（936）石敬瑭在晉陽（今山西省太原市）起兵，邀契丹入援。唐以德鈞爲諸道行營都統，以其子延壽爲太原南面招討使。德鈞父子首鼠兩端，一方面向朝廷要求委任延壽爲節度使，另一方面又要求契丹立自己爲帝。契丹由於已經決定立石敬瑭，德鈞求爲傀儡不

果，最後父子雙雙作了俘虜。德鈞羞憤而死。

七年春正月壬辰，征西將軍課里遣拽剌鐸括奏軍事。己亥，唐遣使來聘。癸卯，遣人使唐。戊申，祠木葉山。

二月壬申，拽剌迪德使吳越還，吳越王遣使從，獻寶器。[1]復遣使持幣往報之。

[1]吳越（907—978）：五代時十國之一。都杭州。共歷五主72年。

三月己丑，林牙迪离畢指斥乘輿，[1]囚之。丁未，遣使諸國。戊申，上率群臣朝於皇太后。

[1]指斥乘輿：見《史記》卷九《呂太后本紀》，猶言斥責皇帝。《史記集解》引蔡邕說：“天子至尊，不敢渫瀆言之，故託於乘輿也。乘猶載也，輿猶車也。天子以天下爲家，不以京師宮室爲常處，則當乘車輿以行天下。故群臣託乘輿以言之也。”

夏四月甲戌，唐遣使來聘，致人皇王偕書。己卯，女直來貢。

五月壬午朔，幸祖州，謁太祖陵。

六月戊辰，御製《太祖建國碑》。戊寅，烏古、敵烈德來貢。庚辰，觀角觝戲。

秋七月辛巳朔，賜中外官吏物有差。癸未，賜高年布帛。丙戌，召群臣耆老議政。壬辰，唐遣使遺紅牙笙。癸巳，使復至，懼報定州之役也。[1]壬寅，唐盧龍軍節度使趙德鈞遣人進時果。丁未，薦新於太祖廟。[2]

[1]定州之役：指天顯三年（928）契丹援救王都，爲唐軍敗於定州之役。

[2]薦新：祭祀祖宗陵廟的禮儀之一，唐制定在每年九月一日薦衣於陵寢。天寶二年（743）八月制（《唐大詔令集》卷七七《九月一日薦衣陵寢制》）：“禋祀者，所以展誠敬之心；薦新者，所以申霜露之思。是知先王制禮，蓋緣情而感時。朕纘承丕業，肅恭祀事，至於諸節，當修薦享。”“自今以後，每至九月一日薦衣於陵寢。貽範千載，庶展孝思。”顧炎武《日知錄》卷一五《陵》：“今關中之俗有所謂送寒衣者，其遺教也，今俗乃用十月一日。”而遼制則四時有薦新。

八月壬戌，捕鵝於沿柳湖，風雨暴至，舟覆，溺死者六十餘人，命存恤其家，識以爲戒。戊辰，林牙迪離畢逸囚，復獲而鞫之，知其事本誣構，釋之。

九月庚子，阻卜來貢。[1]

[1]阻卜：即達旦、韃靼。元人諱言達旦，而稱達旦爲阻卜，詳見王國維《觀堂集林》卷一四《達旦考》。

冬十月乙卯，唐遣使來聘。己巳，遣使雲中。

十一月丁亥，遣使存問獲里國。丁未，阻卜貢海東青鶻三十連。[1]

[1]海東青鶻：猛禽。能擊殺天鵝。渤海國故地以東大海盛産

珍珠，天鵝食蚌，珍珠藏於嗉内。契丹人放出海東青鶻擊殺天鵝，獲取珍珠。

十二月辛亥，以叛人泥離袞家口分賜群臣。[1]丁巳，西狩，駐蹕平地松林。[2]

[1]家口：指犯人的父、子、母、女、妻、妾。《唐律疏議》卷四《名例律·疏議》云：“即雖謀反，詞理不能動衆，威力不足率人者，亦皆斬。父、子、母、女、妻、妾並流三千里。其女及妻妾年十五以下、十一以上，亦免流配，征銅一百斤。婦人犯，會赦猶流。唯造畜蠱毒並同居家口仍配。”

[2]平地松林：遼上京地區的平原。《新五代史》卷七三據胡嶠《陷虜記》載：“自上京東去四十里，至真珠寨，始食菜。明日，東行，地勢漸高，西望平地松林鬱然數十里。遂入平川。”

八年春正月戊子，女直來貢。庚子，命皇太弟李胡、左威衛上將軍撒割率兵伐党項。癸卯，上親餞之。
二月辛亥，吐谷渾、阻卜來貢。[1]乙卯，剋實魯使唐還，以附獻物分賜群臣。[2]

[1]吐谷渾：古代部族名。即吐渾。據《新五代史》卷七四《四夷附録第三》，吐渾“自後魏以來，名見中國，居於青海之上。當唐至德中，爲吐蕃所攻，部族分散，其内附者，唐處之河西。其大姓有慕容、拓拔、赫連等族。懿宗時，首領赫連鐸爲陰山府都督，與討龐勛，以功拜大同軍節度使。爲晉王所破，其部族益微，散處蔚州界中……晉高祖立，割鴈門以北入於契丹，於是吐渾爲契丹役屬，而苦其苛暴”。另據《五代會要》卷二八《吐渾》：“至開

運中，捍虜於澶州，召承福等率其部衆從行，屬歲多暑熱，部下多死，復遣歸太原，移帳於嵐石州界。然承福馭下無法，多幹軍令。其族子白可久，名在承福之亞，因牧馬率本帳北遁，契丹授以官爵，復遣潛誘承福。承福亦思叛去，事未果，漢高祖知之，乃以兵環其部族，擒承福與其族白鐵櫃、赫連海龍等五家，凡四百有餘人，伏誅。籍其牛馬，命別部長王義宗統其餘屬。”

[2]分賜群臣：【劉校】原本和南監本均作“入賜群臣”，中華點校本據北監本和殿本改。今從。

三月辛卯，皇太弟討党項勝還，[1]宴勞之。丙申，唐遣使請罷征党項兵，上以戰捷及党項已聽命報之。

[1]皇太弟討党項勝還：此事起源於親契丹的党項首領、定難節度使李仁福亡故，後唐欲乘機除掉党項親契丹的勢力，以仁福之子彝超爲彰武留後，徙彰武節度使安從進爲定難留後，意在從此直接控制党項。党項不從，契丹則乘機出兵。據《通鑑》二七八後唐明宗長興四年（933）二月：“戊午，定難節度使李仁福卒；庚申，軍中立其子彝超爲留後。”“先是，河西諸鎮皆言李仁福潛通契丹，朝廷恐其與契丹連兵，併吞河右，南侵關中，會仁福卒，三月癸未，以其子彝超爲彰武留後，徙彰武節度使安從進爲定難留後，仍命靜塞節度使藥彥稠將兵五萬，以宮苑使安重益爲監軍，送從進赴鎮。從進，索葛人也。”“丁亥，敕諭夏、銀、綏、宥將士吏民，以‘夏州窮邊，李彝超年少，未能捍禦，故使（“使”應作“徙”）之延安，從命則有李從曮、高允韜富貴之福，違命則有王都、李匡賓覆族之禍。’夏四月，彝超上言，爲軍士百姓擁留，未得赴鎮，詔遣使趣之。”“李彝超不奉詔，遣其兄阿羅王守青嶺門，集境內党項諸胡以自救。藥彥稠等進屯蘆關（蘆子關在延州延昌縣北，趙珣《聚米圖經》曰：蘆關在延州塞門寨北十五里），彝超遣党項抄糧

運及攻具，官軍自蘆關退保金明。”“其後有知李仁福陰事者，云：
‘仁福畏朝廷除移，揚言結契丹爲援，契丹實不與之通也；致朝廷
誤興是役，無功而還。’自是夏州輕朝廷，每有叛臣，必陰與之連
以邀賂遺。上疾久未平，征夏州無功，軍士頗有流言，乙酉，賜在
京諸軍優給有差；既賞賚無名，士卒由是益驕。”

夏四月戊午，党項來貢。

五月己丑，獵獨牛山，惕隱迪輦所乘内廄驪馬斃，
因賜名其山曰驪山。戊戌，如沿柳湖。

六月甲寅，阻卜來貢。甲子，回鶻阿薩蘭來貢。

秋七月戊寅，行納后禮。癸未，皇子提離古生。[1]
丁亥，鐵驪、女直、阻卜來貢。

[1]皇子提離古（933—979）：當即本書卷六四《皇子表》所
載敵烈，宮人蕭氏生，保寧初封冀王。乾亨初北宋進攻北漢，敵烈
往援，戰死於白馬嶺。

冬十月乙巳，阻卜來貢。丙午，至自沿柳湖。辛
亥，唐遣使來聘。己未，遣拔剌使唐。辛未，烏古吐魯
没來貢。

十一月辛丑，太皇太后崩，[1]遣使告哀于唐及人皇
王倍。是月，唐主嗣源殂，子從厚立。[2]

十二月丁卯，党項來貢。

[1]太皇太后：阿保機生母（？—933）。後追尊爲德祖宣簡皇
后，姓蕭氏，小字巖母斤。
[2]唐主嗣源殂：長興四年（933）以病卒，其子從厚即位。

李從厚（？—934）：後唐閔帝，明宗第五子。長興四年（933）明宗病故，從厚即位。應順元年（934），潞王從珂反，廢閔帝爲鄂王，隨即遇弒。

九年春正月癸酉，漁于土河。[1]丙申，党項貢䶂鹿。[2]己亥，南京進白麞。

[1]土河：即老哈河，源出永安山（又稱馬盂山，即今河北省平泉縣柳溪鎮光頭山），流經今内蒙古自治區東部赤峰地區，與西拉木倫河匯合。
[2]䶂鹿：英文名稱 Moose。是世界上最大的鹿科動物，因其肩高於臀與駱駝相似，故名䶂鹿。滿語稱堪達罕（犴達罕）。

閏月戊午，唐遣使告哀，即日遣使弔祭。壬戌，東幸。女直來貢。
二月壬申，祠木葉山。戊寅，葬太皇太后於德陵。[1]前二日，發喪於蒇塗殿，上具衰服以送。後追謚宣簡皇后，[2]詔建碑於陵。

[1]德陵：遼太祖耶律阿保機之父撒剌的之墓號。
[2]宣簡皇后：阿保機母親的謚號，重熙二十一年（1052）七月追謚。

三月癸卯，女直來貢。
夏四月，唐李從珂弒其主自立。[1]人皇王倍自唐上書請討。

［1］李從珂（？—936）：後唐明宗李嗣源養子。初封潞王，爲左衛大將軍、西京留守。明宗死後，閔帝即位，從珂爲北京留守，不降制書而宣授，從珂不自安，據城反。應順元年（934）四月入京師，即帝位，改元清泰。

五月甲辰，如沿柳湖。癸丑，女直來貢。大星晝隕。

六月己巳朔，[1]鼻骨德來貢。辛未，唐李從厚謝弔祭所遣使初至闕。

［1］六月己巳朔：【劉校】據中華點校本校勘記，本書卷四四《曆象志下·朔考》六月庚午朔。

秋八月壬午，自將南伐。乙酉，拽剌解里手接飛鴈，上異之，因以祭天地。

九月庚子，西南星隕如雨。乙卯，次雲州。丁巳，拔河陰。[1]

［1］河陰：遼置縣名。因在桑乾河南岸而得名，金時改名山陰縣。治所在今山西省山陰縣東南。

冬十月丁亥，略地靈丘，[1]父老進牛酒犒師。

［1］靈丘：縣名。治所在今山西省靈丘縣。

十一月辛丑，圍武州之陽城。[1]壬寅，陽城降。癸卯，洼只城降，括所俘丁壯，籍於軍。[2]

[1]武州：治所在今河北省張家口市宣化區。
[2]括所俘丁壯籍於軍：以所俘丁壯編入軍籍。

十二月壬辰，皇子阿鉢撒葛里生，[1]皇后不豫。是月駐蹕百湖之西南。

[1]皇子阿鉢撒葛里（934—?）：遼太宗之子。不載本書卷六四《皇子表》，其事蹟不詳。

十年春正月戊申，皇后崩于行在。
二月戊寅，百僚請加追諡，不許。辛巳，宰相涅里衮謀南奔，事覺，執之。
三月戊午，黨項來貢。
夏四月，吐谷渾酋長退欲德率眾內附。丙戌，皇太后父族及母前夫之族二帳並爲國舅，[1]以蕭緬思爲尚父領之。己丑，錄囚。

[1]國舅：指國舅帳。遼朝有大國舅司，掌乙室己、拔里二帳之事。世宗以其舅氏爲國舅別部，剌只撒古魯應掌國舅別部。

五月甲午朔，始製服行后喪。丙午，葬於奉陵。[1]上自製文，諡曰彰德皇后。[2]癸丑，以舍利王庭鶚爲龍化州節度使。

　　[1]奉陵：遼太宗彰德皇后陵，在懷州（懷州奉陵軍，治所在今内蒙古自治區巴林右旗幸福之路蘇木之崗根嘎查古城址）。

　　[2]彰德皇后：即遼太宗皇后蕭氏。天顯十年（935）死，諡曰"彰德"。重熙二十一年（1052），更諡"靖安"。

　　六月乙丑，吐渾來貢。辛未，幸品不里淀。

　　秋七月乙卯，獵南赤山。

　　冬十一月丙午，幸弘福寺爲皇后飯僧，[1]見觀音畫像，乃大聖皇帝、應天皇后及人皇王所施，顧左右曰："昔與父母兄弟聚觀于此，歲時未幾，今我獨來！"悲嘆不已。乃自製文題於壁，以極追感之意。讀者悲之。

　　[1]飯僧：向僧人施飯，奉佛藉以祈福。史籍中有關於飯僧事蹟的記載，如《舊唐書》卷一一八《王縉傳》："初，代宗喜祠祀，未甚重佛，而元載、杜鴻漸與〔王〕縉喜飯僧徒。代宗嘗問以福業報應事，載等因而啟奏，代宗由是奉之過當，嘗令僧百餘人於宮中陳設佛像，經行念誦，謂之内道場。其飲膳之厚，窮極珍異，出入乘廐馬，度支具廩給。每西蕃入寇，必令羣僧講誦《仁王經》，以攘虜寇。苟幸其退，則橫加錫賜。"

　　十二月庚辰，如金瓶濼，遣拽剌化哥、窟魯里、阿魯掃姑等捉生敵境。[1]

　　[1]拽剌：契丹官名。【靳注】拽剌，在契丹語中爲勇士之意。在朝廷掌護衛，在軍中司偵候。　捉生：捉俘虜。《武經總要》前集卷三《捉生》："凡軍中立威怖敵，莫重捉生。獲賊千兵，不如生擒一將。"

十一年春正月，鉤魚於土河。[1]庚申，如潢河。[2]

[1]鉤魚：鑿冰捕魚。【劉校】鉤魚，原本、南監本、北監本和殿本均作“釣魚”，據中華點校本改。

[2]潢河：今西拉木倫河，即西遼河上游。

三月庚寅朔，女直來貢。

夏四月庚申，謁祖陵。戊辰，還都，謁太祖廟。辛未，燕民之復業者陳汴州事宜。癸酉，女直諸部來貢。癸未，賜回鶻使衣有差。

五月戊戌，清暑沿柳湖。

六月戊午朔，鼻骨德來貢。乙酉，吐谷渾來貢。

秋七月辛卯，烏古來貢。壬辰，蒲割頯公主率三河烏古來朝。丙申，唐河東節度使石敬瑭爲其主所討，[1]遣趙瑩因西南路招討盧不姑求救，[2]上白太后曰：“李從珂弒君自立，神人共怒，宜行天討。”時趙德鈞亦遣使至。河東復遣桑維翰來告急，[3]遂許興師。

[1]石敬瑭（892—942）：五代時後晉王朝開國皇帝，後唐明宗婿。清泰帝李從珂即位，當時敬瑭爲河東節度使，從珂令其移鎮天平（鄆州軍號）。由於雙方本來相互猜忌，敬瑭不受命，並上表論從珂不當立。從珂下詔討除，敬瑭向契丹稱臣、稱兒、割地以求援，遂被契丹册立爲皇帝，國號晉，都汴州（今河南省開封市）。天福七年（942）病死。

[2]趙瑩（885—951）：字玄輝，華陰（今屬陝西省）人。石敬瑭爲河東節度使，瑩爲節度判官。敬瑭稱帝建號，以瑩爲門下侍郎，同平章事，監修國史。石重貴即位後，爲開封尹。契丹滅晉，

隨少帝北遷，遼世宗時，官太子太傅。卒於契丹。歸葬華陰。　西南路招討：即西南路招討司，契丹軍事機構名。設招討使一人，駐西京大同，負責對西夏的防務。　盧不姑：當即西南路招討使。

　　[3]桑維翰（898—947）：後晉宰相。洛陽（今屬河南省）人。字國橋。後唐同光三年（925）進士。石敬瑭爲河東節度使，桑維翰爲掌書記，爲敬瑭求見契丹耶律德光，獲得援助，遂取代後唐。末帝石重貴即位後，桑維翰仍力主與契丹和好。契丹軍攻入汴京後，爲降將張彥澤所殺。

　　八月己未，遣蕭轄里報河東師期，丙寅，吐谷渾來貢。庚午，自將以援敬瑭。九月癸巳，有飛鶩自墜而死，南府夷离堇曷魯恩得之以獻。[1]卜之，吉。上曰："此從珂自滅之兆也！"丁酉，入鴈門。[2]戊戌，次忻州，祀天地。己亥，次太原。[3]庚子，遣使諭敬瑭曰："朕興師遠來，當即與卿破賊。"會唐將高行周、符彥卿以兵來拒，[4]遂勒兵陳於太原。及戰，佯爲之卻。唐將張敬達、楊光遠又陣於西，[5]未成列，以兵薄之。而行周、彥卿爲伏兵所斷，首尾不相救。敬達、光遠大敗，棄仗如山，斬首數萬級。敬達走保晉安寨，[6]夷离堇的魯與戰，死之。敬瑭率官屬來見，上執手撫慰之。癸卯，圍晉安。甲辰，以的魯子徒离骨嗣爲夷离堇，仍以父字爲名，以旌其忠。南宰相鶻离底、奚監軍寅你己、將軍陪阿臨陣退懦，[7]上召切責之。[8]

　　[1]南府夷离堇曷魯恩：羅繼祖《遼史校勘記》云："府"當作"院"。"夷离堇"原爲突厥語官名，亦譯爲"俟斤"（Irkin）。突厥各部的最高元首稱"可汗"（Qaghan），其他各部酋長則稱爲

俟斤。初，契丹“其君大賀氏，有勝兵四萬，臣於突厥，以爲俟斤”（Irkin）（《新唐書》卷二一九《契丹傳》）。後，契丹首領自立爲可汗，其下所屬各部酋長則稱爲“俟斤”，亦即夷离堇。契丹立國後，大部族之夷离堇稱王，小部族之夷离堇則稱爲節度使。舉凡一部之軍政、民政皆由其統掌。參見韓儒林《穹廬集》（上海人民出版社1982年版，第314—316頁）。

[2]鴈門：古鴈門關在關西鴈門山上，又稱西徑關。元廢。今鴈門關在代縣西北，係明代所置。“丁酉，入鴈門”，《舊五代史》卷七五《晉書·高祖紀第一》作：“九月辛丑，契丹主率衆自鴈門而南。”按：遼與中原曆法不同。《新五代史》卷八《晉本紀》稱“敬瑭求援於契丹。九月，契丹耶律德光入自鴈門”。《通鑑》卷二八〇後晉高祖天福元年（936）亦不記契丹入鴈門日期，而云九月“辛丑，契丹主至晉陽”。

[3]太原：今屬山西省。

[4]高行周（？—951）：媯州（今河北省懷來縣）人。字尚質。父思繼，兄弟皆以武勇雄於北邊，爲幽州節度使李匡威戍將。李克用以劉仁恭守幽州，高氏兄弟分掌燕兵，後爲克用盡誅之。時行周年十餘歲，爲劉仁恭收之帳下，稍長，補以軍職。劉守光背晉，行周與其兄行珪以武州降晉。初，行周隸李嗣源帳下，爲裨將，後唐莊宗滅後梁，以功領端州刺史。明宗時，從平朱守殷，克王都，遷潁州團練使、振武軍節度使。後晉高祖時，爲西京留守，徙鎮天雄。出帝時，代景延廣爲侍衛親軍都指揮使。契丹滅晉，後漢高祖入京師，加行周守中書令，徙鎮天平軍，封臨清王。後周太祖入立，封齊王。卒，贈尚書令，追尊秦王。　符彥卿（897—975）：陳州宛丘（今河南省淮陽縣）人，字冠侯。父存審，後唐宣武軍節度使、蕃漢步軍都總管、中書令。彥卿年十三，能騎射。事莊宗於太原，爲親從指揮使。滅後梁，遷散員指揮使。勇略有謀，善用兵。天成三年（928）討王都於定州，大破契丹於嘉山。清泰初爲易州刺史，兼領北面騎軍。後晉天福初授同州節度使。少帝即

位，遼人南侵，彥卿與諸將屢敗契丹，少帝嘉之，改武寧軍節度使、同平章事。後爲左右所間，會張彥澤引遼兵入汴，彥卿歸遼。漢高祖劉知遠入汴，彥卿改鎮兗州，加兼侍中。後周太祖即位，封淮陽王。後爲大名尹、天雄軍節度，進封衛王。宋太祖即位，加守太師。開寶八年（975）六月卒，年七十八。

〔5〕張敬達（？—936）：代州（今山西省代縣）人。字志通，小字生鐵。少以騎射事後唐莊宗。明宗時爲河東馬步軍都指揮使，累遷彰國、大同軍節度使。清泰二年（935）契丹數犯邊，清泰帝以河東節度使石敬瑭有異志，乃以敬達爲北面副總管，以分其兵。次年夏敬瑭反。即以敬達爲太原四面招討使，率兵圍太原。敬瑭求救於契丹。九月契丹耶律德光自鴈門入。敬達收軍於晉安寨，契丹圍之。救兵不至，副招討使楊光遠斬敬達降。契丹耶律德光聞敬達死，哀其忠，遣人收葬之。　楊光遠（？—944）：字德明，沙陀部人。初名阿檀，爲後唐莊宗騎將，從周德威戰契丹於新州。久之，以爲幽州馬步軍都指揮使。光遠不通文字，然有辨智。明宗時，爲嬀、瀛、冀、易四州刺史，以治稱。後自易州刺史拜振武軍節度使。清泰二年，徙鎮中山，兼北面行營都虞候，禦契丹於雲、應之間。石敬瑭起兵太原，清泰帝以光遠佐張敬達爲太原四面招討副使，爲契丹所敗，退守晉安寨。契丹圍之數月，乃殺敬達出降。德光令其“事晉”，後晉高祖以光遠爲宣武軍節度使、侍衛馬步軍都指揮使。陰以寶貨奉契丹。出帝即位，乃反。召契丹入寇，陷貝州、博州，但爲晉軍所敗，契丹已北。開運元年（944）年末，青州陷，李守貞遣客省副使何延祚殺之於其家。

〔6〕晉安寨：地名。《嘉慶重修一統志·太原府》：“在太原西南三十餘里，晉祠南。”

〔7〕南宰相：宰相爲契丹部族官。契丹可汗之下有北、南二府，各部族則分屬二府。南府長官爲南宰相或稱南府宰相。

〔8〕切責之：【劉校】原本、南監本均作“切責三”，中華點校本據北監本和殿本改。今從。

　　冬十月甲子，封敬瑭爲晉王，[1]幸其府。敬瑭與妻李率其親屬捧觴上壽。初圍晉安，分遣精兵守其要害，以絶援兵之路。而李從珂遣趙延壽以兵二萬屯團柏谷，[2]范延廣以兵二萬屯遼州，[3]幽州趙德鈞以所部兵萬餘由上黨趍延壽軍，[4]合勢進擊。知此有備，皆逗留不進，從珂遂將精騎三萬出次河陽，[5]親督諸軍。然知其不救，但日酣飲悲歌而已。丁卯，召敬瑭至行在所，賜坐。上從容語之曰：“吾三千里舉兵而來，一戰而勝，殆天意也。觀汝雄偉弘大，宜受兹南土，世爲我藩輔。”遂命有司設壇晉陽，備禮册命。

　　[1]封敬瑭爲晉王：《通鑑》不載契丹封石敬瑭爲晉王一事。《舊五代史》卷七五《晉高祖本紀》載天顯十一年（936）十一月丁酉契丹册石敬瑭爲帝的册文中有“子晉王”字樣，可證《遼史》所記無誤。

　　[2]趙延壽（？—946）：恒山（今河北省正定）人，本姓劉。後爲劉守光偏將趙德鈞養子，改姓趙，並娶後唐明宗李嗣源之女爲妻。明宗即位，延壽爲駙馬都尉，樞密使。清泰三年（天顯十一年，936），在契丹圍攻晉安寨之役中與其父德鈞一同降遼。遼以延壽爲南京留守，總山南事。會同初加政事令。大同元年（947）遼滅晉，趙延壽率漢軍攻入汴京，求爲皇太子，遼太宗不許。授中京留守。太宗死後又與兀欲爭位，失敗後被囚禁。次年病死。本書卷七六有傳。　團柏谷：又稱團柏鎮，在今山西省祁縣境内。

　　[3]范延廣：《新五代史》卷五一本傳作“范延光”，此避太宗德光名諱改。　遼州：治所在今山西省左權縣。

　　[4]上黨：縣名。治所在今山西省長治市。

　　[5]河陽：孟州（今河南省孟州市）舊稱。【劉校】河陽，原

本、南監本、北監本、殿本均作“河橋”。中華點校本作“河陽”。其校勘記稱“據《新五代史》七及《通鑑》改”。今從改。

十一月丁酉，册敬瑭爲大晉皇帝。[1]自戊戌至戊申，候騎兩奏南有兵至，復於西有兵至，[2]命惕隱迪輦涅拒之。唐將張敬達在圍八十餘日，[3]内外隔絶，軍儲殆盡，至濯馬糞、屑木以飼馬，馬饑至自相啖其鬃尾，死則以充食。光遠等勸敬達出降，敬達曰：“吾有死而已。爾欲降，寧斬吾首以降。”

[1]册敬瑭爲大晉皇帝：《通鑑》卷二八〇天福元年（丙申，936）十一月丁酉載：“契丹主謂石敬瑭曰：‘吾三千里赴難，必有成功。觀汝氣貌識量，真中原之主也。吾欲立汝爲天子。’敬瑭辭讓數四，將吏復勸進，乃許之。契丹主作册書，命敬瑭爲大晉皇帝，自解衣冠授之，築壇於柳林。是日，即皇帝位。”

[2]復奏西有兵至：【劉校】“奏”原作“於”。中華點校本據《大典》卷四八〇改。今從。

[3]唐將張敬達在圍八十餘日：【劉校】“唐將張”三字原脱，中華點校本據《大典》卷四八〇補。今從。

閏月甲子，楊光遠、安審琦殺敬達以降。[1]上聞敬達至死不變，謂左右曰：“凡爲人臣，當如此也！”命以禮葬。所降軍士及馬五千匹以賜晉帝。丙寅，祀天地以告成功。庚午，僕射蕭酤古只奏趙德鈞等諸援兵將遁，[2]詔夜發兵追擊。德鈞等軍皆投戈棄甲，自相蹂踐，擠於川谷者不可勝紀。仍命皇太弟馳輕騎據險要，[3]追及步兵萬餘，悉降之。辛未，兵度團柏谷，以酒肴祀天地。俄追及德鈞父子，乃率衆降。[4]次潞州，召諸將議，皆請班師，從之。[5]命南宰相解領、鶻离底、奚監軍寅你己、將軍陪阿先還。壬申，惕隱涅、林牙迪離畢來獻俘。晉帝辭歸，上與宴飲。酒酣，執手約爲父子。[6]以白貂裘一、廄馬二十、戰馬千二百餞之。命迪離畢將五千騎送入洛。臨別謂之曰："朕留此，候亂定乃還耳。"辛巳，晉帝至河陽，李從珂窮蹙，召人皇王倍同死，不從，遣人殺之，乃舉族自焚。詔收其士卒戰歿者瘞之汾水上，以爲京觀。[7]晉命桑維翰爲文，紀上功德。[8]

[1]楊光遠、安審琦殺敬達以降：《通鑑》卷二八〇後晉高祖天福元年（936）閏十一月載："張敬達性剛，時謂之'張生鐵'，楊光遠、安審琦勸敬達降於契丹，敬達曰："吾受明宗及今上厚恩，爲元帥而敗軍，其罪已大，況降敵乎！今援兵旦暮至，且當俟之。必若力盡勢窮，則諸軍斬我首，攜之出降，自求多福，未爲晚也。"光遠目審琦欲殺敬達，審琦未忍。高行周知光遠欲圖敬達，常引壯騎尾而衛之，敬達不知其故，謂人曰：'行周每踵余後，何意也?'行周乃不敢隨之。諸將每旦集於招討使營，甲子，高行周、符彦卿未至，光遠乘其無備，斬敬達首，帥諸將上表降於契丹。"

[2]僕射：唐官名。唐不設尚書令，最初以中書令、侍中爲宰相。中宗以後，不加同中書門下平章事者即不爲宰相。

[3]皇太弟：【劉校】原本、南監本、北監本、殿本均作"皇太子"，中華點校本和修訂本亦作"皇太子"。今據劉鳳翥《遼代太宗朝並無皇太子》一文改。

[4]俄追及德鈞父子，乃率衆降：據《舊五代史》卷九八《趙德鈞傳》：及楊光遠以晉安寨降於契丹，德鈞父子自團柏谷南走潞州，一行兵士投戈棄甲，自相騰踐，死者萬計。時德鈞有愛將時

賽，率輕騎東還漁陽，其部曲尚千餘人，與散亡之卒俱集於潞州。
是日，潞州節度使高行周亦自北還，及至府門，見德鈞父子在城闉
上，行周謂曰："某與大王鄉人，宜以忠言相告，城中無斗粟可食，
請大王速迎車駕，自圖安計，無取後悔焉。"德鈞遂與延壽出降契
丹。高祖至，德鈞父子迎謁於馬前，高祖不禮之。時契丹主問德鈞
曰："汝在幽州日，所置銀鞍契丹直何在？"德鈞指示之，契丹盡殺
於潞之西郊，遂鎖德鈞父子入蕃。

[5]潞州：治所在今山西省長治市。

[6]執手約爲父子：《舊五代史》卷四八《末帝本紀下》[清泰
三年十一月]：丁卯，戎王立石敬瑭爲大晉皇帝，約爲父子之國。

[7]京觀：古代勝利者收葬敵方戰死士卒的屍體，封土其上以
成高塚，即所謂"京觀"。

[8]晉命桑維翰爲文，紀上功德：此即太原汾河岸邊的《聖德
神功碑》。後晉所建原碑被後周所毀。今存《聖德神功碑》是北漢
重建。參本書卷六《穆宗本紀上》。

十二月乙酉朔，遣近侍撻魯存問晉帝。丙戌，以晉
安所獲分賜將校。戊子，遣使馳奏皇太后，及報諸道師
還。庚寅，發太原。辛卯，聞晉帝入洛，遣郎君解里德
撫問。壬辰，次細河，閱降將趙德鈞父子兵馬。[1]戊戌，
次鴈門，以沙太保所部兵分隷諸將。[2]庚戌，幸應州。[3]
癸丑，唐大同、彰國、振武三節度使迎見，留之
不遣。[4]

[1]閱降將趙德鈞父子兵馬：此事當是指德鈞降後，德光殺其
所部銀鞍契丹直。故不應繫於此，而應繫於上月。

[2]沙太保：即後唐大同節度使沙彥珣。《通鑑》卷二八一後

晉高祖天福二年（937）二月戊子載："契丹主自上黨過雲州，大同節度使沙彥珣出迎，契丹主留之，不使還鎮。"

[3]應州：治所在今山西省應縣。

[4]振武：唐、五代軍鎮名。治所在今内蒙古自治區和林格爾縣上土城。

十二年春正月丙辰，次堆子口。[1]唐大同軍節度判官吳巒閉城拒命，遣崔廷勳圍其城。[2]庚申，上親征，至城下諭之，巒降。[3]辛酉，射鬼箭於雲州北。壬戌，祀天地。癸亥，遣國舅安端發奚西部民各還本土。丙寅，皇太后遣侍衛實魯趣行，是夕，率輕騎先進。丁丑，皇子述律迎謁於灤河，[4]告功太祖行宫。戊寅，朝於皇太后，進琛玩爲壽。

[1]堆子口：地名。《通鑑》卷二八一後晉天福二年（937）二月戊子載，契丹主自上黨歸，過雲州。可知堆子口當在今山西省大同市附近。

[2]吳巒（？—944）：鄆州盧縣（今山東省茌平縣）人，字寶川。後唐清泰中爲大同節度判官。契丹過雲州，節度使沙彥珣出城迎謁，爲契丹所掠。城中推巒主州事，巒即閉門拒守。契丹以兵圍城七月而未能攻下。出帝即位與契丹絕盟，河北諸州危急，遣吳巒代王令温守貝州。開運元年（944）正月契丹圍貝州，有叛徒自南門引契丹入。城陷，吳巒投井死。

[3]"唐大同軍節度判官吳巒閉城拒命"至"巒降"：按下卷會同七年（944）正月吳巒投井死，與此歧異。清人厲鶚《遼史拾遺》（以下簡稱《拾遺》）引《通鑑》《新五代史》俱稱巒守雲中不下，後守貝州，城破投井死。此有脱誤。

　[4]灤河：發源於今河北省沽源縣，流經該省北部，至灤州市、
樂亭縣分道入海。

　　二月丁亥，以軍前所獲俘叛入幽州者皆斬之。壬
寅，詔諸部休養士卒。癸卯，晉遣唐所掠郎君剌哥、文
班吏蕭嘮里還朝。
　　三月庚申，晉遣使來貢。丁卯，晉天雄軍節度使范
延廣潛遣人請內附，[1]不納。己巳，遣郎君的烈古、梅
里迭烈使晉。[2]壬午，晉使及諸國使來見。

　[1]天雄軍：唐、五代方鎮名。治魏州，在今河北省大名縣。
　[2]梅里：契丹部族官名。又作梅録。

　　夏四月甲申，地震。幸平地松林，觀潢水源。
　　五月甲寅，幸頻蹕淀。壬申，震開皇殿。
　　六月甲申，晉遣户部尚書聶延祚等請上尊號，及歸
鴈門以北與幽薊之地，仍歲貢帛三十萬疋，詔不許。庚
戌，侍中列率言，[1]范延廣叛晉，引兵南向。

　[1]侍中：唐官名。唐不設尚書令，最初以左僕射、右僕射與
中書令、侍中同爲宰相。中宗以後，不加同中書門下平章事者即不
爲宰相。【靳注】始置於秦。即原丞相史，因往來宮中奏事，故名。
遼襲唐制，多爲重臣、封疆大吏甚至著名僧人的加官。

　　秋七月辛亥朔，詔諸部治兵甲。癸丑，幸懷州，[1]
謁奉陵。甲子，晉遣使來告范延廣反。庚午，遣耶律裹

古里使晉議軍事。

[1]懷州：州治故址在今內蒙古自治區巴林右旗幸福之路蘇木崗根嘎查古城址。

八月癸未，晉遣使復請上尊號，不許。庚寅，晉及太原劉知遠、南唐李昪各遣使來貢。[1]庚子，晉遣使以都汴及范延廣降來告。

[1]劉知遠（894—948）：五代後漢開國皇帝。其先是沙陀部人。初爲後唐明宗偏將。後與桑維翰一同爲石敬瑭謀劃，助其稱帝。後晉天福間，爲鄴都留守，後拜河東節度使、北京留守。出帝即位，封北平王。開運四年（947）初，契丹滅後晉，同年二月稱帝。六月至汴京，改國號漢。　南唐：五代時十國之一。公元937年，李昪代吳稱帝，建都金陵（今江蘇省南京市），國號唐，史稱南唐。曾滅閩、楚，極盛時有今江蘇、安徽淮河以南和福建、江西、湖南及湖北東部。975年爲北宋所滅。共歷三主，三十九年。　李昪（888—943）：南唐國的建立者。字正倫，小字彭奴。少孤，爲楊行密大將徐溫養子，因姓徐，名知誥。後梁貞明四年（918），徐溫以知誥爲淮南節度行軍副使、內外馬步軍都指揮副使，居廣陵（今江蘇省揚州市）。後晉天福二年（937），知誥廢楊溥，自稱皇帝，建都金陵，國號大齊。次年，自稱唐玄宗子永王澤（一云唐憲宗子建王恪）之裔，改姓李，名昪，國號大唐，史稱南唐。

九月壬子，鼻骨德來貢。庚申，遣直里古使晉及南唐。癸亥，術不姑、女直來貢。辛未，遣使高麗、鐵驪。[1]癸酉，回鶻來貢。

[1]高麗：指王建創建的高麗王朝（918—1392）。統治地域在今朝鮮半島，首都在開京（朝鮮開城市）。

　冬十月庚辰朔，皇太后永寧節，晉及回鶻、燉煌諸國皆遣使來賀。[1]壬午，詔回鶻使胡离只、阿刺保，問其風俗。丁亥，諸國使還，就遣蒲里骨皮室胡末里使其國。

[1]燉煌：這裏是指唐、五代間的一個割據政權。唐置河西節度使，治涼州（今甘肅省武威市），統涼、甘、肅、伊、西、瓜、沙七州。唐德宗間，吐蕃陷涼州，大曆中河西軍移治沙州（今甘肅省敦煌市）。貞元中又爲吐蕃所陷。大中間，沙州人張義潮率所屬十州地歸唐，因改置歸義軍，至宋初復陷於西夏。

　十一月己未，遣使求醫於晉。丁卯，鐵驪來貢。
　十二月甲申，東幸，祀木葉山。己丑，醫來。

　　　　　　　　　（李錫厚注　劉鳳翥校）

遼史　卷四

本紀第四

太宗下

　　會同元年春正月戊申朔，[1]晉及諸國遣使來賀。[2]晉使且言已命和凝撰《聖德神功碑》。[3]戊辰，遣人使晉。

　　[1]會同：遼太宗年號（938—947）。
　　[2]晉：此指石敬瑭創立的後晉（936—946）。五代第三個王朝。初，石敬瑭獲得契丹耶律德光支持建立後晉，他向德光割地、稱臣、稱兒以爲回報。少帝石重貴繼位後，與契丹交惡，爲契丹所滅。
　　[3]《聖德神功碑》：後晉所建原碑被後周所毀。今存《聖德神功碑》是北漢重建。參本書卷六《穆宗本紀上》應曆三年（953）五月壬寅，“漢遣使言石晉樹先帝《聖德神功碑》爲周人所毀，請再刻，許之”。

　　二月壬午，室韋進白麃。戊子，鐵驪來貢。[1]丁酉，獵松山。[2]戊戌，幸遼河東。丙申，上思人皇王，遣惕隱率宗室以下祭其行宮。[3]丁未，詔增晉使所經供億户。

[1]鐵驪：族名。遼置鐵驪國王府，以統其衆。住地當今黑龍江省東部松花江流域。

[2]松山：位於今内蒙古自治區赤峰市松山區。

[3]惕隱：契丹官名。又稱梯里己，掌皇族政教。　人皇王行宮：亦稱行帳、捺鉢，即由轉徙隨行的車帳組成的行宮。人皇王作爲東丹王，具有"天子"身份，故與契丹可汗一樣，有自己的"行宮"。

三月壬戌，將東幸，三剋言農務方興，請減輜重，促還朝，從之。丙寅，女直來貢。[1]癸酉，東幸。

[1]女直：本作女真，因避遼興宗耶律宗真名諱，改稱女直。遼時居東北東部。在南者入遼籍，稱熟女真，或合蘇館女真；在北者不入遼籍，稱生女真。

夏四月戊寅朔，如南京。甲申，女直來貢。乙酉，幸温泉。己丑，還宮，朝于皇太后。丁酉，女直貢弓矢。己亥，西南邊大詳穩耶律魯不古奏党項捷。[1]

[1]大詳穩：遼朝軍官名。元帥府下設大詳穩司。"詳穩"即漢語"將軍"的轉譯。【劉注】"詳穩"即漢語"將軍"的轉譯的說法似有值得商榷之處。在契丹小字中，"詳穩"作 𘬀𘱑，"將軍"作 𘬀𘱗 𘲸𘱰，或 𘬀𘳦 𘲸𘱰、𘬀𘳦 𘲸𘱰。"詳穩"不是漢語"將軍"的轉譯，而是音譯的契丹語，"將軍"是漢語借詞。　耶律魯不古（898—952）：阿保機從侄，曾受命創製契丹大字。後隨

太宗征伐，屢立戰功。　党項：中國古代族名。又稱党項羌。唐以後主要活動於靈、慶、銀、夏等州，即今甘肅、寧夏、陝西和内蒙古等省區交界地區。

五月甲寅，晉復遣使請上尊號，從之。

六月丙子朔，吐谷渾及女直來貢。[1]辛卯，南唐來貢。[2]癸巳，詔建日月四時堂，圖寫古帝王事於兩廡。

[1]吐谷渾：古代部族名。即吐渾。據《新五代史》卷七四《四夷附録第三》，吐渾“自後魏以來，名見中國，居於青海之上。當唐至德中，爲吐蕃所攻，部族分散，其内附者，唐處之河西。其大姓有慕容、拓拔、赫連等族。懿宗時，首領赫連鐸爲陰山府都督，與討龐勛，以功拜大同軍節度使。爲晉王所破，其部族益微，散處蔚州界中”。“晉高祖立，割鴈門以北入於契丹，於是吐渾爲契丹役屬，而苦其苛暴”。另據《五代會要》卷二八《吐渾》：“至開運中，捍虜於澶州，召承福等率其部衆從行，屬歲多暑熱，部下多死，復遣歸太原，移帳於嵐石州界。然承福馭下無法，多幹軍令。其族子白可久，名在承福之亞，因牧馬率本帳北遁，契丹授以官爵，復遣潛誘承福。承福亦思叛去，事未果，漢高祖知之，乃以兵環其部族，擒承福與其族白鐵櫃、赫連海龍等五家，凡四百有餘人，伏誅。籍其牛馬，命別部長王義宗統其餘屬。”

[2]南唐（937—975）：五代時十國之一。公元937年李昪代吳稱帝，建都金陵（今江蘇省南京市），國號唐，史稱南唐。曾滅閩、楚，極盛時有今江蘇、安徽淮河以南和福建、江西、湖南及湖北東部。975年爲北宋所滅。共歷三主，三十九年。

秋七月癸亥，遣使賜晉馬。丁卯，遣鶻離底使晉，梅里了古使南唐。[1]戊辰，遣中臺省右相耶律述蘭・迭烈哥使晉，[2]臨海軍節度使趙思温副之，[3]册晉帝爲英武明義皇帝。

[1]梅里：又作梅録，契丹部族官名。掌皇族軍政事務。

[2]中臺省：東丹國宰輔機構。設左、右大相及左、右次相。
耶律述蘭·迭烈哥：【劉注】遼代契丹男人的契丹語名字有“第
二個名”“小名”和“全名”之分。“全名”是把“第二個名”和
“小名”疊加在一起，疊加時“第二個名”置於“小名”之前。凡
“第二個名”均有尾音 n。“述蘭”是“第二個名”，“迭烈哥”是
“小名”，“述蘭·迭烈哥”是“全名”。中華點校本把“耶律述蘭
·迭烈哥”標點爲“耶律述蘭、迭烈哥”，一個人變成了兩個人；
中華修訂本作“耶律述蘭迭烈哥”，比點校本好一些，但看不出
“第二個名”“小名”和“全名”的關係。

[3]趙思温（？—939）：盧龍（今屬河北省）人，字文美。原
爲燕帥劉仁恭部將，後降後唐莊宗李存勗，任平州刺史兼平營薊三
州都指揮使。降遼後從太祖征渤海，爲漢軍都團練使。太宗時，爲
南京留守、盧龍軍節度使。本書卷七六有傳。　臨海軍：治所在滄
州（今屬河北省），不在遼境内。

八月戊子，女直來貢。庚子，吐谷渾、烏孫、靺鞨
皆來貢。[1]

[1]烏孫：古代民族名。漢代至北魏中葉居於天山北麓伊犁河
上游、伊塞克湖畔及納林河流域的遊牧部族。它的族屬有突厥族、
雅利安族諸説，尚無定論。　靺鞨：古代部族名。爲肅慎、勿吉後
裔。唐時分爲數十部，其中的粟末部，建渤海國。此外，北部的黑
水部也很強大，遼代的生女真，主要爲該部，後建立金朝。

九月庚戌，黑車子室韋貢名馬。[1]邊臣奏晉遣守司空馮道、左散騎常侍韋勳來上皇太后尊號，[2]左僕射劉煦、[3]右諫議大夫盧重上皇帝尊號，[4]遂遣監軍寅你已充接伴。[5]壬子，詔群臣及高年，凡授大臣爵秩，皆賜錦袍、金帶、白馬、金飾鞍勒，著於令。

[1]黑車子室韋：室韋之一部，即《舊唐書·回紇傳》的"和解室韋"。其住地當今内蒙古自治區東部的呼倫湖東南，南與契丹接。詳見王國維《黑車子室韋考》（《觀堂集林》卷一四）。

[2]馮道（882—954）：字可道，瀛州景城（今河北省滄州市）人，歷仕後唐、後晉、後漢、遼和後周，居相位。晚年自稱"長樂老"，頗以能在時勢多變的情況下自保榮華富貴而得意。但亦能提醒統治者不忘民間疾苦。此外，他還是首先宣導雕印"九經"者。

[3]僕射：唐官名。唐不設尚書令，最初以中書令、侍中爲宰相。中宗以後，不加同中書門下平章事者即不爲宰相。　劉煦（888—947）：亦作"劉昫"，《新五代史》卷八《晉高祖紀》及卷五五《劉昫傳》均作"昫"。涿州（今屬河北省）人。後唐明宗時拜相。後晉天福初，爲東都留守，判河南府事。曾奉使契丹。開運初復拜相。契丹耶律德光陷汴京，仍舊以煦爲宰相。同年以病卒。

[4]上皇帝尊號：《通鑑》卷二八一後晉高祖天福三年（938）七月辛酉載：帝上尊號於契丹主及太后，［八月］戊寅，以馮道爲太后册禮使，（考異曰：《周世宗實錄·馮道傳》云："虜遣使加徽號於晉祖，晉亦獻徽號於虜。始命兵部尚書王權衛其命，權辭以老病。晉祖謂道曰：'此行非卿不可。'道無難色。"按晉高祖實錄："天福三年八月戊寅，道爲契丹太后册禮使。十月戊寅，北朝命使上帝徽號。戊子，王權以不受爲使，停任。"周世宗實錄誤也。）左僕射劉煦爲契丹主册禮使，備鹵簿、儀仗、車輅，詣契丹行禮，契丹主大悅。

[5]接伴：接待使臣。遼宋稱負責接待對方使臣的官員爲接伴使。

冬十月甲戌朔，遣郎君迪里姑等撫問晉使。壬寅，晉遣使來謝册禮。是日，復有使進獨峰駝及名馬。

十一月甲辰朔，命南北宰相及夷离堇就館賜晉使馮道以下宴。[1]丙午，上御開皇殿，[2]召見晉使。壬子，皇太后御開皇殿，馮道、韋勳册上尊號曰廣德至仁昭烈崇簡應天皇太后。甲子，行再生柴册禮。[3]丙寅，皇帝御宣政殿，[4]劉煦、盧重册上尊號曰睿文神武法天啟運明德章信至道廣敬昭孝嗣聖皇帝。大赦，改元會同。是月，晉復遣趙瑩奉表來賀，[5]以幽、薊、瀛、莫、涿、檀、順、媯、儒、新、武、雲、應、朔、寰、蔚十六州並圖籍來獻。於是詔以皇都爲上京，府曰臨潢。升幽州爲南京，[6]南京爲東京。改新州爲奉聖州，[7]武州爲歸化州。[8]升北、南二院及乙室夷离堇爲王，以主簿爲令，令爲刺史，刺史爲節度使，二部梯里己爲司徒，[9]達剌幹爲副使，麻都不爲縣令，[10]縣達剌幹爲馬步。[11]置宣徽、閤門使，控鶴、客省、御史大夫、中丞、侍御、判官、文班牙署、諸宮院世燭，[12]馬群、遙輦世燭，[13]南北府、國舅帳郎君官爲敞史，諸部宰相、節度使帳爲司空，二室韋闥林爲僕射，鷹坊、監冶等局官長爲詳穩。

[1]南北宰相：即南府宰相與北府宰相。　館：招待使節的賓館。遼初以上京皇城內的大同驛接待宋使。

[2]開皇殿：宮殿名。遼上京三大殿之一。

[3]再生柴册禮：柴册禮和再生禮合併舉行的禮儀。柴册禮源於中國傳統的"燔柴告天"，是古代天子祭天之禮。《爾雅·釋天》："祭天曰燔柴。"行禮時，積薪於壇，取玉及牲置於柴上焚燒。此禮與契丹的再生禮合併舉行，是爲契丹部落聯盟選汗和遼建國後新皇帝即位舉行的禮儀。相傳遙輦氏阻午可汗始製此儀，遼朝建國後有所增飾。其儀或選九人扮作皇帝，與將要即位的皇帝本人分別進入十頂廬帳，由契丹大臣"捉認天子"，而後行册禮，上尊號；或由八部耆老引皇帝拜日，由后族長者爲皇帝駕車，皇帝登高阜，諸部帥遙拜，皇帝謙辭，群臣表示"唯皇帝命是從"而後皇帝登柴壇，行册禮，上尊號。

[4]宣政殿：上京宮殿之一。

[5]趙瑩（885—951）：字玄輝，華陰（今屬陝西省）人。石敬瑭爲河東節度使，瑩爲節度判官。敬瑭稱帝建號，以瑩爲門下侍郎，同平章事，監修國史。石重貴即位後，爲開封尹。契丹滅晉，隨少帝北遷，遼世宗時，官太子太傅。卒於契丹。歸葬華陰。

[6]幽州：治所在今北京市境內。

[7]新州：治所在今河北省涿鹿縣。

[8]武州：治所在今河北省張家口市宣化區。

[9]梯里己：又稱惕隱，契丹官名。後升司徒。掌皇族之政教。

[10]麻都不：達剌幹的副手，會同元年（938）升爲縣令。

[11]馬步：契丹官名。即縣達剌幹。爲縣令之副。

[12]閤門使：官名。即古之儐相之職。唐末、五代凡取稟旨命、供奉乘輿、朝會遊宴及贊導三公、群臣、蕃國朝見、辭謝，糾彈失儀之事，由閤門使、副掌管。閤門使多以處武臣。參見《文獻通考·職官十二》。　客省：官署名。會同元年（938）置，掌接待諸國使節。設官有都客省、客省使、左右客省使等。　世燭：契丹官名。即"侍中"的音譯。

[13]遙輦：契丹氏族。開元二十三年（734），可突于殘黨泥禮殺李過折，立阻午可汗，傳九世，至907年阿保機建國。遙輦九

可汗繼位後各建宮衛，遼朝立國後，有遙輦九帳大常袞司之設，掌遙輦九世宮分之事務。

十二月戊戌，遣同括、阿鉢等使晉，制加晉馮道守太傅，[1]劉煦守太保，[2]餘官各有差。

[1]馮道守太傅：《新五代史》卷五四《馮道傳》載，"晉滅唐，道又事晉，晉高祖拜道守司空、同中書門下平章事，加司徒，兼侍中，封魯國公。高祖崩，道相出帝，加太尉，封燕國公"，不載"守太傅"。《舊五代史》卷一二六《馮道傳》亦不載此事。

[2]劉煦守太保：劉煦，亦作"劉昫"。據《新五代史》卷五五《劉昫傳》載，"開運中，拜司空、同中書門下平章事，復判三司。契丹犯京師，昫以目疾罷爲太保"，則劉昫"守太保"當是開運三年（946）的事。

二年春正月乙巳，以受晉册，遣使報南唐、高麗。丁未，御開皇殿，宴晉使馮道以下，賜物有差。戊申，晉遣金吾衛大將軍馬從斌、考功郎中劉知新來貢珍幣，[1]命分賜群臣。丙辰，晉遣使謝免沿邊四州錢幣。[2]

[1]劉知新：《舊五代史》卷七七《晉書·高祖紀》載，天福三年（遼會同元年，938）十月戊子"以右金吾大將軍馬從斌爲契丹國信使，考功郎中劉知新副之"。此是晉使出發的日期。

[2]沿邊四州：當指本卷會同三年春正月戊子所載并、鎮、忻、代四州。并，治所在今山西省太原市。鎮，治所在今河北省正定縣。忻，治所在今山西省忻州市。代，治所在今山西省代縣。晉遣使謝挽四州錢幣事不見於《通鑑》《新五代史》及《舊五代史》等

書記載。

二月戊寅，宴諸王及節度使來賀受册禮者，仍命皇太弟、惕隱迪輦餞之。[1]癸巳，謁太祖廟，[2]賜在京吏民物及内外群臣官賞有差。丁酉，加兼侍中、左金吾衛上將軍王郁檢校太尉。

[1]皇太弟：【劉校】原本、南監本、北監本、殿本均誤作"皇太子"，中華點校本和修訂本亦作"皇太子"。今據劉鳳翥《遼代太宗朝並無皇太子》一文改。　迪輦：遼太祖耶律阿保機第四子。宮人蕭氏生。天顯三年（928）救耶律沙於定州，爲李嗣源所獲，至石晉立，始得還，爲惕隱。

[2]太祖廟：【劉注】本書卷三七《地理志一・祖州》稱"有祖山，山有太祖天皇帝廟"。

三月，畋於裹潭之側。戊申，女直來貢。丁巳，封皇子述律爲壽安王，[1]罨撒葛爲太平王。[2]己巳，大賚百姓。

[1]皇子述律（931—969）：即遼穆宗。遼太宗德光長子，漢名璟。會同二年（939）封壽安王。天禄五年（951）九月遼世宗耶律阮遇弒，璟即位，改元應曆。十九年（969）二月爲近侍小哥等人所殺，享年39歲。

[2]罨撒葛（934—972）：即阿鉢撒葛里。德光第二子，靖安皇后蕭氏生，會同二年（939）封太平王。穆宗在位時，因謀亂貶戍西北邊。景宗即位後釋罪，召還，以病卒。

夏四月乙亥，幸木葉山。[1]癸巳，東京路奏狼食人。

[1]木葉山：山名。契丹語稱“大”爲“木葉”。“木葉山”可以泛指任何“大山”，也可專指某一大山爲“木葉山”。此處指永州境内一座山，契丹人視此山爲神山，其地在今内蒙古自治區翁牛特旗新蘇莫蘇木的西拉木倫河與老哈河匯合處一帶。“上建契丹始祖廟，奇首可汗在南廟，可敦（可汗之妻）在北廟，繪塑二聖并八子神像。”詳見本書卷三七《地理志一》永州條。

五月乙巳，禁南京鬻牝羊出境。[1]思奴古多里等坐盗官物籍其家。[2]南唐遣使來貢。丁未，以所貢物賜群臣。戊申，回鶻單于使人乞授官，詔第加刺史、縣令。

[1]南京：今北京。
[2]思奴古：本書卷一一六《國語解》：“思奴古，官與敵史相近。”

六月丁丑，雨雪。是夏駐蹕頻蹕淀。
秋七月戊申，晉遣使進犀帶。庚戌，吐谷渾來貢。乙卯，敵史阿鉢坐奉使失職，[1]命笞之。

[1]敵史：本書卷一一六《國語解》：“敵史，官府之佐吏也。”

閏月癸未，乙室大王坐賦調不均，[1]以木劍背撻而釋之，並罷南、北府民上供及宰相、節度諸賦役非舊制者。[2]乙酉，遣的烈賜晉烏古良馬。[3]己丑，以南王府二刺史貪蠹，各杖一百，仍繫虞候帳，備射鬼箭，[4]選群臣爲民所愛者代之。

[1]賦調不均：這是遼初乙室部移居山後地區，一部分人開始從事農業生産之後纔出現的新問題，故在《治契丹及諸夷之法》中沒有相應的規定，而祇能執行《唐律》。依《唐律疏議》卷一三《户婚》，“諸差科賦役違法及不均平，杖六十”。乙室大王所受處罰，顯然是以這一規定爲依據的。

[2]舊制：即契丹立國以前的傳統。

[3]烏古：部族名。又稱嫗厥律、于厥律，居契丹西北。《新五代史》卷七四《四夷附録第三》：“嫗厥律，其人長大，髡頭，酋長全其髮，盛以紫囊。地苦寒，水出大魚，契丹仰食。又多黑、白、黄貂鼠皮，北方諸國皆仰足。其人最勇，鄰國不敢侵。”

[4]射鬼箭：契丹人的巫術、刑罰。皇帝出征及祭祀先帝時，都要行這種巫術。取死囚一人，置於所要前往之方向，以亂箭射殺，名爲射鬼箭。契丹人認爲，以此可以祓除不祥。班師歸來則以俘虜射鬼箭。後來則以此作爲刑罰的一種。

八月乙丑，晉遣使貢歲幣，[1]奏輸戌、亥二歲金幣於燕京。

[1]歲幣：石晉每年向契丹貢獻的財物。《舊五代史》卷一三七《外國列傳第一》載，清泰三年（遼天顯十一年，936）十一月，耶律德光册石敬瑭“爲大晉皇帝，約爲父子之國，割幽州管内及新、武、雲、應、朔州之地以賂之，仍每歲許輸帛三十萬”。此外，《通鑑》卷二八〇後晉高祖天福元年十一月則載：晉“割幽、薊、瀛、莫、涿、檀、順、新、媯、儒、武、雲、應、寰、朔、蔚十六州以與契丹，仍許歲輸帛三十萬匹”。

九月甲戌，阻卜阿离底來貢。[1]已卯，遣使使晉。

[1]阻卜：即達旦、韃靼。元人諱言達旦，而稱達旦爲阻卜，詳見王國維《觀堂集林》卷一四《達旦考》。

冬十月丁未，上以烏古部水草肥美，詔北、南院徙三石烈户居之。[1]

[1]石烈：契丹部族組織名。爲構成部族的小單位，相當於鄉。

十一月丁亥，鐵驪、燉煌並遣使來貢。[1]

[1]燉煌：這里是指唐、五代間的一個割據政權。唐置河西節度使，治涼州（今甘肅省武威市），統涼、甘、肅、伊、西、瓜、沙七州。唐德宗間，吐蕃陷涼州，大曆中河西軍移治沙州（今甘肅省敦煌市）。貞元中又爲吐蕃所陷。大中間，沙州人張義潮率所屬十州地歸唐，因改置歸義軍，至宋初復陷於西夏。

十二月庚子，鉤魚於土河。[1]甲子，回鶻使者傔人有以刃相擊者，[2]詔付其使處之。

[1]土河：即老哈河，源出永安山（又稱馬盂山，即今河北省平泉縣柳溪鎮光頭山），流經今內蒙古自治區東部赤峰地區，與西拉木倫河匯合。

[2]傔人：隨從佐吏；隨身的差役。

三年春正月戊子，吳越王遣使來貢。[1]庚寅，人皇王妃來朝。[2]回鶻使乞觀諸國使朝見禮，從之。壬辰，遣陪謁阿鉢使晉致生辰禮。晉以並、鎮、忻、代之吐谷渾來歸。

[1]吳越（907—978）：五代時十國之一。都杭州。共歷五主，七十二年。

[2]人皇王妃蕭氏（？—940）：耶律倍正妻。耶律倍浮海投奔後唐，其妻蕭氏未從行，主持東丹國政。會同三年（940）春正月庚寅朝見太宗德光。當年七月人皇王妃患病，德光從皇太后探視。蕭氏死後，德光“徙人皇王行宮於其妃薨所”。後蕭氏被追謚爲端順皇后。

二月己亥，奚王勞骨寧率六節度使朝貢。[1]庚子，烏古遣使獻伏鹿國俘，賜其部夷离堇旗鼓以旌其功。[2]壬寅，女直來貢。辛亥，墨离鶻末里使回鶻阿薩蘭還，賜對衣勞之。乙卯，鴨渌江女直遣使來覲。[3]

[1]奚王：對奚族首領的稱呼。本書卷四六《百官志二》：“奚六部在朝曰奚王府。”

[2]夷离堇：契丹部族官名。源於突厥語官名“俟斤”（Irkin）。突厥各部的最高元首稱“可汗”（Qaghan），其他各部酋長則稱爲俟斤。初，契丹“其君大賀氏，有勝兵四萬，臣於突厥，以爲俟斤”（《新唐書》卷二一九《契丹傳》）。後，契丹首領自立爲可汗，其下所屬各部酋長則稱爲“俟斤”，亦即夷离堇。契丹立國後，大部族之夷离堇稱王，小部族之夷离堇則稱爲節度使。舉凡一部之軍政、民政皆由其統掌。參見韓儒林《穹廬集》（上海人民出版社1982年版，第314—316頁）。

[3]鴨淥江：即中朝界河鴨緑江。

三月戊辰，遣使使晉，報幸南京。己巳，如南京。辛未，命惕隱耶律涅离骨德率萬騎先驅。壬申，次石嶺，以奚王勞骨寧監軍。寅你已朝謁不時，切責之。丙子，魯不姑上党項俘獲數。癸未，獵水門，獲白鹿。庚寅，詔凥從擾民者從軍律。甲午，幸薊州。[1]乙未，晉及南唐各遣使來覲。

[1]薊州：治所在今天津市薊州區。

夏四月庚子，至燕，備法駕，[1]入自拱辰門，[2]御元和殿，行入閤禮。[3]壬寅，遣人使晉。乙巳，幸留守趙延壽別墅。[4]丙午，晉遣宣徽使楊端、王眺等來問起居。[5]壬子，御便殿，宴晉及諸國使。丙辰，晉遣使進茶藥。壬戌，御昭慶殿，宴南京群臣。癸亥，晉遣使賀端午，以所進節物賜群臣。乙丑，南唐進白龜。

[1]法駕：天子出行時的羽儀導從。契丹原無禮樂制度，當然也就沒有這些代表天子身份的“法駕”。這是馮道等人自後晉帶來爲德光及述律太后上尊號用的，德光從此感受到這些法物的重要作用，其至燕京，備法駕，入自拱辰門，在這套儀衛導引下進入燕京大内。

[2]拱辰門：遼南京北門之一。南京城共八門。

[3]入閤禮：這是自唐末以來皇帝見群臣最隆重的禮儀。

[4]趙延壽（？—946）：恒山（今河北省正定縣）人，本姓劉。後爲劉守光偏將趙德鈞養子，改姓趙，並娶後唐明宗李嗣源之

女爲妻。明宗即位，延壽爲駙馬都尉，樞密使。清泰三年（天顯十
一年，936），在契丹圍攻晉安寨之役中與其父德鈞一同降遼。遼以
延壽爲南京留守，總山南事。會同初加政事令。大同元年（947）
遼滅晉，趙延壽率漢軍攻入汴京，求爲皇太子，遼太宗不許。授中
京留守。太宗死後又與兀欲爭位，失敗後被囚禁。次年病死。本書
卷七六有傳。

[5]晉遣王眺等來問起居：【劉校】據中華點校本校勘記，
"眺"，本書卷五四《樂志》作"朓"。

五月庚午，以端午宴群臣及諸國使，命回鶻、敦煌
二使作本俗舞，俾諸使觀之。庚辰，晉遣使進弓矢。甲
申，遣皇子天德及檢校司徒邸用和使晉。[1]戊子，閱騎
兵於南郊。

[1]皇子天德（？—948）：耶律德光第三子。猛悍驕捷，討石
重貴有戰功。世宗即位，奉命護送太宗靈柩還上京，與李胡戰於泰
德泉。後與蕭翰謀反，下獄。

六月乙未朔，東京宰相耶律羽之言渤海相大素賢不
法，[1]詔僚佐部民舉有才德者代之。丙申，閱步卒於南
郊。庚子，晉及轄剌骨只遣使來見。壬寅，駕發燕京，
命中書令蕭僧隱部諸道軍於長坐營。癸丑，次奉聖州。
甲寅，勞軍士。

[1]耶律羽之（889—941）：契丹人，嗜學，通諸部族語言。
天顯元年（926）建東丹國，羽之任中臺省右次相。德光即位後，
建議徙渤海遺民實東平。東丹王投奔後唐，羽之遷中臺省左相。墓

誌記載羽之"以會同四年歲次辛丑八月十一戊戌薨於官，春秋五十有二"。本書卷七五有傳。

秋七月己巳，獵猯底烈山。癸酉，朝于皇太后。丙子，從皇太后視人皇王妃疾。戊寅，人皇王妃蕭氏薨。己卯，以安重榮據鎮州叛晉，[1]詔征南將軍柳嚴邊備。丙戌，徙人皇王行宮於其妃薨所。[2]辛卯，晉遣使請行南郊禮，[3]許之。

[1]安重榮（？—942）：朔州（今山西省朔州市）人，小字鐵胡。善騎射，爲振武巡邊指揮使。五代後晉高祖石敬瑭即位，拜成德軍（鎮州軍號）節度使。重榮起於軍卒，暴至富貴，而見後唐廢帝、後晉高祖皆自藩侯得國，嘗對人説："天子寧有種邪？兵強馬壯者爲之爾！"是時，後晉高祖石敬瑭與契丹耶律德光約爲父子，奉之愈謹，重榮憤然，以爲是"此晉萬世耻也！"天福六年（941）夏上表數千言，又爲書致朝廷大臣及四方藩鎮，皆以契丹可取爲言。敬瑭患之。重榮雖以契丹爲言，暗中遣人與契丹幽州節度使劉晞相勾結。這一年冬，安從進反於襄陽，重榮聞之，乃亦舉兵。唐瑭遣杜重威討之。次年初，重榮失敗被擒斬。敬瑭命漆其首送於契丹。《新五代史》卷五一有傳。

[2]人皇王行宮：即人皇王衛從，後併入世宗積慶宮。

[3]南郊禮：特指帝王祭天的大禮。

八月己亥，詔東丹吏民爲其王倍妃蕭氏服。庚子，阻卜來貢。壬寅，遣使南唐。乙巳，阻卜、黑車子室韋、賨烈等國來貢。南唐遣使求青氈帳，賜之。戊申，以安端私城爲白川州。[1]辛亥，鼻骨德使乞賜爵，以其國相授之。甲寅，阻卜來貢。乙卯，置白川州官屬。丙辰，詔以于諧里河、臚朐河之近地，[2]給賜南院歐菫突呂、乙斯勃、北院溫納何剌三石烈人爲農田。[3]

[1]白川州：遼代州名。據《嘉慶重修一統志·承德府》，舊城在朝陽縣（今遼寧省朝陽市）東北六十七里。初置川州，會同中改爲白川州。【劉注】遼代川州，前期治所爲今遼寧省北票市南八家子鄉四家板村古城址；後期治所爲今遼寧省北票市黑城子鎮駐地黑城子村古城址。

[2]臚朐河：黑龍江支流。據《水道提綱》卷二五，"克魯倫河即臚朐河，源出肯武山東南百餘里支峰西南麓"。

[3]"于諧里河"至"溫納何剌"：【劉校】據中華點校本校勘記，依本書卷五九《食貨志上》，"于諧里河"作"諧里河"，"溫納何剌"作"溫納河剌"。又本書卷三三《營衛志下》，五院部有甌昆、亦習本，即歐菫突呂、乙斯勃；六院部有斡納阿剌，即溫納何剌。

九月庚午，侍中崔窮古言："晉主聞陛下數游獵，意請節之。"上曰："朕之畋獵，非徒從樂，所以練習武事也。"乃詔諭之。壬午，邊將奏破吐谷渾，擒其長。詔止誅其首惡及其丁壯，餘並釋之。丙戌，晉遣使貢名馬。戊子，女直及吳越王遣使來貢。

冬十月辛丑，遣剋郎使吳越，略姑使南唐。庚申，晉遣使貢布及請親祠南嶽，[1]從之。

[1]請親祠南嶽：中華點校本校勘記以爲"南嶽"疑當作"南郊"。非是。"南郊"是祭天，稱"祀"，不能稱"祠"。

十一月己巳，南唐遣使奉蠟丸書言晉密事。[1]丁丑，詔有司教民播種紡績。除姊亡妹續之法。[2]

[1]南唐遣使奉蠟丸書：據陸游《南唐書》卷一：升元四年（即遼會同三年，940）九月"戊辰，契丹使摩哩魯庫梅棱來聘"。南唐奉蠟丸書在此之後，雙方交往密切。臘丸書，指封在蠟丸中的密件。

[2]姊亡妹續之法：【劉注】遼朝有一條和婚姻有關的習慣法：姐姐死了，妹妹有義務給姐丈續弦。根據《記大王接親事碑》，如果沒有妹妹，岳父也有義務出馬、牛、羊做聘禮聘別家閨女爲姑爺續弦。

十二月壬辰朔，率百僚謁太祖行宮。[1]甲午，燔柴禮畢，祠於神帳。[2]丙申，遣使使晉。丙辰，詔契丹人授漢官者從漢儀，聽與漢人婚姻。丁巳，詔燕京皇城西南堞建涼殿。是冬，駐蹕於傘淀。

[1]太祖行宮：即耶律阿保機宮衛弘義宮。
[2]神帳：即載有天子旗鼓的車帳。

四年春正月壬戌，以乙室、品卑、突軌三部鰥寡不能自存者官爲之配。[1]丙子，南唐遣使來貢。庚辰，涅剌、烏隗部獻党項俘獲數。[2]己丑，詔定征党項功。

[1]乙室：契丹部族名。遙輦氏阻午可汗時始置爲部。隸南府，駐守西南之境。　品卑：即品部，隸北府。　突軌：即突舉部，隸南府。

[2]涅剌、烏隗部：烏隗部與涅剌部，均隸北府。

二月丙申，皇太弟獲白麞。[1]甲辰，晉遣使進香藥。丙子，鐵驪來貢。丁巳，詔有司編始祖《奇首可汗事跡》。[2]己未，晉遣楊彥詢來貢，且言鎮州安重榮跋扈狀，遂留不遣。是月，晉鎮州安重榮執遼使者拽剌。[3]

[1]皇太弟：【劉校】原本、南監本、北監本、殿本均作"皇太子"，中華點校本和修訂本亦作"皇太子"。今據劉鳳翥《遼代太宗朝並無皇太子》一文改。　　白麞（zhāng）：【靳注】麞，同"獐"，形似鹿。

[2]《奇首可汗事跡》：是爲遼朝纂修先世歷史之始。不過，契丹本無文字，直至阿保機即位後，始創製契丹文字。因此，關於始祖奇首可汗的事跡，祇能是得自傳說，並無文獻依據。

[3]鎮州安重榮執遼使者拽剌：據《新五代史》卷五一《安重榮傳》，"天福六年夏，契丹使者拽剌過鎮，重榮侵辱之，拽剌言不遜，重榮怒，執拽剌"。

三月，特授回鶻使闊里于越，[1]並賜旌旗、弓劍、衣馬，餘賜有差。癸酉，晉以許祀南郊，遣使來謝，進黃金十鎰。

[1]于越：契丹語官名。爲契丹貴官，非有大功德者不授。位在北、南大王之上。

夏四月己卯，[1]晉遣使進櫻桃。

[1]夏四月己卯：【劉校】據中華點校本校勘記，按本書卷四四《曆象志下·朔考》是月庚寅朔，不應有己卯。

五月庚辰，吐谷渾夷离堇蘇等叛入晉。[1]遣牒蠟往諭晉及太原守臣。

[1]吐谷渾夷离堇蘇等叛入晉：吐谷渾原隸後唐，散居蔚州界。據《通鑑》卷二八五胡注：天福元年（936），石晉割鴈門以北及幽州之地給契丹，由是吐谷渾部族皆隸於契丹。"其後苦契丹之虐政，復爲鎮州節度使安重榮所誘，乃背契丹，率車帳羊馬取五臺路歸國。契丹大怒，以朝廷招納叛亡，遣使責讓。至六年正月，高祖命供奉官張澄等率兵二千搜索并、鎮、忻、代四州山吐谷渾還其舊地。然亦以契丹誅求無厭，心不平之。命漢高祖出鎮太原，潛加慰撫。其年五月，大首領白承福及麾下來朝。九月又遣首領白可久來朝"。

六月辛卯，振武軍節度副使趙崇逐其節度使耶律盡里，以朔州叛，[1]附晉。丙午，命宣徽使裏古只赴朔州，[2]以兵圍其城，有晉使至，請開壁，即勿聽，驛送闕下。

[1]朔州：治所在今山西省朔州市。
[2]宣徽使：遼朝官名。遼設北、南宣徽，分隸北南樞密院之下。宣徽北院使常執行軍事使命。此外，宣徽使還掌領朝會、宴饗、禮儀、祭祀及御前祗應之事。

秋七月癸亥，南唐遣使奉蠟丸書。丙寅，裏古只奏請遣使至朔令降，守者猶堅壁弗納。且言晉有貢物，命即以所貢物賜攻城將校。己巳，有司奏神纛車有蜂巢成蜜，史占之，吉。壬申，晉遣使進水晶硯。

八月癸巳，南唐奉蠟丸書。[1]庚子，晉遣使進犀弓、竹矢。吳越王遣使奉蠟丸書。[2]

[1]南唐奉蠟丸書：此是對當年五月遣使至南唐的應答。據陸游《南唐書》，升元五年（遼會同四年，941）"五月戊辰契丹使來"。

[2]吳越王：吳越統治者錢鏐，在其境內即用遼朝紀年。據宋樓鑰撰《攻媿集》卷七三《跋趙振文經幢碑》："趙振文爲臨安郡從事，寄示小碑得於井中，蓋錢氏專知回圖酒務曹從暉所立經幢也，從書'會同十年歲在丁未七月十五日'……錢氏兼有兩浙，自唐乾寧二年至皇朝太平興國三年，凡八十五年。當五代時，貢奉中國不絶。惟唐明宗時安重誨奏削鏐王爵、元帥、尚父，以太師致仕，時嘗稱寶正年號。安重誨死復鏐官爵，復用中國正朔。今乃用契丹年號，耶律滅晉時大赦改晉國爲大遼國，開運四年爲會同十年，意必亦頒正朔於諸國，故錢氏用之，此史氏所未見也。"

九月壬申，有星孛於晉分。丁丑，幸歸化州。

冬十月辛丑，有司奏燕薊大熟。癸卯，吳越王遣使來貢。

十一月丙寅，晉以討安重榮來告。庚午，吐谷渾請降，遣使撫諭。阻卜來貢，以其物賜左右。丙子，鴨淥江女直來貢。壬午，以永寧、天授二節及正旦、重午、冬至、臘並受賀，[1]著令。

[1]永寧節：即太宗德光生母應天皇太后述律氏生日。 天授節：遼以太宗德光生日爲天授節。 正旦、重午、冬至、臘並受賀：本書卷四二《曆象志》載："大同元年，太宗皇帝自晉汴京收百司僚屬、伎術、曆象，還於中京，遼始有曆……聖宗統和十二年，可汗州刺史賈俊進新曆，則大明曆是也。"遼初無曆，當然也就無正旦、立春、冬至等禮儀。後來遼宋雙方曆法不同，但正旦等朝賀儀式卻相似，因爲遼多摹仿宋。《宋史》卷一一六《禮志·大朝會》載："宋承前代之制，以元日、五月朔、冬至行大朝會之禮。太祖建隆二年正月朔，始受朝賀於崇元殿，服袞冕，設宮縣，仗衛如儀。仗退，羣臣詣皇太后宮門奉賀，帝常服，御廣德殿，羣臣上壽，用教坊樂。"遼與宋通好之後，正旦、立春、冬至朝賀儀式，多模倣宋朝，但此前也曾模倣唐和五代，從《遼史》關於儀式細節的不同記載，我們可以發現其變化過程。

十二月戊子，晉遣使來告山南節度使安從進反。[1]詔以便宜討之。庚寅，南唐遣使奉蠟丸書。戊戌，晉遣王升鶯來貢。戊申，晉以敗安重榮來告，遂遣楊彥詢歸。[2]辛亥，晉遣使乞罷戍兵，詔惕隱朔古班師。甲寅，攻拔朔州，遣控鶴指揮使諧里勞軍。時裹古只戰歿城下，上怒，命誅城中丁壯，仍以叛民上戶三十爲裹古只部曲。

[1]安從進（？—942）：振武索葛部人。初事後唐莊宗，爲護駕馬軍都指揮使。清泰中徙鎮山南東道。後晉高祖即位，加同中書門下平章事。高祖對藩鎮過爲姑息，而藩鎮之臣，或心慕高祖所爲，謂舉可成事，故在位七年，而反者六起，從進最後反。他與安重榮陰相結托，期爲表裏。天福六年（941）安重榮反，從進亦乘

機反，引兵攻鄧州不克，大敗，以數十騎奔還襄陽。晉高祖遣高行周圍之，逾年糧盡，從進自焚死。《舊五代史》卷九八、《新五代史》卷五一有傳。

[2]楊彥詢（870—944）：河中寶鼎（今山西省萬榮縣）人，字成章。爲人聰悟。石敬瑭鎮太原，清泰帝以彥詢爲太原節度副使。敬瑭起兵，乞兵於契丹，契丹耶律德光立敬瑭於太原，彥詢爲宣徽使，數往來德光帳中，德光亦愛其爲人。天福四年（939）使於契丹。六年春授邢州節度使、檢校太傅。時鎮州安重榮反狀已現，對契丹進行挑釁，敬瑭復命彥詢出使，契丹主果怒重榮，彥詢具言“非高祖本意，蓋如人家惡子，無如之何”（《舊五代史·楊彥詢傳》）。後聞安重榮果與石晉兵戎相見，乃放彥詢還。開運初以風痹授右金吾衛上將軍，不久卒於官，年七十四。《舊五代史》卷九〇、《新五代史》卷四七有傳。

五年春正月丙辰朔，上在歸化州，御行殿受群臣朝。以諸道貢物進太后及賜宗室百僚。戊午，詔求直言，北王府郎君耶律海思應詔，召對稱旨，特授宣徽使。詔政事令僧隱等以契丹户分屯南邊。[1]戊辰，晉函安重榮首來獻。上數欲親討重榮，至是乃止。癸酉，遣使使晉。是月，晉以朔州平，遣使來賀，[2]遂遣客省使耶律化哥使晉并致生辰禮。[3]

[1]政事令：遼朝南面宰相。遼世宗天禄四年（950）建政事省之前，漢人宰相無定稱；建政事省之後，南面宰相稱“政事令”，且多由契丹貴族擔任這一職務。

[2]遣使來賀：【劉校】原本、南監本、北監本和殿本均作“請使來賀”，今據中華點校本改。

[3]并致生辰禮：【劉校】原本作“升致生辰禮”，中華點校本據南監本、北監本和殿本改。今從。

二月壬辰，上將南幸，以諸路有未平者，召太弟及群臣議，[1]皆曰：“今襄、鎮、朔三州雖已平，然吐谷渾爲安重榮所誘，猶未歸命，宜發兵討之，以警諸部。”上曰：“正與朕合。”[2]遂詔以明王隈恩代于越信恩爲西南路招討使以討之，[3]且諭明王宜先練習邊事，而後之官。甲午，如南京。遣使使晉索吐谷渾叛者。乙未，鼻骨德來貢。

[1]太弟：【劉校】原本、南監本、北監本、殿本均作“太子”，中華點校本和修訂本亦作“太子”。今據劉鳳翥《遼代太宗朝並無皇太子》一文改。

[2]正與朕合：【劉校】原本作“王與朕合”，中華點校本據南監本、北監本和殿本改。今從。

[3]明王隈恩：【劉校】原本作“明王隈思”，中華點校本據南監本、北監本和殿本改。今從。

三月乙卯朔，晉遣齊州防禦使宋暉業、[1]翰林茶酒使張言來問起居。閏月，駐蹕陽門。[2]

[1]宋暉業：《舊五代史》卷八〇作“宋光鄴”，此避太宗德光名諱改。

[2]陽門：《新唐書·地理志三》：媯州有陽門城，爲戍守處。《讀史方輿紀要》卷一八北直隸九，“遼置陽門鎮，屬順聖縣。金貞祐二年，升爲縣，屬弘州”。在宣化府懷安縣北。據《嘉慶重修

一統志・大同府》，在大同府天鎮縣東。

夏四月甲寅朔，鐵驪來貢，以其物分賜群臣。丙子，晉遣使進射柳鞍馬。[1]

[1]射柳：遼朝的一種禮儀。《長編》卷一一○宋仁宗天聖九年（1031）六月丁丑載：契丹“每謁木葉山即射柳枝，諢子唱番歌，前導彈胡琴和之，已事而罷”。此外，祈雨也射柳。金初接待宋使，亦以射柳作爲一種遊樂項目，元朝、明朝也有此類活動。

五月五日戊子，[1]禁屠宰。

[1]五月五日戊子：【劉校】“子”原誤“午”。中華點校本校勘記云，按本書卷四四《曆象志下・朔考》，五月甲申朔，五日爲戊子。據改。

六月癸丑朔，晉齊王重貴遣使來貢。丁巳，徒睹古、素撒來貢。乙丑，晉主敬瑭殂，[1]子重貴立。戊辰，晉遣使告哀，輟朝七日。庚午，遣使往晉弔祭。丁丑，聞皇太后不豫，上馳入侍，湯藥必親嘗。仍告太祖廟，幸菩薩堂，飯僧五萬人。七月乃愈。

[1]晉主敬瑭殂：據《新五代史》卷八《晉本紀》，本年六月乙丑，“皇帝崩於保昌殿”。《舊五代史》卷八○《晉高祖紀》載：“［六月］乙丑，帝崩於保昌殿，壽五十一。遺制齊王重貴於柩前即皇帝位。”

秋七月庚寅，晉遣金吾衛大將軍梁言、判四方館事朱崇節來謝，[1]書稱“孫”，不稱“臣”，遣客省使喬榮讓之。[2]景延廣答曰：“先帝則聖朝所立，[3]今主則我國自册。爲鄰爲孫則可，奉表稱臣則不可。”榮還，具奏之。[4]上始有南伐之意。辛卯，阻卜、鼻骨德、烏古來貢。將軍闥德里、蒲骨等率降將轄德至闕，並獻所獲。丁未，晉遣使以祖母哀來告。

[1]判四方館事朱崇節：【劉校】據中華點校本校勘記，《新五代史》卷九《晉本紀九》作“四方館使宋崇節”。

[2]喬榮：《新五代史》作“喬瑩”，《遼史》《通鑑》及《契丹國志》並作“喬榮”。《契丹國志》卷二《太宗嗣聖皇帝紀》云：“先是，河陽牙將喬榮從趙延壽入遼，遼帝以爲回圖使，往來販易於晉，置邸大梁。至是，景延廣説晉帝囚榮於獄，凡遼國販易在晉境者，皆殺之，奪其貨。大臣皆言遼國不可負，乃釋榮，慰賜而歸之。”

[3]景延廣（891—947）：陝州（今河南省三門峽市陝州區）人，字航川。後晉高祖石敬瑭在位時，任馬步軍都指揮使。出帝立，延廣有功，故得以大權在握。爲出帝致書契丹，稱孫而不稱臣，致使契丹以此爲藉口，大舉南下。石晉滅亡後，延廣被拘禁，將送之北行，自殺而死。《舊五代史》卷八八、《新五代史》卷二九有傳。

[4]具奏之：【劉校】原本作“其奏之”，中華點校本據南監本、北監本和殿本改。今從。

八月辛酉，女直、阻卜、烏古各貢方物。甲子，晉復襄州。[1]戊辰，詔河東節度使劉知遠送叛臣烏古指揮

使由燕京赴闕。[2] 癸酉，遣天城軍節度使蕭拜石弔祭
於晉。

[1] 晉復襄州：天福六年（941）冬，安從進據襄州起兵反晉。
至是爲高行周率軍平定。襄州，治所在今湖北省襄陽市。

[2] 劉知遠（894—948）：後更名暠。其先沙陀部人，後世居
於太原。初與石敬瑭俱事後唐明宗，爲偏將。石敬瑭將舉兵，知遠
與桑維翰密爲其謀畫。後晉天福二年（937）遷侍衛馬步軍都指揮
使，領忠武軍節度使。五年徙鄴都留守。開運二年（945）四月封
北平王。四年出帝北遷，劉知遠遣牙將王峻奉表契丹，耶律德光呼
之爲兒，賜以木拐一。木拐，契丹法貴之如中國几杖，非優大臣不
可得。峻持拐歸，契丹人望之皆避道。王峻還，對知遠説：“契丹
必不能有中國。”乃議建號稱帝。當年二月辛未稱帝，六月至汴京，
改國號漢。死於乾祐元年（948）春正月。

九月壬辰，遣使賀晉帝嗣位。
冬十月己巳，征諸道兵。遣將軍密骨德伐党項。
十一月乙未，武定軍奏松生棗。[1]
十二月癸亥，晉遣使來謝。
是冬，駐蹕赤城。

[1] 武定軍：遼代軍號。治奉聖州（今河北省涿鹿縣）。

六年春二月乙卯，晉遣使進先帝遺物。辛酉，晉遣
使請居汴，從之。
三月己卯朔，吳越王遣使來貢。甲申，梅里喘引來
歸。戊子，南唐遣使奉蠟丸書。[1]丁未，晉至汴，遣使

來謝。

[1]南唐遣使：據陸游《南唐書》卷一《烈祖本紀》，升元七年（943）"春正月契丹使達嚕噶等二十七人來聘，獻馬三百、羊三萬五千"。看來，雙方交往也具有貿易性質。

夏四月戊申朔，日有食之。
五月己亥，遣使如晉致生辰禮。
六月丁未朔，鐵驪來貢。己未，奚鋤骨里部進白麛。辛酉，莫州進白鵲。[1]晉遣使貢金。

[1]莫州：治所在今河北省任丘市。

秋八月丁未朔，晉復貢金。己未，如奉聖州。晉遣其子延煦來朝。[1]

[1]延煦：晉出帝石重貴之子。開運二年（945）爲鄭州刺史。延煦年少，不能視事，宦者專政事。三年拜鎮寧軍節度使。是時，河北用兵，天下旱蝗，民餓死者百萬計。貪官趙在禮所積鉅萬，在宋州，宋人視其爲"眼中釘"，他竟向管内每人徵收錢一千，自號"拔釘錢"。出帝利其貲財，乃以延煦娶在禮女。君臣窮極奢侈，毫無廉恥。延煦後從出帝北遷，不知其所終。【劉注】據遼寧省博物館所存《石延煦墓誌銘》，石延煦卒於統和五年（987），葬於晉州（今遼寧省朝陽縣烏蘭河碩蒙古族鄉黃營子村）。

冬十一月辛卯，上京留守耶律迪輦得晉諜，知有二心。甲辰，鐵驪來貢。

十二月丁未，如南京，議伐晉。命趙延壽、趙延昭、安端、解里等由滄、恒、易、定分道而進，[1]大軍繼之。

[1]滄：滄州。治所在今河北省滄州市。　恒：恒州，治真定（今河北省正定縣）。　易：易州。治所在河北省易縣。　定：定州。治所在今河北省定州市。《通鑑》卷二八三後晉開運元年（遼會同七年，944）春正月"太原奏契丹入鴈門關。恒、邢、滄皆奏契丹入寇"。

是歲，楊彥昭請移鎮奈瀦及新鎮，[1]從之。

[1]新鎮：據《畿輔通志》，新鎮原屬涿州。宋太平興國六年（981）以涿州新鎮建平戎軍，明清屬霸州。

七年春正月甲戌朔，趙延壽、延昭率前鋒五萬騎次任丘。丙子，安端入鴈門，圍忻、代。己卯，趙延壽圍貝州，[1]其軍校邵珂開南門納遼兵，[2]太守吳巒投井死。己丑，次元城，[3]授延壽魏、博等州節度使，封魏王，率所部屯南樂。[4]丙申，遣兵攻黎陽，[5]晉張彥澤來拒。[6]辛丑，晉遣使來修舊好，詔割河北諸州，及遣桑維翰、景延廣來議。[7]

[1]貝州：治所在今河北省清河縣。
[2]軍校邵珂開南門納遼兵：據《通鑑》卷二八三後晉開運元年（944）正月乙亥記事：軍校邵珂性凶悖，永清節度使王令溫黜之。珂怨望，密遣人亡入契丹，言"貝州粟多而兵弱，易取也"。

會令温入朝，執政以前復州防禦使吳巒權知州事。巒至，推誠撫士。會契丹入冠，巒書生，無爪牙，珂自請願效死。巒使將兵守南門，巒自守東門。契丹主自攻貝州，巒悉力拒之，燒其攻具殆盡。己卯，契丹復攻城，珂引契丹自南門入。巒赴井死。

［3］元城：舊縣名。與大名同城而治。民國併入大名縣。【靳注】治所在今河北省大名縣城區。

［4］南樂：縣名。清屬大名府。【靳注】治所在今河南省南樂縣。

［5］黎陽：舊縣名。治所在今河南省浚縣。

［6］張彥澤（？—947）：其先突厥部人，以善射爲騎將，與石敬瑭聯姻。開運初契丹入侵，彥澤在兵間，數立戰功，拜彰國軍節度使。開運三年（946）隨杜重威投降契丹。隨即率先攻入汴京。德光入城後，聞彥澤在城內劫掠及殺害無辜，將其處死。

［7］桑維翰（898—947）：後晉宰相，字國橋，洛陽（今屬河南省）人。後唐同光三年（925）進士。石敬瑭爲河東節度使，桑維翰爲掌書記，爲敬瑭求見契丹主耶律德光，獲得援助，遂取代後唐。末帝石重貴即位後，桑維翰仍力主與契丹和好。當契丹軍攻入汴京後，爲降將張彥澤所殺。《舊五代史》卷八九、《新五代史》卷二九有傳。此次南侵，契丹大軍被晉軍擊退。《通鑑》卷二八三後晉開運元年正月丙申載，晉"遣右武衛上將軍張彥澤等將兵拒契丹於黎陽"，"帝復遣譯者孟守忠致書於契丹，求修舊好。契丹主復書曰：'已成之勢，不可改也。'辛丑，太原奏破契丹偉王於秀容，斬首三千級。契丹自鴉鳴谷遁去"。

二月甲辰朔，[1]攻博州，[2]刺史周儒以城降。晉平盧軍節度使楊光遠密道遼師自馬家口濟河。[3]晉將景延廣命石贇守麻家口，白再榮守馬家口。[4]未幾，周儒引遼軍麻荅營於河東，[5]攻鄆州北津，[6]以應光遠。晉遣李守貞、皇甫遇、梁漢璋、薛懷讓將兵萬人，[7]緣河水陸俱進。遼軍圍晉別將於戚城，[8]晉主自將救之，遼師解去。守貞等至馬家口，麻荅遣步卒萬人築營壘，騎兵萬人守於外，餘兵屯河西。渡未已，晉兵薄之，遼軍不利。[9]

[1]二月甲辰朔：【劉校】“朔”字原無，中華點校本據本書卷四四《曆象志下·朔考》補。今從。

[2]博州：治所在今山東省聊城市。

[3]平盧軍：五代軍鎮名。治營州，在今河北省昌黎縣。　馬家口：黃河津渡名。在今山東省東平縣西北。

[4]白再榮（？—951）：五代後唐、後晉之間爲護聖軍指揮使。契丹滅晉後，從契丹北歸。公元947年，鎮州漢軍驅逐麻荅，推舉白再榮爲留後。爲人貪而無謀，後爲其部下所殺。《舊五代史》卷一〇六、《新五代史》卷四八有傳。

[5]麻荅（？—947）：即遼太祖阿保機弟剌葛之子耶律拔里得。他隨德光南下滅後晉，於大同元年（947）入汴，以功授安國軍節度使，總領河北道事。德光北返之後，州郡多叛遼以應劉知遠，拔里得不得不北歸。世宗即位後，遷中京留守，尋即病死。

[6]鄆州：治所在今山東省東平縣。

[7]李守貞（？—947）：河陽（今河南省孟州市南）人，後晉高祖時爲宣徽使。出帝即位後，楊光遠反，召契丹入寇，守貞率軍抗禦契丹有功。開運三年（946）與杜重威一同降契丹。後漢初，爲河中節度使。隱帝時，守貞反，失敗後與妻子自焚而死。　皇甫遇（？—946）：常山真定（今河北省正定縣）人，後晉將領。開運元年（944）青州楊光遠據城反，與入侵契丹軍相呼應，皇甫遇在馬家渡阻擊契丹軍，獲勝。次年，再與契丹軍殊死戰。三年冬，不得已隨都招討使杜重威投降契丹，契丹遣皇甫遇與張彥澤先入汴京，遇於進軍途中絕吭而死。　梁漢璋（897—946）：後晉永清軍

節度使，多次率軍抵禦契丹。後陣亡。　薛懷讓（891—960）：其先係北方少數民族，後徙居太原。初隸後唐莊宗帳下，累歷軍職。後晉時，歷沂、遼、密、懷四州刺史，所至無善政。以平定楊光遠叛亂功，改宿州團練使。開運中隨杜重威降契丹。契丹北歸，奉表歸後漢，高祖即授以安國軍節度。後周太祖登位，加同平章事，復以懷讓爲左屯衛上將軍。世宗顯德五年（958），拜太子太師致仕。《宋史》卷二四五有傳。

　　[8]戚城：據《舊五代史》卷八二《少帝紀第二》，當時晉軍是前去解汶陽（今山東省汶上縣）之圍途中與契丹軍遭遇於戚城，故戚城當在汶陽附近。《通鑑》卷二八四開運元年二月丙午載："先是景延廣令諸將分地而守，無得相救。行周等告急，延廣徐白帝，帝自將救之。契丹解去，三將泣訴救兵之緩，幾不免。"

　　[9]遼軍不利：實際上是遼軍遭遇嚴重失敗。《通鑑》卷二八四《後晉紀五》開運元年二月戊申載："李守貞等至馬家口。契丹遣步卒萬人築壘，散騎兵於其外，餘兵數萬屯河西，船數千艘渡兵，未已，晉兵薄之，契丹騎兵退走，晉兵進攻其壘，拔之。契丹大敗，乘馬赴河溺死者數千人，俘斬亦數千人。河西之兵慟哭而去，由是不敢復東。"

　　三月癸酉朔，趙延壽言："晉諸軍沿河置柵，皆畏怯不敢戰。若率大兵直抵澶淵，[1]據其橋梁，晉必可取。"是日，晉兵駐澶淵，其前軍高行周在戚城。乃命延壽、延昭以數萬騎出行周右，上以精兵出其左。戰至暮，上復以勁騎突其中軍，晉軍不能戰。會有諜者言晉軍東面數少，沿河城柵不固，乃急擊其東偏，衆皆奔潰。縱兵追及，遂大敗之。[2]壬午，留趙延昭守貝州，徙所俘户於内地。

[1]澶淵：地名。在今河南省濮陽市。

[2]關於後晉與契丹在澶淵的戰事，《通鑑》卷二八四後晉開運元年（944）記載與《遼史》多有不同："契丹僞棄元城去，伏精騎於古頓丘城，以俟晉軍與恒、定之兵合而擊之。鄴都留守張從恩屢奏虜已遁去；大軍欲進追之，會霖雨而止。契丹設伏旬日，人馬饑疲。趙延壽曰：'晉軍悉在河上，畏我鋒銳，必不敢前；不如即其城下，四合攻之，奪其浮梁，則天下定矣。'契丹從之，三月，癸酉朔，自將兵十餘萬陳於澶州城北，東西橫掩城之兩隅，登城望之，不見其際。高行周前軍在戚城之南，與契丹戰，自午至晡，互有勝負。契丹主以精兵當中軍而來，帝亦出陳以待之。契丹主望見晉軍之盛，謂左右曰：'楊光遠言晉兵半已餒死，今何其多也！'以精騎左右略陳，晉軍不動，萬弩齊發，飛矢蔽地。契丹稍卻；又攻晉陳之東偏，不克。苦戰至暮，兩軍死者不可勝數。昏後，契丹引去，營於三十里之外。"

夏四月癸丑，還次南京。辛未，如涼陘。[1]

[1]涼陘：地名。遼帝夏季納涼處。遼、金、元皇帝夏季都到涼陘納涼、狩獵。【劉注】"涼陘"又稱"涼淀"。據本書卷三七《地理志‧上京臨潢府》，"臨潢西北二百里號涼淀，在饅頭山南，避暑之處，多豐草，掘地丈餘即有堅冰"。

五月癸酉，耶律拔里得奏破德州，[1]擒刺史尹居璠及將吏二十七人。

[1]德州：治所在今山東省德州市。《通鑑》卷二八四後晉開運元年（944）三月載："契丹主自澶州北分爲兩軍，一出滄、德，一出深、冀而歸。所過焚掠，方廣千里，民物殆盡。留趙延照爲貝

州留後。麻荅陷德州，擒刺史尹居璠。"契丹是在北返途中攻陷德州。時間也與《遼史》記載不同。

六月甲辰，黑車子室韋來貢。乙巳，紇没里、要里等國來貢。

秋七月己卯，晉楊光遠遣人奉蠟丸書。辛卯，晉遣張暉奉表乞和，[1]留暉不遣。

[1]晉遣張暉奉表乞和：《新五代史》卷二九《景延廣傳》載："延廣居洛陽，鬱鬱不得志。見晉日削，度必不能支契丹，乃爲長夜之飲。大治第宅、園置妓樂，惟意所爲。後帝亦追悔，遣供奉官張暉奉表稱臣以求和。德光報曰：'使桑維翰、景延廣來，而割鎮、定與我，乃可和。'晉知其不可，乃止。"《新五代史》卷七二《四夷附録第一》載此事於開運二年（遼會同八年，945）："是時，天下旱蝗，晉人苦兵，乃遣開封府軍將張暉假供奉官聘於契丹，奉表稱臣，以修和好。德光語不遜。然契丹亦自厭兵。德光母述律嘗謂晉人曰：'南朝漢兒爭得一向臥邪？自古聞漢來和蕃，不聞蕃去和漢，若漢兒實有回心，則我亦何惜通好！'晉亦不復遣使，然數以書招趙延壽。"

八月辛酉，回鶻遣使請婚，不許。是月，晉鎮州兵來襲飛狐，[1]大同軍節度使耶律孔阿戰敗之。

[1]飛狐：1.古縣名。治所在今河北省淶源縣。淶源縣在隋、唐、遼、宋、金、元時名飛狐縣。2.要塞名。在今淶源縣北、蔚縣南有飛狐口。

九月庚午朔，北幸。

冬十月丁未，鼻骨德來貢。壬戌，天授節，諸國進賀，惟晉不至。

十一月壬申，詔征諸道兵，以閏月朔會溫榆河北。[1]

[1]溫榆河：發源於今北京市昌平區軍都山麓。在通州區匯入大運河。

十二月癸卯，南伐。甲子，次古北口。[1]

閏月己巳朔，閱諸道兵於溫榆河。己卯，圍恒州，下其九縣。

[1]古北口：要塞名。位於今北京市密雲區境內。

八年春正月庚子，分兵攻邢、洺、磁三州，[1]殺掠殆盡，入鄴都境。[2]張從恩、馬全節、安審琦兵悉陳于相州安陽水之南。[3]皇甫遇與濮州刺史慕容彥超將兵千騎來覘遼軍，[4]至鄴都，遇遼軍數萬，且戰且卻，至榆林店。[5]遼軍繼至，遇與彥超力戰百餘合。遇馬斃，步戰，審琦引騎兵踰水以救，遼軍乃還。

[1]邢：邢州，治所在今河北省邢臺市。 磁：磁州，治所在今河北省磁縣。 洺：洺州，治所在今河北省邯鄲市永年區。
[2]鄴都：今河北省大名縣。後唐同光三年（925），以魏州光唐府爲鄴都，明宗天成四年（929）廢。後晉天福三年（938）改

光唐府爲廣晉府，復建鄴都。

[3]馬全節（890—945）：字大雅，大名元城（今屬河北省）
人，後晉將領。開運二年（945）契丹入寇，爲副招討使，率軍大
敗契丹白團衛村。　相州：治所在今河南省安陽市。

[4]慕容彥超（？—952）：吐谷渾部人，後漢高祖劉知遠同母
弟。漢以其爲泰寧軍節度使。後周廣順二年（952），彥超聯合契
丹、北漢及南唐謀反，失敗，投井死。據《通鑑》卷二八四後晉開
運二年（945）正月壬子載：張從恩、馬全節、安審琦悉以行營兵
數萬，陳於相州安陽水之南。皇甫遇與濮州刺史慕容彥超將數千騎
前覘契丹，至鄴縣，將渡漳水，遇契丹數萬，遇等且戰且卻，至榆
林店，契丹大至，二將謀曰："吾屬今走，死無遺矣！"乃止，布
陳，自午至未，力戰百餘合，相殺傷甚衆。遇馬斃，因步戰；其僕
杜知敏以所乘馬授之，遇乘馬復戰。久之，稍解；顧知敏已爲契丹
所擒，遇曰："知敏義士，不可棄也。"與彥超躍馬入契丹陳，取知
敏而還。俄而契丹繼出新兵來戰，二將曰："吾屬勢不可走，以死
報國耳。"日且暮，安陽諸將怪覘兵不還，安審琦曰："皇甫太師寂
無音問，必爲虜所困。"語未卒，有一騎白遇等爲虜數萬所圍；審
琦即引騎兵出，將救之，張從恩曰："此言未足信。必若虜衆猥至，
盡吾軍，恐未足以當之，公往何益！"審琦曰："成敗，天也，萬一
不濟，當共受之。借使虜不南來，坐失皇甫太師，吾屬何顏以見天
子！"遂踰水而進。契丹望見塵起，即解去。遇等乃得還，與諸將
俱歸相州，軍中皆服二將之勇。彥超本吐谷渾也，與劉知遠同母。

[5]榆林店：地名。位於今河南省臨漳縣西南四十里。

二月，圍魏，晉將杜重威率兵來救。戊子，晉將折
從阮陷勝州。[1]

[1]晉將折從阮陷勝州：【劉校】"勝"原誤"滕"，中華點校

本據本書卷四一《地理志五》、《舊五代史》卷八三《少帝本紀三》
及《通鑑》改。今從。 勝州：遼置，治所在今内蒙古自治區托克
托縣。

三月戊戌，師拔祁州，[1]殺其刺史沈斌。庚戌，杜
重威、李守貞攻泰州。[2]戊子，趙延壽率前鋒薄泰城。
己未，重威、守貞引兵南遁，追至陽城，[3]大敗之。復
以步卒爲方陣來拒，與戰二十餘合。壬戌，復搏戰十餘
里。癸亥，圍晉兵于白團衛村，[4]晉兵下鹿角爲營。[5]是
夕大風。至曙，命鐵鷂軍下馬，[6]拔其鹿角，奮短兵入
擊。順風縱火揚塵，以助其勢。晉軍大呼曰：「都招討
何不用兵，令士卒徒死！」諸將皆奮出戰。張彦澤、藥
元福、皇甫遇出兵大戰，[7]諸將繼至，遼軍卻數百步。
風益甚，晝晦如夜。符彦卿以萬騎橫擊遼軍，率步卒並
進，遼軍不利。上乘奚車退十餘里，[8]晉追兵急，獲一
橐駝乘之乃歸。晉兵退保定州。[9]

[1]祁州：治所在今河北省安國市。

[2]泰州：此爲保州之舊稱。治清苑（今河北省保定市清苑
區），後徙滿城（今河北省保定市滿城區）。

[3]陽城：即今河北省保定市清苑區西南四十里阳城鎮。

[4]白團衛村：據《嘉慶重修一統志·保定府》：白團衛村在
清苑縣（今河北省保定市清苑區）西南四十里。又有白團衛集，在
縣西南三十里。白團衛村，《契丹國志》三作「白團村」。

[5]鹿角：據《通鑑》卷二五二唐咸通十一年（870）正月胡
注：「斬木爲鹿角，植之城外，以限衝突。今人謂之排杈者是。」

[6]鐵鷂軍：據《通鑑》卷二八四開運二年（945）三月胡注：

"契丹稱精騎爲'鐵鷂'，因其身被鐵甲，而馳突輕疾，如鷂之搏鳥雀也。"

[7]藥元福：并州晉陽（今山西省太原市）人。幼有膽氣，善騎射。後晉天福中爲深州刺史。開運初元福以左千牛衛將軍領兵與契丹戰於澶淵、陽城，大敗契丹，以功爲威州刺史。又歷後漢、後周，多次參與抗擊契丹戰鬥。宋初，加檢校太師，卒，年七十七，贈侍中。《宋史》卷二五四有傳。《通鑑》卷二八四《後晉紀五》開運二年（945）三月癸亥載：馬軍左廂都排陳使張彥澤召諸將問計，皆曰："虜得風勢，宜俟風回與戰。"彥澤亦以爲然。諸將退，馬軍右廂副排陳使太原藥元福獨留，謂彥澤曰："今軍中饑渴已甚，若俟風回，吾屬已爲虜矣。敵謂我不能逆風以戰，宜出其不意急擊之，此兵之詭道也。"馬步左右廂都排陳使符彥卿曰："與其束手就擒，曷若以身徇國！"乃與彥澤、元福及左廂都排陳使皇甫遇引精騎出西門擊之，諸將繼至。契丹卻數百步。彥卿等謂守貞曰："且曳隊往來乎？直前奮擊，以勝爲度乎？"守貞曰："事勢如此，安可回鞚！宜長驅取勝耳！"彥卿等躍馬而去，風勢益甚，昏晦如夜，彥卿等擁萬餘騎橫擊契丹，呼聲動天地，契丹大敗而走，勢如崩山。

[8]上乘奚車退十餘里：《新五代史》卷七二《四夷附錄第一》載："契丹歸至古北，聞晉軍且至，即復引而南，及重威戰於陽城、衛村。晉軍饑渴，鑿井輒壞，絞泥汁而飲。德光坐奚車中，呼其衆曰：'晉軍盡在此矣，可生擒之，然後平定天下。'會天大風，晉軍奮死擊之，契丹大敗。德光喪車，騎一白橐駝而走。"

[9]晉兵退保定州：《通鑑》卷二八四《後晉紀五》開運二年三月癸亥載："契丹散卒至陽城東南水上，稍復布列。杜威曰：'賊已破膽，不宜更令成列！'遣精騎擊之，皆渡水去。契丹主乘奚車走十餘里，追兵急，獲一橐駝，乘之而走。諸將請急追之。杜威揚言曰：'逢賊幸不死，更索衣囊邪？'李守貞曰：'兩日人馬渴甚，今得水飲之，皆足重，難以追寇，不若全軍而還。'乃退保定州。"

夏四月甲申，還次南京，杖戰不力者各數百。庚寅，宴將士於元和殿。癸巳，如涼陘。

六月戊辰，回鶻來貢。辛未，吐谷渾、鼻骨德皆來貢。辛巳，黑車子室韋來貢。丁亥，趙延壽奏晉兵襲高陽，[1]戍將擊走之。

[1]高陽：治所在今河北省高陽縣。

秋七月乙卯，獵平地松林。[1]晉遣孟守中奉表請和，[2]仍以前事荅之。

[1]平地松林：西遼河上游中古時期生態良好，有茂密的松林，稱"平地松林"。《新五代史》卷七三《四夷附録第二》引胡嶠《陷虜記》説："自上京東去四十里至真珠寨，始食菜。明日東行，地勢漸高，西望平地松林，鬱然數十里，遂入平川，多草木。"
[2]孟守中：有關孟守中其人及赴契丹乞和一事，不見《通鑑》及《新五代史》《舊五代史》記載。

八月己巳，詔侍衛蕭素撒閱群牧於北陘。[1]

[1]群牧：此指畜群。契丹有專門機構管理畜群，這類機構亦稱"群牧"。諸路設群牧使司，下設某群太保、某群侍中、某群敞史；朝廷設總典群牧使司，有總典群牧部籍使、群牧都林牙。以"群"爲單位設某群牧司，設群牧使、群牧副使。此外，還有祇管理馬群及牛群的機構。遼亡之後，金稱契丹群牧爲"烏魯古"。

九月壬寅，次赤山，[1]宴從臣，問軍國要務。對曰：

"軍國之務，愛民爲本。民富則兵足，兵足則國強。"上以爲然。辛酉，還上京。

[1]赤山：今内蒙古自治區赤峰市境内紅山。【劉注】據《巴林左旗志》（内蒙古人民出版社1996年版，第168頁），"烏蘭達壩，遼代稱'赤山'"。烏蘭達壩在今内蒙古自治區巴林左旗東北部。

冬十月辛未，祠木葉山。

十一月戊戌，女直、鐵驪來貢。

十二月癸亥朔，朝謁太祖行宮。乙丑，雲州節度使耶律孔阿獲晉諜者。戊辰，臘，賜諸國貢使衣馬。

九年春正月庚子，回鶻來貢。丁未，女直來貢。

二月戊辰，鼻骨德奏軍籍。[1]

[1]軍籍：據本書卷三二《營衛志中》，"奚六部以下，多因俘降而置。勝兵甲者即著軍籍，分隸諸路詳穩、統軍、招討司。番居内地者，歲時田牧平莽間"。此外，遼在南京（今北京市）、西京（今山西省大同市）、奉聖州（今河北省涿鹿縣）和平州（今河北省盧龍縣）以及中京、東京和上京設提轄司，提轄司所管轄的人户也是有軍籍的。提轄司是軍事機構，遇有戰事，負責點集兵馬。

三月己亥，吐谷渾遣軍校恤烈獻生口千户，授恤烈檢校司空。

夏四月辛酉朔，吐谷渾白可久來附。是月，如涼陘。

五月庚戌，晉易州戍將孫方簡請內附。[1]

[1]孫方簡：《舊五代史》卷八四《晉書·少帝紀第四》開運三年（946）六月庚申朔載"狼山招收指揮使孫方簡叛，據狼山歸契丹"。孫方簡用邪教組織信衆入契丹境鈔掠，據《通鑑》卷二八五《後晉紀六·齊王下》開運三年（946）三月載："方簡時入契丹境鈔掠，多所殺獲。既而邀求不已，朝廷小不副其意，則舉寨降於契丹，請爲鄉道以入寇。時河北大饑，民餓死者所在以萬數，兗、鄆、滄、貝之間，盜賊蜂起，吏不能禁。天雄節度使杜威遣元隨軍將劉延翰市馬於邊，方簡執之，獻於契丹。延翰逃歸，六月壬戌至大梁，言：'方簡欲乘中國凶饑，引契丹入寇，宜爲之備。'"孫方簡，《契丹國志》卷三同。《新五代史》卷九《出帝紀》及卷四九本傳、《册府元龜》作"孫方諫"。《通鑑》卷二八五《後晉紀六》胡注："蓋孫方簡後避周太祖皇考諱，遂改名方諫也。"

六月戊子，謁祖陵，更閟神殿爲長思。
秋七月辛亥，詔徵諸道兵，敢傷禾稼者，以軍法論。癸丑，女直來貢。乙卯，以阻卜酋長曷刺爲本部夷离堇。
八月丙寅，烏古來貢。是月，自將南伐。
九月壬辰，閱諸道兵於漁陽西棗林淀。[1]是月，趙延壽與晉張彥澤戰於定州，敗之。

[1]漁陽：縣名。治所在今天津市薊州區。此漁陽縣自隋大業末年改無終縣（今天津市薊州區）而置。唐以後之薊州以此爲治。按，前有漁陽縣（今北京市密雲區），北齊時廢，省入密雲縣。

十一月戊子朔，進圍鎮州。丙申，先遣候騎報晉兵至，遣精兵斷河橋，晉兵退保武強。南院大王迪輦、將軍高模翰分兵由瀛州間道以進，[1]杜重威遣貝州節度使梁漢璋率衆來拒。與戰，大敗之，殺梁漢璋。[2]杜重威、張彥澤引兵據中渡橋，趙延壽以步卒前擊，高彥溫以騎兵乘之，追奔逐北，殭屍數萬，斬其將王清，宋彥筠墮水死。重威等退保中渡寨。[3]義武軍節度使李殷以城降，[4]遂進兵，夾滹沱而營。去中渡寨三里，分兵圍之。夜則列騎環守，晝則出兵抄掠。復命大內惕隱耶律朔骨里及趙延壽分兵圍守。自將騎卒夜渡河出其後，攻下欒城，[5]降騎卒數千。分遣將士據其要害。下令軍中預備軍食，三日不得舉煙火，但獲晉人，即黥而縱之。諸饋運見者皆棄而走。於是晉兵內外隔絕，食盡勢窮。

[1]南院大王：契丹部族官。初名迭剌部夷离堇，太祖析迭剌部爲五院部和六院部。太宗會同元年（938）改夷离堇爲大王。北院大王和南院大王即是五院部和六院部的首領，握有兵權。 迪輦：據本書卷七七本傳，洼字敵輦，會同中遷北院大王。本書卷五《世宗本紀》大同元年（947）八月亦作"北院大王洼"。 高模翰：《新五代史》七二、《舊五代史》一三七《契丹傳》並作"高牟翰"。 瀛州：治所在今河北省河間市。

[2]殺梁漢璋：《舊五代史》卷一三七《外國列傳第一》載："［開運］三年樂壽監軍王巒繼有密奏，苦言瀛、鄭可取之狀。十月少帝遣杜重威、李守貞等率兵經略。十一月蕃將高牟翰敗晉師於瀛州之北，梁漢璋死之。"

[3]中渡寨：恒州（今河北省正定縣）境內滹沱河上有渡口，時稱中渡橋，中渡寨當即在該渡口處。

[4]義武軍：後唐軍鎮名。治定州（今河北省定州市）。

[5]欒城：縣名。治所在今河北省石家莊市欒城區。《舊五代史》卷一〇九《漢書十一》《杜重威傳》載："［開運］三年冬，晉少帝詔重威與李守貞等率師經略瀛、鄚。師至瀛州城下，晉騎將梁漢璋進與契丹接戰，漢璋死焉。重威即時命迴軍，次武強，聞契丹主南下，乃西趨鎮州，至中渡橋，與契丹夾滹水而營。十二月八日，宋彥筠、王清等率軍數千人渡滹沲，陣於北岸，爲敵所破。時契丹遊軍已至欒城，道路隔絕，人情危蹙，重威密遣人詣敵帳潛布腹心。"

十二月丙寅，杜重威、李守貞、張彥澤等率所部二十萬衆來降。[1]上擁數萬騎，臨大阜，立馬以受之。授重威守太傅、鄴都留守，守貞天平軍節度使，[2]餘各領舊職。分降卒之半付重威，半以隸趙延壽。命御史大夫解里、監軍傅桂兒、張彥澤持詔入汴，[3]諭晉帝母李氏，以安其意，且召桑維翰、景延廣先來。留騎兵千人守魏，[4]自率大軍而南。壬申，解里等至汴，晉帝重貴素服拜命，與母李氏奉表請罪。[5]初，重貴絕和好，維翰數諫止之，不從。至是彥澤殺維翰，[6]紿言自經死。詔收葬之，復其田園第宅，仍厚恤其家。甲戌，彥澤遷重貴及其母若妻於開封府署，以控鶴指揮使李榮督兵衛之。壬午，次赤岡。[7]重貴舉族出封丘門，[8]槀索牽羊以待。[9]上不忍臨視，命改館封禪寺。晉百官縞衣紗帽，俯伏待罪。上曰："其主負恩，其臣何罪。"命領職如故，即授安叔千金吾衛上將軍。[10]叔千出班獨立，上曰："汝邢州之請，朕所不忘。"乃加鎮國軍節度使，蓋在邢嘗密請内附也。將軍康祥執景延廣來獻，詔以牙籌數其罪，凡八，繫送都，道自殺。

[1]杜重威、李守貞、張彥澤等率所部二十萬衆來降：晉軍投降，並非由於戰敗，完全是統帥杜重威爲契丹利誘從而叛變所致。《通鑑》卷二八五開運三年（946）十二月壬戌載：“奉國都指揮使王清言於杜威（避出帝石重貴諱）曰：‘今大軍去恒州五里，守此何爲！營孤食盡，勢將自潰。請以步卒二千爲前鋒，奪橋開道，公帥諸軍繼之，得入恒州，則無憂矣。’威許諾，遣清兵與宋彥筠俱進。清戰甚銳，契丹不能支，勢小卻；諸將請以大軍繼之，威不許。彥筠爲契丹所敗，浮水抵岸得免。清獨帥麾下陳於水北力戰，互有殺傷，屢請救於威，威竟不遣一騎助之。清謂其衆曰：‘上將握兵，坐觀吾輩困急而不救，此必有異志。吾輩當以死報國耳！’衆感其言，莫有退者，至暮，戰不息。契丹以新兵繼之，清及士衆盡死。由是諸軍皆奪氣。清，洺州人也。甲子，契丹遙以兵環晉營，内外斷絕，軍中食且盡。杜威與李守貞、宋彥筠謀降契丹，威潛遣腹心詣契丹牙帳，邀求重賞。契丹主紿之曰：‘趙延壽威望素淺，恐不能帝中國。汝果降者，當以汝爲之。’威喜，遂定降計。丙寅，伏甲召諸將，出降表示之，使署名。諸將駭愕，莫敢言者，但唯唯聽命。威遣閤門使高勳賚詣契丹，契丹主賜詔慰納之。是日，威命軍士出陳於外，軍士皆踴躍，以爲且戰，威親諭曰：‘今食盡途窮，當與汝曹共求生計。’因命釋甲。軍士皆慟哭，聲振原野。威、守貞仍於衆中揚言：‘主上失德，信任奸邪，猜忌於己。’聞者無不切齒。契丹主遣趙延壽衣赭袍至晉營慰撫士卒，曰：‘彼皆汝物也。’杜威以下，皆迎謁於馬前；亦以赭袍衣威以示晉軍，其實皆戲之耳。以威爲太傅，李守貞爲司徒。”

[2]天平軍：治鄆州，在今山東省東平縣。

[3]解里：契丹官員。《通鑑》卷二八五《後晉紀·齊王下》

開運三年（946）八月載李守貞言："與契丹千餘騎遇於長城北，轉鬥四十里，斬其酋帥解里，擁餘衆入水溺死者甚衆。"對照《遼史》記載，可知李守貞奏報不實。　傅桂兒：【劉校】據中華點校本校勘記，《新五代史》卷七二、《契丹國志》卷三及《通鑑》並作"傅住兒"。

[4]魏：即魏州，治所在今河北省大名縣。

[5]晉帝與母李氏奉表請罪：《通鑑》卷二八五《後晉紀·齊王下》開運三年（946）十二月癸酉載："未明，彥澤自封丘門斬關而入，李彥韜帥禁兵五百赴之，不能遏。彥澤頓兵明德門外，城中大擾。帝於宮中起火，自攜劍驅後宮十餘人將赴火，爲親軍將薛超所持。俄而彥澤自寬仁門傳契丹主與太后書慰撫之，且召桑維翰、景延廣，帝乃命滅火，悉開宮城門。帝坐苑中，與后妃相聚而泣，召翰林學士范質草降表，自稱：'孫男臣重貴，禍至神惑，運盡天亡。今與太后及妻馮氏，舉族於郊野面縛待罪次。遣男鎮寧節度使延煦、威信節度使延寶，奉國寶一、金印三出迎。'太后亦上表稱'新婦李氏妾'。"

[6]張彥澤殺桑維翰：《通鑑》卷二八五《後晉紀·齊王下》開運三年十二月甲戌載："是夕，彥澤殺桑維翰。以帶加頸，白契丹主，云其自經。"《舊五代史》卷八九《桑維翰傳》載："開運三年十二月十日，王師既降契丹，十六日，張彥澤以前鋒騎軍陷都城，戎王遣使遺太后書云：'可先使桑維翰、景延廣遠來相接，甚是好事。'是日凌旦，都下軍亂，宮中火發。維翰時在府署，左右勸使逃避，維翰曰：'吾國家大臣，何所逃乎？'即坐以俟命。時少帝已受戎王撫慰之命，乃謀自全之計，因思維翰在相時，累貢謀畫，請與契丹和，慮戎王到京窮究其事，則顯彰己過，故欲殺維翰以滅其口，因令圖之。張彥澤既受少帝密旨（案《通鑑》考異云：彥澤既降契丹，豈肯復受少帝之命，當係彥澤自以私怨殺維翰，非受命於少帝也。《舊五代史考異》），復利維翰家財，乃稱少帝命召維翰。維翰束帶乘馬，行至天街，與李崧相遇，交談之次，有軍

吏於馬前揖維翰赴侍衛司，維翰知其不可，顧謂崧曰：‘侍中當國，今日國亡，翻令維翰死之，何也？’崧甚有愧色。是日，彥澤遣兵守之，十八日夜，爲彥澤所害，時年四十九。即以衣帶加頸，報戎王云，維翰自經而死。戎王報曰：‘我本無心害維翰，維翰不合自到。’戎王至闕，使人驗其狀，令殯於私第，厚撫其家，所有田園邸第，並令賜之。”

[7]赤岡：據《嘉慶一統志·開封府》：“赤岡在祥符縣東北二十里。”祥符縣治所在今河南省開封市。

[8]封丘門：大梁城北門。《新五代史》卷七二《四夷附錄第一》載：“[開運]四年正月丁亥朔旦，晉文武百官班於都城北，望帝拜辭，素服紗帽以待。德光被甲衣貂帽，立馬於高岡，百官俯伏待罪。德光入自封丘門，登城樓，遣通事宣言諭衆曰：‘我亦人也，可無懼。我本無心至此，漢兵引我來爾。’遂入晉宮，宮中嬪妓迎謁，皆不顧，夕出宿於赤岡。”

[9]稾索牽羊：戰敗者以草索將自己綁縛起來，牽羊向勝利者行禮。羊代表吉祥，表示爲勝利者祝賀。《通鑑》卷二八六後漢高祖天福十二年（947）春正月丁亥朔載：“百官遙辭晉主於城北，乃易素服紗帽，迎契丹主，伏路側請罪。契丹主貂帽、貂裘、衷甲，駐馬高阜，命起，改服，撫慰之。”

[10]安叔千（880—952）：沙陀三部落人，字胤宗。少善騎射，初事後唐莊宗、明宗。後晉天福中，歷邠、滄、邢、晉四鎮節度使。叔千狀貌堂堂，而不通文字，人謂之“没字碑”。晉出帝時，爲左金吾衛上將軍。契丹入汴，晉百官迎見耶律德光於赤岡，叔千出班對德光講契丹語，德光撫慰説：“是安没字否？汝在邢州，已通誠款，吾今至此，當與汝一吃飯處。”叔千再拜，乃以爲鎮國軍節度使。後周太祖兵入京師，爲軍士棰掠，傷重而亡，時廣順二年（952）冬，年七十二。《舊五代史》卷一二三、《新五代史》卷四八有傳。

　　大同元年春正月丁亥朔，備法駕入汴，御崇元殿受百官賀。戊子，以樞密副使劉敏權知開封府，[1]殺秦繼旻、李彥紳及鄭州防禦使楊承勳，[2]以其弟承信爲平盧軍節度使，襲父爵。初，楊光遠在青州求內附，其子承勳不聽，殺其判官丘濤及弟承祚等自歸於晉，故誅之。己丑，以張彥澤擅徙重貴開封，殺桑維翰，縱兵大掠，不道，斬於市。晉人臠食之。[3]辛卯，降重貴爲崇祿大夫、檢校太尉，封負義侯。[4]癸巳，以張礪爲平章事，[5]晉李崧爲樞密使，[6]馮道爲太傅，和凝爲翰林學士，[7]趙瑩爲太子太保，劉昫守太保，馮玉爲太子少保。[8]癸卯，遣趙瑩、馮玉、李彥韜將三百騎送負義侯及其母李氏、太妃安氏、妻馮氏、弟重睿、子延煦、延寶等於黃龍府安置。[9]仍以其宮女五十人、內宦三人、東西班五十人、醫官一人、控鶴四人、庖丁七人、茶酒司三人、儀鸞三人、健卒十人從之。[10]

　　[1]劉敏：原爲後晉樞密副使。【斠校】劉敏，《通鑑》作“劉密”。《通鑑》卷二八六後漢高祖天福十二年（947）正月載“以其樞密副使劉密權開封尹事”。

　　[2]殺秦繼旻、李彥紳：據《新五代史》卷七三《四夷附錄第二》，契丹兵助石敬瑭起兵於太原，後唐廢帝遣宦者秦繼旻、皇城使李彥紳殺東丹王突欲。德光滅晉，殺繼旻、彥紳，籍其家貨，悉以賜東丹王之子兀欲。

　　[3]斬張彥澤：《通鑑》卷二八六後漢高祖天福十二年（947）正月載：“高勳訴張彥澤殺其家人於契丹主，契丹主亦怒彥澤剽掠京城，并傅住兒鎖之。以彥澤之罪宣示百官，問：‘應死否？’皆言：‘應死。’百姓亦投牒爭疏彥澤罪。己丑，斬彥澤、住兒於北

市，仍命高勳監刑。彥澤前所殺士大夫子孫，皆絰杖號哭，勳命斷腕出鎖，剖其心以祭死者。市人爭破其腦取髓，饗其肉而食之。”

[4]崇禄大夫：《舊五代史》卷八五作“光禄大夫”，此避太宗德光名諱改。

[5]張礪（？—947）：磁州滏陽（今河北省磁縣）人，字夢臣。後唐同光初，擢進士第，初仕後唐，後入契丹。會同初升翰林承旨，兼吏部尚書，從德光伐晉。入汴，建言“宜以中國人治之，不可專用國人及左右近習”。德光不聽。德光死後，爲蕭翰迫害致死。本書卷七六及《舊五代史》卷九八有傳。

[6]李崧（？—947）：深州饒陽（今屬河北省）人。初爲後唐魏王繼岌掌書記，從繼岌破蜀。明宗時，力薦以石敬瑭捍衛太原，其後敬瑭以兵入京師建立後晉，拜中書侍郎、同中書門下平章事兼樞密使。出帝即位，以崧兼判三司，與馮玉對掌樞密。崧等又信趙延壽詐降，並數稱杜重威之材，卒以重威將大兵，其後敗於中渡，後晉遂以亡。契丹耶律德光入汴，對人説：“吾破南朝，得崧一人而已！”乃拜崧太子太師。契丹北還，崧與馮道等得還。後漢初，河中李守貞反。李澄乃教葛延遇告變，言崧與其甥王凝謀因山陵放火焚京師，被誣以蠟丸書通守貞，族誅。《舊五代史》卷一〇八及《新五代史》卷五七有傳。

[7]和凝（898—955）：鄆州須昌（今山東省東平縣西北）人，字成績。舉進士，後梁義成軍節度使賀瓌辟爲從事。後唐天成中，拜殿中侍御史，累遷翰林學士，知貢舉。後晉天福五年（940），拜中書侍郎、同中書門下平章事。出帝即位，加右僕射，歲餘，罷平章事，遷左僕射。後漢高祖時，拜太子太傅，封魯國公。顯德二年（955）卒，年五十八，贈侍中。《舊五代史》卷一二七及《新五代史》卷五六有傳。

[8]馮玉（？—956）：定州（今屬河北省）人，字璟臣。少舉進士不中。玉不知書，嘗以“姑息”二字問他人。後晉出帝時以後戚知制誥，拜中書舍人。遷樞密使、中書侍郎、同中書門下平章

事，軍國大務，一決於玉。契丹滅晉，自言願得持晉玉璽獻契丹，以冀恩獎。出帝之北，玉從入契丹，契丹以爲太子太保。周顯德三年（956），其子傑自契丹逃歸，玉懼，以憂卒。《新五代史》卷五六有傳。輯本《舊五代史》有傳，殘甚。

[9]太妃安氏：【劉校】據中華點校本校勘記，"太、安二字原闕，道光殿本已據《大典》補入，與《新五代史》八五合，據補"。　黃龍府：治所在今吉林省農安縣。

[10]內宦三人至健卒十人：【劉校】據中華點校本校勘記，"《舊五代史》八五作內官三十人、軍健二十人。餘同"。

　　二月丁巳朔，建國號大遼，[1]大赦，改元大同。升鎮州爲中京。以趙延壽爲大丞相兼政事令、樞密使、中京留守。[2]中外官僚將士爵賞有差。辛未，河東節度使北平王劉知遠自立爲帝，國號漢。詔以耿崇美爲昭義軍節度使，[3]高唐英爲昭德軍節度使，崔廷勳爲河陽軍節度使，分據要地。

　　[1]建國號大遼：【劉注】據《新五代史》卷七二《四夷附錄第一》，"改天顯十一年爲會同元年，更其國號爲大遼"。《東都事略》卷一二三"改元曰會同，國號爲大遼"和《契丹國志》卷二"改元會同，國號大遼"等記載，遼代的國號由"契丹"改爲"大遼"的時間爲會同元年（938），不是大同元年（947）。本書此處大同元年"二月丁巳朔，建國號大遼"是指把後晉的國號改爲"大遼"，即把後晉合併到遼國的版圖中去。不是契丹始稱"大遼"。《契丹國志》稱此事爲"以晉國稱大遼"，措辭比《遼史》更爲確切。

　　[2]以趙延壽爲大丞相兼政事令、樞密使、中京留守：據《通鑑》卷二八六後漢高祖天福十二年（947）二月載，趙延壽原以爲

德光讓他做中原傀儡皇帝，没想到德光竟自爲之。"趙延壽以契丹主負約，心怏怏，令李崧言於契丹主曰：'漢天子所不敢望，乞爲皇太子。'崧不得已爲言之。契丹主曰：'我於燕王，雖割吾肉，有用於燕王，吾無所愛。然吾聞皇太子當以天子兒爲之，豈燕王所可爲也！'因令爲燕王遷官。時契丹以恒州爲中京，翰林承旨張礪奏擬燕王中京留守、大丞相、録尚書事、都督中外諸軍事，樞密使如故。契丹主取筆塗去'録尚書事都督中外諸軍事'而行之。"《新五代史》卷七二《四夷附録第一》：翰林學士張礪進擬延壽中京留守、大丞相、録尚書事、都督中外諸軍事。德光索筆，塗其録尚書事、都督中外諸軍事，止以爲中京留守、大丞相，而延壽前爲樞密使、封燕王皆如故。

［3］耿崇美（893—948）：【劉注】其先高陽（今河北省高陽市）人。據其墓誌銘所載，"曾祖諱俊，好閑樂道，遁跡全真。祖諱用，字用其。經綸偉器，文武全才。烈考諱去賦，刺鍾利刃，搆廈宏材"。崇美"善騎射，聰敏絶倫，曉北方語"，當阿保機立國之初，即歸降契丹，初授"國通事"。天顯間，隨遼太宗參加滅亡後晉的戰爭，有戰功。其子耿紹紀娶燕京留守、尚父秦王韓匡嗣之女。其孫耿延毅兩娶，皆爲大族韓氏（賜姓耶律）。耿氏"入居環衛，出領藩維；改職版圖，扈隨輦下"。《耿崇美墓誌銘》2002年出土於遼寧省朝陽市姑營子村耿氏家族墓群。原石現存於遼寧省朝陽博物館。

　　三月丙戌朔，以蕭翰爲宣武軍節度使，[1]賜將吏爵賞有差。壬寅，晉諸司僚吏、嬪御、宦寺、方技、百工、圖籍、曆象、石經、銅人、明堂刻漏、太常樂譜、諸宮縣、鹵簿法物及鎧仗，悉送上京。磁州帥梁暉以相州降漢，[2]己酉，命高唐英討之。

[1]蕭翰（？—949）：契丹外戚，應天皇太后述律氏之侄。大同元年（947）從太宗入汴，爲宣武軍節度使。世宗即位後，附世宗反對應天皇太后，娶世宗妹阿不里。天禄間一再謀反，伏誅。本書卷一一三有傳。

[2]梁暉以相州降漢：《新五代史》卷七二《四夷附録第一》：相州梁暉殺契丹守將，閉城距守。德光引兵破之，城中男子無少長皆屠之，婦女悉驅以北。後漢以王繼弘鎮相州，得髑髏十數萬枚，爲大塚葬之。《舊五代史》卷一三七《外國列傳第一》：“時賊帥梁暉據相州，德光親率諸部以攻之。四月四日屠其城而去。”《通鑑》卷二八六《後漢紀一》高祖天福十二年（947）三月載：滏陽賊帥梁暉，有衆數百，送款晉陽求效用，帝許之。磁州刺史李谷密通表於帝，令暉襲相州；暉偵知高唐英未至，相州積兵器，無守備，丁丑夜，遣壯士踰城入，啟關納其衆，殺契丹數百，其守將突圍走。暉據州自稱留後，表言其狀。

夏四月丙辰朔，發自汴州，以馮道、李崧、和凝、李澣、徐臺符、張礪等從行。次赤岡，夜有聲如雷，起於御幄，大星復隕於旗鼓前。乙丑，濟黎陽渡，顧謂侍臣曰：“朕此行有三失：縱兵掠芻粟，[1]一也；括民私財，二也；不遽遣諸節度還鎮，三也。”皇太弟遣使問軍前事。上報曰：“初以兵二十萬降杜重威、張彥澤，下鎮州。及入汴，視其官屬具員者省之，當其才者任之。司屬雖存，官吏廢墮，猶雛飛之後，徒有空巢。久經離亂，一至於此。所在盜賊屯結，土功不息，餽餉非時，民不堪命。河東尚未歸命，西路酋帥亦相黨附，夙夜以思，制之之術，惟推心庶僚、和協軍情、撫綏百姓三者而已。今所歸順凡七十六處，得户一百九萬百一十八。非汴州炎熱，水土難居，止得一年，太平可指掌而致。且改鎮州爲中京，以備巡幸。欲伐河東，姑俟別圖。其椠如此。"戊辰，次高邑，[2]不豫。丁丑，崩於欒城，年四十六。是歲九月壬子朔，葬於鳳山，陵曰懷陵，[3]廟號太宗。統和二十六年七月，上尊謚孝武皇帝。重熙二十一年九月，增謚孝武惠文皇帝。

[1]縱兵掠芻粟：即所謂"打草穀"。《通鑑》卷二八六後漢高祖天福十二年（947）正月載："趙延壽請給上國兵廩食。契丹主曰：'吾國無此法'。乃縱胡騎四出，以牧馬爲名，分番剽掠，謂之打草穀。"又四月："契丹主聞河陽亂，歎曰：'我有三失，宜天下之叛我也！諸道括錢，一失也；令上國人打草穀，二失也；不早遣諸節度使還鎮，三失也。'"

[2]高邑：縣名。治所在今河北省柏鄉縣。

[3]懷陵：遼太宗、穆宗之陵。其址位於懷州境内。大同元年（947）遼置懷州奉陵軍，治所在今内蒙古自治區巴林右旗幸福之路蘇木崗根嘎查古城址。州隸永興宮。【靳注】懷陵在今崗根嘎查以北三公里的床金河東南側溝谷中。

贊曰：太宗甫定多方，遠近向化。建國號、備典章，至於釐庶政、閲名實、録囚徒、教耕織、配鰥寡。求直言之士，得郎君海思即擢宣徽；嘉唐張敬達忠於其君，卒以禮葬。輟遊豫而納三剋之請；憫士卒而下休養之令。親征晉國，重貴面縛。斯可謂威德兼弘，英略間見者矣。入汴之後，無幾微之驕，[1]有"三失"之訓。《傳》稱鄭伯之善處勝，[2]《書》進《秦誓》之能悔過，[3]太宗蓋兼有之，其卓矣乎！

[1]幾微：微細之意。《後漢書》卷七六《陳寵傳》：夏陽侯瑰曰："陳寵奉事先帝深見納任，故久留臺閣，賞賜有殊。今不蒙忠能之賞，而計幾微之故。"幾微，言微細也。

[2]鄭伯：見《左傳》隱公元年（前722）夏五月"鄭伯克段於鄢"。以之喻契丹伐後晉師出有名。

[3]《秦誓》：《尚書·周書》的一篇。秦穆公遣三帥帥師伐鄭，晉襄公率師敗之，三帥歸國後秦穆公誓衆，自悔己過。

（李錫厚注　劉鳳翥校）

遼史　卷五

本紀第五

世宗

　　世宗孝和莊憲皇帝諱阮，小字兀欲，讓國皇帝長子，[1]母柔貞皇后蕭氏。[2]帝儀觀豐偉，内寬外嚴，善騎射，樂施予，人望歸之，太宗愛之如子。會同九年從伐晉。[3]大同元年二月封永康王。[4]

　　[1]讓國皇帝（898—936）：遼太祖耶律阿保機長子，漢名倍，契丹名圖欲（突欲），生母爲淳欽皇后述律氏。天顯元年（926），遼滅渤海建東丹國，被册爲人皇王，主東丹國政。阿保機死後，其母述律氏立德光，圖欲被迫浮海投奔後唐。後唐明宗賜其姓名李贊華。清泰三年（遼天顯十一年，936）石敬瑭率軍攻入洛陽，後唐末帝李從珂約圖欲與之同死，圖欲不從，遇害。其子世宗兀欲即位後，天禄元年（947）追謚爲“讓國皇帝”。本書卷七二有傳。
　　[2]柔貞皇后蕭氏（？—951）：據卷七二《義宗倍傳》：倍有二后，曰端順，曰柔貞。天禄五年（951）柔貞后與世宗一同死於察割叛亂。

[3]會同：遼太宗年號（938—947）。　晉：此指石敬瑭創立的後晉（936—946），五代第三個王朝。初，敬瑭獲得契丹耶律德光支持，並向德光割地、稱臣、稱兒。少帝石重貴繼位後，與契丹交惡，爲契丹所滅。

[4]大同：遼太宗年號（947）。

　　四月丁丑，太宗崩於欒城。[1]戊寅，梓宮次鎮陽，[2]即皇帝位於柩前。[3]甲申，次定州，[4]命天德、朔古、解里等護梓宮先赴上京。[5]太后聞帝即位，遣太弟李胡率兵拒之。[6]

[1]欒城：縣名。治所在今河北省石家莊市欒城區。

[2]鎮陽：即鎮州。治所在今河北省正定縣。據《舊五代史》卷一二四《何福進傳》，"屬契丹陷中原，令中朝文武臣僚凡數十人隨帳北歸，時福進預其行。行次鎮州，聞北主已斃，其黨尚據鎮陽，遂與李筠、白再榮之儔合謀力戰，盡逐契丹，據有鎮陽"。

[3]即皇帝位於柩前：永康王兀欲在鎮州即位，是經過與趙延壽爭奪的結果。《通鑑》卷二八六《後漢紀一》高祖天福十二年（947）四月載："趙延壽恨契丹主負約，謂人曰：'我不復入龍沙矣。'即日，先引兵入恒州，契丹永康王兀欲及南、北二王，各以所部兵相繼而入。延壽欲拒之，恐失大援，乃納之。時契丹諸將已密議奉兀欲爲主，兀欲登鼓角樓受叔兄拜；而延壽不之知，自稱受契丹皇帝遺詔，權知南朝軍國事，仍下教佈告諸道，所以供給兀欲與諸將同，兀欲銜之。恒州諸門管鑰及倉庫出納，兀欲皆自主之。延壽使人請之，不與。" "或説趙延壽曰：'契丹諸大人數日聚謀，此必有變。今漢兵不下萬人，不若先事圖之。'延壽猶豫不決。壬午，延壽下令，以來月朔日於待賢館上事（上事者，言欲禮上以領權知南朝軍國事。）受文武官賀。其儀：宰相、樞密使拜於階上，

節度使以下拜於階下。李崧以虜意不同，事理難測，固請趙延壽未行此禮，乃止。"《通鑑》卷二八七《後漢紀二》高祖天福十二年（947）載："五月乙酉朔，永康王兀欲召延壽及張礪、和凝、李崧、馮道於所館飲酒。兀欲妻素以兄事延壽，兀欲從容謂延壽曰：'妹自上國來，寧欲見之乎？'延壽欣然與之俱入。良久，兀欲出，謂礪等曰：'燕王謀反，適以鎖之矣。'又曰：'先帝在汴時，遺我一籌，許我知南朝軍國。近者臨崩，別無遺詔。而燕王擅自知南朝軍國，豈理邪！'下令：'延壽親黨，皆釋不問。'間一日，兀欲至待賢館受蕃、漢官謁賀，笑謂張礪等曰：'燕王果於此禮上，吾以鐵騎圍之，諸公亦不免矣。'後數日，集蕃、漢之臣於府署（恒州府署也），宣契丹主遺制。其略曰：'永康王，大聖皇帝之嫡孫，人皇王之長子，太后鍾愛，群情允歸，可於中京即皇帝位。'（德光取中國，以恒州爲中京。）於是始舉哀成服。既而易吉服見群臣，不復行喪，歌吹之聲不絕於內。"

[4]定州：治所在今河北省定州市。《舊五代史》卷一〇〇《漢書·高祖紀下》：[天福十二年五月]乙巳，契丹永康王兀欲自鎮州還蕃，行次定州（按：《遼史》作甲申，次定州，與薛史異。《舊五代史》考異），以定州節度副使耶律忠爲定州節度使，孫方簡爲雲州節度使。方簡不受命，遂歸狼山。戊申，車駕至絳州，本州刺史李從朗以郡降。初，契丹遣偏校成霸卿、曹可番等守其郡，帝建義之始，不時歸命，及車駕至，帝耀兵於城下，不令攻擊，從朗等遂降。

[5]天德（？—948）：耶律德光第三子。猛捍驕捷，討石重貴有戰功。世宗即位，奉命護送太宗靈柩還上京，與李胡戰於泰德泉。後與蕭翰謀反，下獄。

[6]李胡（912—960）：耶律阿保機第三子。太宗天顯五年（930）立爲皇太弟兼天下兵馬大元帥。太宗死後，應天皇太后反對世宗兀欲而欲立李胡，失敗，母子被囚。穆宗時又因參與其子喜隱謀反事而下獄死。本書卷七二有傳。

六月甲寅朔，次南京，五院夷离堇安端、詳穩劉哥遣人馳報，[1]請爲前鋒，至泰德泉遇李胡軍，戰敗之。[2]上遣郎君勤德等詣兩軍諭解。

[1]五院：契丹部族名。天贊元年（922）以迭剌部強大難制，析五石烈爲五院，六爪爲六院，各置夷离堇。會同元年（938）更夷离堇爲大王，部隸北府，以鎮南境。　夷离堇：原爲突厥語官名。亦譯作"俟斤"（Irkin）。突厥諸部最高元首稱"可汗"（Qaghan），其他諸部君長則稱爲俟斤、亦都護。初，契丹"其君大賀氏，有勝兵四萬，析八部，臣於突厥，以爲俟斤"（《新唐書·契丹傳》）。後，契丹首領自立爲可汗，所屬各部長則稱爲"俟斤"，亦即"夷离堇"。契丹立國後，大部族之夷离堇稱王，小部族夷离堇稱爲節度使。舉凡一部軍政、民政皆由其統掌（參見韓儒林《穹廬集》第314—316頁）。　安端：在阿保機兄弟中排行第五，也曾參與"謀反"。世宗天祿初，賜號"明王"，成爲東丹國的統治者。　劉哥：字明隱，阿保機之弟寅底石之子。本書卷一一三有傳。

[2]至泰德泉遇李胡軍，戰敗之：《舊五代史》卷八八《李彦韜傳》載："及少帝北遷，戎王遣彦韜從行，洎至蕃中，隸於國母帳下。永康王舉兵攻國母，以偉王爲前鋒，國母發兵拒之，以彦韜爲排陣使，彦韜降於偉王，偉王置之帳下，其後卒於幽州。"（《永樂大典》卷一萬三百八十九）泰德泉，契丹地名。據本書卷三三《營衛志下》，六院部大王及都監春夏居泰德泉之北，以鎮南境。

秋閏七月，次潢河，[1]太后、李胡整兵拒於橫渡，相持數日，用屋質之謀各罷兵。趨上京，既而聞太后、李胡復有異謀，遷于祖州。[2]誅司徒劃設及楚補里。

　　[1]潢河：河流名。今内蒙古自治區境内的西拉木倫河，即西
遼河上游。

　　[2]祖州：遼地名。在今内蒙古自治區巴林左旗林東鎮西南查
干哈達蘇木石房子嘎查，因係阿保機祖先出生之地，故名。遼在此
置祖州天成軍。

　　八月壬午朔，尊母蕭氏爲皇太后，以太后族剌只撒
古魯爲國舅帳，[1]立詳穩以總焉。以崇德宮户分賜翼戴
功臣及北院大王洼、南院大王吼各五十，[2]安摶、楚補
各百。的魯、鐵剌子孫先以非罪籍没者歸之。癸未，始
置北院樞密使，[3]以安摶爲之。

　　[1]剌只撒古魯：【劉注】《羅校》云："疑《外戚表》國舅别
部北府宰相只魯即此剌只撒古魯之省文。"　　國舅帳：遼朝有大國
舅司，掌乙室己、拔里二帳之事。世宗以其舅氏爲國舅别部。

　　[2]南院大王與北院大王：契丹部族官。初名迭剌部夷离堇，
太祖析迭剌部爲五院部和六院部。太宗會同元年（938）改夷离堇
爲大王。北院大王和南院大王即是五院部和六院部的首領，握有兵
權。　　以崇德宮户分賜翼戴功臣：按崇德宮爲景宗承天太后宮衛，
不得出現於世宗朝。崇德宮應是長寧宮，即應天太后宮衛。

　　[3]北院樞密使：即契丹樞密院之樞密使，爲北面官之最高官
職，掌軍事、部族。詳見《遼史》卷四五《百官志一》。

　　九月壬子朔，[1]葬嗣聖皇帝於懷陵。[2]丁卯，行柴册
禮，[3]群臣上尊號曰天授皇帝。大赦，改大同元年爲天
禄元年。追謚皇考曰讓國皇帝。以安端主東丹國，[4]封
明王，察割爲泰寧王，[5]劉哥爲惕隱，[6]高勳爲南院樞

密使。[7]

[1]壬子朔：【劉校】原本、南監本和北監本均誤作"壬子崩"，據大典本、殿本改。

[2]懷陵：遼太宗、穆宗之陵。位於懷州境內。大同元年（947）遼置懷州奉陵軍，治所在今內蒙古自治區巴林右旗幸福之路蘇木崗根嘎查古城址。州隸永興宮。

[3]柴册禮：此禮源於中國傳統的"燔柴告天"，是古代天子祭天之禮。《爾雅·釋天》："祭天曰燔柴。"行禮時，積薪於壇，取玉及牲置於柴上焚燒。此禮與契丹的再生禮合併舉行，是爲契丹部落聯盟選汗和遼朝建國後新皇帝即位舉行的禮儀。相傳遙輦氏阻午可汗始製此儀，遼朝建國後有所增飾。其儀，選九人扮作皇帝，與將要即位的皇帝本人分別進入十頂廬帳，由契丹大臣"捉認天子"，而後行册禮，上尊號；或由八部耆老引皇帝拜日，由后族長者爲皇帝牽馬，皇帝登高阜，諸部帥遙拜，皇帝謙辭，群臣表示"唯皇帝命是從"。而後皇帝登柴壇，行册禮，上尊號。

[4]東丹：中國古代政權名。天顯元年（926），契丹耶律阿保機滅渤海，改稱東丹國，意即"東契丹"，以其長子耶律倍爲東丹王，賜天子冠服，建元甘露。初，仍都忽汗城（渤海上京龍泉府，今黑龍江省寧安市東京城），稱天福。天顯三年耶律德光下令將東丹國都城遷往遼陽。天顯五年人皇王浮海投奔後唐。【劉注】"東丹意即東契丹"的說法似有值得商榷之處。在契丹小字中，"契丹"作 𔨙。"東丹"作 𔨒。二者沒有音或義的關聯。"契丹"是一個不能再分割的完整的單詞，在契丹語中，"契丹"不能簡稱爲"丹"。

[5]察割：即耶律察割（？—951），遼皇族，其父明王安端爲阿保機同母弟。世宗即位，察割封泰寧王。天祿五年（951）九月，南伐途中行弒逆，隨即爲壽安王誘殺。

　　[6]惕隱：契丹官名。又稱梯里己，掌皇族政教。
　　[7]高勳（？—978）：字鼎衞，初仕後晉，爲閤門使。會同九
年（開運三年，946）隨杜重威降遼，後北遷。世宗即位，爲樞密
使，總漢軍。穆宗應曆間，封趙王，任上京留守、南京留守。景宗
即位，以定策功，封秦王。後謀殺蕭思温事發，伏誅。　南院樞密
使：即漢人樞密院之樞密使。爲南面官最高官職。詳見本書卷四七
《百官志三》。

　　二年春正月，天德、蕭翰、劉哥、盆都等謀反。[1]
誅天德，杖蕭翰，遷劉哥於邊，罰盆都使轄戛斯國。[2]
漢主劉知遠殂，[3]子承祐立。[4]

　　[1]蕭翰（？—949）：契丹外戚，應天皇太后述律氏之侄。大
同元年（947）從太宗入汴，爲宣武軍節度使。世宗即位後，附世
宗反對應天皇太后，娶世宗妹阿不里。天禄間一再謀反，伏誅。
盆都（？—950）：阿保機弟寅底石之子。天禄中與其兄劉哥謀反，
四年（950）伏誅。
　　[2]轄戛斯：唐代西北民族名。原居西伯利亞葉尼塞河流域。
契丹興起並據有漠北時，稱轄戛斯，遼朝在其地設有轄戛斯大王
府。金代稱之爲紇里迄斯（即吉爾吉斯），蒙古人稱之爲吉利吉斯，
清代隨着准噶爾人的叫法稱之爲布魯特。西遼的西遷和13世紀蒙
古的西征都影響到轄戛斯，促成部分轄戛斯人南遷。15世紀以後，
轄戛斯人被准噶爾人驅逐到中亞費爾干納一帶。18世紀中葉，清朝
平定准噶爾，部分轄戛斯人返回七河流域故居。俄國至今有哈卡斯
自治共和國，首府阿巴坎，其主體民族即古代的轄戛斯。
　　[3]劉知遠（894—948）：後漢開國皇帝。其先是沙陀部人，
初爲後唐明宗偏將，後與桑維翰一同爲石敬瑭謀劃，助其稱帝。後
晉天福間，爲鄴都留守，後拜河東節度使、北京留守。出帝即位，

封北平王。開運四年（947）年初契丹滅後晉，同年二月稱帝。六月至汴京，改國號漢。

　　[4]承祐：劉承祐（？—950），後漢隱帝。

　　夏四月庚辰朔，南唐遣李朗、王祚來慰且賀，[1]兼奉蠟丸書，議攻漢。[2]

　　[1]南唐：五代時十國之一。公元937年李昇代吳稱帝，建都金陵（今江蘇南京），國號唐，史稱南唐。曾滅閩、楚，極盛時有今江蘇、安徽淮河以南和福建、江西、湖南及湖北東部。975年爲北宋所滅。共歷三主，三十九年。關於遼與南唐的關係，《通鑑》卷二九〇後周太祖廣順元年（951）載：“唐自烈祖以來，常遣使泛海與契丹相結，欲與之共制中國，更相饋遺，約爲兄弟。然契丹利其貨，徒以虛語往來，實不爲唐用也。”

　　[2]本月遼世宗曾在遼陽會見後晉出帝石重貴。《舊五代史》卷八五《少帝本紀第五》載：漢乾祐元年（遼天祿二年，948）四月，“永康王至遼陽，帝與太后並詣帳中，帝御白衣紗帽，永康止之，以常服謁見。帝伏地雨泣，自陳過咎，永康使左右扶帝上殿，慰勞久之，因命設樂行酒，從容而罷。永康帳下從官及教坊內人望見故主，不勝悲咽，內人皆以衣帛藥餌獻遺於帝。及永康發離遼陽，取內官十五人、東西班十五人及皇子延煦，並令隨帳上陘，陘即蕃王避暑之地也”。

　　秋七月壬申，皇子賢生。[1]

　　[1]皇子賢：即世宗第二子耶律賢，後即位，廟號景宗。

冬十月壬午，南京留守魏王趙延壽薨，[1]以中臺省右相牒蠟爲南京留守，封燕王。[2]

[1]趙延壽（？—948）：恒山（今河北省正定縣）人。本姓劉，後爲劉守光偏將趙德鈞養子，改姓趙，並娶後唐明宗李嗣源之女爲妻。明宗即位，延壽爲駙馬都尉，樞密使。後晉清泰三年（天顯十一年，936）在契丹圍攻晉安寨之役中與其父德鈞一同降遼。遼以延壽爲南京留守，總山南事。會同初加政事令。大同元年（947）遼滅後晉，趙延壽率漢軍攻入汴，求爲皇太子，遼太宗不許。授中京留守。太宗死後又與兀欲爭位，失敗後被囚禁。本書卷七六有傳。

[2]中臺省：東丹國宰輔機構。設左、右大相及左、右次相。

十一月，駐蹕彰武南。[1]

[1]彰武：霸州軍號。後升興中府，治所在今遼寧省朝陽市。

三年春正月，蕭翰及公主阿不里謀反，翰伏誅，阿不里瘐死獄中。庚申，肆赦。[1]內外官各進一階。

[1]肆赦：猶緩刑，赦免。《舊唐書·憲宗紀上》：“癸巳，以册儲，肆赦繫囚，死罪降從流，流以下遞降一等。”

夏六月戊寅，以敵史耶律胡离軫爲北院大王。己卯，惕隱頹昱封漆水郡王。[1]

[1]漆水郡王：遼宗室耶律氏的封爵。

秋九月辛丑朔，召群臣議南伐。

冬十月，遣諸將率兵攻下貝州高老鎮，[1]徇地鄴都、南宮、堂陽，[2]殺深州刺史史萬山，[3]俘獲甚衆。

[1]貝州：治所在今河北省南宮市東南。

[2]鄴都：後唐同光三年（925），以魏州光唐府爲鄴都，明宗天成四年（929）廢。後晉天福三年（938）改光唐府爲廣晉府，復建鄴都。治所在今河北省大名縣。　南宮：縣名。治所在今河北省南宮市。　堂陽：舊鎮名。在今河北省新河縣滏陽河北岸。

[3]深州：治所在今河北省深州市南。

四年春二月辛未，泰寧王察割來朝，留侍。是月，建政事省。[1]

[1]政事省：遼官署，後改稱中書省，爲南面官宰輔機構。

三月戊戌朔，南唐遣趙延嗣、張福等來賀南征捷。

秋九月乙丑朔，如山西。

冬十月，自將南伐，攻下安平、內丘、束鹿等城，[1]大獲而還。

是歲，册皇后蕭氏。

[1]安平：治所在今河北省安平縣。　內丘：治所在今河北省內丘縣。　束鹿：治所在今河北省辛集市。

五年春正月癸亥朔，如百泉湖。漢郭威弒其主自

立，[1]國號周，遣朱憲來告。即遣使致良馬。漢劉崇自
立於太原。[2]

　　[1]郭威（904—954）：五代後周開國皇帝，字文仲，邢州堯
山（今河北省隆堯縣）人。早年孤貧，18歲應募從軍。天福十二
年（947）助劉知遠建立後漢。乾祐元年（948）正月，劉知遠死，
隱帝劉承祐繼位，以郭威爲樞密使。威率軍平定河中李守貞等反
叛，打退契丹攻擊。三年拜鄴都留守，節制河北諸州。然而，隱帝
謀殺郭威及其他將領，事泄，威於同年十一月舉兵，攻入開封。次
年即位，國號周，史稱後周，改元廣順，在位三年，以病卒。
　　[2]劉崇（895—955）：後漢高祖劉知遠同母弟，後改名旻。
劉知遠即位，崇爲太原尹、北京留守、同中書門下平章事。郭威代
漢自立，崇於後周廣順元年（951）正月即皇帝位於太原，與契丹
約爲父子之國，致書遼世宗兀欲，稱其爲“叔”。

　　二月，周遣姚漢英、華昭胤來，[1]以書辭抗禮，留
漢英等。

　　[1]姚漢英：此處所言姚漢英使遼時間有誤。據《通鑑》
二九〇後周太祖廣順元年（951）五月載，“己巳遣左金吾將軍姚
漢英等使於契丹，契丹留之”（胡注：契丹以北漢交之厚，遂留周
使）。《舊五代史》卷一一一《周書·太祖紀第二》也於廣順元年
五月己巳記載：“遣左金吾衛將軍姚漢英、前右神武將軍華光裔使
於契丹。”漢英滯留契丹，隸籍漢人宮分。其孫景行，道宗時官至
南院樞密使。本書卷九六有傳。

　　夏五月壬戌朔，太子太傅趙瑩薨，[1]輟朝一日，[2]命

歸葬於汴。詔州縣録事參軍、主簿委政事省銓注。

[1]趙瑩（885—951）：華陰（今屬陝西省）人。字玄輝。石敬瑭爲河東節度使，瑩爲節度判官。敬瑭稱帝建號，以瑩爲門下侍郎，同平章事，監修國史。石重貴即位後，瑩爲開封尹。契丹滅晉，隨少帝北遷，遼世宗時，官太子太傅。卒於契丹。歸葬華陰。
[2]輟（chuò）朝：中止臨朝聽政。

六月辛卯朔，劉崇爲周所攻，遣使稱姪乞援，且求封册。即遣燕王牒蠟、樞密使高勳册爲大漢神武皇帝。南唐遣蔣洪來，乞舉兵應援。是夏，清暑百泉嶺。[1]

[1]百泉嶺：【劉注】即九十九泉，位於今内蒙古自治區卓資縣北二十里。

九月庚申朔，自將南伐。壬戌，次歸化州祥古山。[1]癸亥，祭讓國皇帝于行宮。[2]群臣皆醉，察割反，帝遇弑，[3]年三十四。應曆元年葬於顯州西山，[4]陵曰顯陵。二年謚孝和皇帝，廟號世宗。統和二十六年七月，加謚孝和莊憲皇帝。

[1]歸化州：即武州（今河北省張家口市宣化區）。本書卷四《太宗本紀》記載，會同元年（938）十一月改武州爲歸化州。祥古山：本書卷一一二《察割傳》作“詳古山”。
[2]行宮：亦稱行帳，隨皇帝轉徙隨時的車帳。
[3]帝遇弑：《通鑑》卷二九〇後周太祖廣順元年（951）九月載：“北漢主遣招討使李存瓌將兵自團柏入寇。契丹欲引兵會之，與酋長議於九十九泉。諸部皆不欲南寇，契丹主強之，癸亥，行至

新州之火神淀，燕王述軋及偉王之子太寧王漚僧作亂，弒契丹主而立述軋。契丹主德光之子述律逃入南山，諸部奉述律以攻述軋、漚僧，殺之，并其族黨。立述律爲帝，改元應曆。自火神淀入幽州，遣使告於北漢，北漢主遣樞密直學士上黨王得中如契丹，賀即位，復以叔父事之，請兵以擊晉州。"九十九泉又稱百泉嶺，在今内蒙古自治區卓資縣北灰騰梁。

[4]顯州：治所在今遼寧省北鎮市。

　　贊曰：世宗中才之主也。入繼大統，曾未三年，納唐丸書，即議南伐，既乏持重，宜乖周防，蓋有致禍之道矣。然而孝友寬慈，亦有君人之度焉。未及師還，變起沉湎，[1]豈不可哀也哉！

　　[1]變起沉湎：世宗嗜酒。據《通鑑》二九〇《後周紀一》太祖廣順元年（951）五月末記載，北漢禮部侍郎、同平章事鄭珙卒於契丹。（考異曰：《晉陽見聞録》："鄭珙既達虜庭，虜君恩禮周厚。虜俗以酒池肉林爲名，雖不飲酒如韋曜輩者，亦加灌注，縱成疾，無復信之。珙魁岸善飲，罹無量之逼，宴罷，載歸，一夕腐脅於穹廬之氊堵間，輿屍而復命。"）《九域志》："契丹宴犒漢使，必厚具酒肉，以示誇大。高祖鎮河東，嘗命韋曜北使，曜羸瘠不能飲酒，虜人强之，遂卒。"按韋曜，孫皓時人韋昭也，不能飲酒。王保衡引以爲文章，而路振云五代時人，誤也。

　　　　　　　　　　　　　　（李錫厚注　劉鳳翥校）

遼史　卷六

本紀第六

穆宗上

穆宗孝安敬正皇帝諱璟，[1]小字述律。太宗皇帝長子，母曰靖安皇后蕭氏。[2]會同二年封壽安王。[3]

[1]諱璟：【劉注】據中華點校本校勘記，"《契丹國志》卷五，穆宗名璟，後更名明。《通鑑》亦稱璟曾更名明。李燾《長編》，開寶二年，契丹主明爲帳下所殺，即指穆宗"。

[2]靖安皇后蕭氏（？—935）：遼太宗皇后。淳欽皇后弟室魯之女，小字溫。天顯六年（931）八月庚申生穆宗。本書卷七一有傳。

[3]會同：遼太宗年號（938—947）。　壽安王：會同二年（939）三月丁巳受封。

天祿五年九月癸亥，[1]世宗遇害，逆臣察割等伏誅。[2]丁卯，即皇帝位，群臣上尊號曰天順皇帝，改元應曆。[3]戊辰，如南京。是月遣劉承訓告哀於漢。[4]

　　[1]天禄：遼世宗年號（947—951）。

　　[2]察割（？—951）：即耶律察割。遼宗室。其父明王安端爲阿保機同母弟。世宗即位，察割封泰寧王。天禄五年（951）九月南伐途中行弑逆，隨即爲壽安王誘殺。

　　[3]應曆：遼穆宗年號（951—969）。

　　[4]漢（951—979）：【靳注】此指北漢。五代十國之一。乾祐四年（951），河東節度使劉旻（崇）稱帝，建都太原（今山西省太原市），國號漢，是依附於契丹的割據政權。

　　冬十一月，漢、周、南唐各遣使來弔。[1]乙亥，詔朝會依嗣聖皇帝故事，用漢禮。[2]

　　[1]周（951—960）：即後周。五代王朝之一。郭威所建。都開封（今河南省開封市）。盛時疆域約爲今山東、河南兩省，陝西、安徽、江蘇的大部，河北南部、湖北北部及内蒙古、寧夏、甘肅、山西等省區的一部分。歷三帝（二姓），共十年。　南唐（937—975）：五代時十國之一。公元937年李昇代吳稱帝，建都金陵（今江蘇省南京市），國號唐，史稱南唐。曾滅閩、楚，極盛時有今江蘇、安徽淮河以南和福建、江西、湖南及湖北東部。975年爲北宋所滅。共歷三主，三十九年。

　　[2]漢禮：本書卷四九《禮志一》稱：“太宗克晉，稍用漢禮。”其實在此以前，會同三年（940）四月行入閣禮，即已採用漢禮。

　　十二月甲辰，漢遣使獻弓矢、鞍馬。壬子，鐵驪、鼻骨德皆來貢。[1]

　　[1]鐵驪：族名。遼置鐵驪國王府，以統其衆。其地當今黑龍

江省東部松花江流域。　鼻骨德：又作鱉古德，遼時黑龍江流域部族名。聖宗時分置伯斯鼻古德部與撻馬鼻古德部，均屬東北路統軍司。所在地相當於今黑龍江省富錦市至俄羅斯境內哈巴羅夫斯克（伯力）沿江一帶。

二年春正月戊午朔，南唐遣使奉蠟丸書及進犀兕甲萬屬。[1]壬戌，太尉忽古質謀逆，伏誅。

[1]南唐遣使奉蠟丸書：《通鑑》卷二九〇《後周紀一》太祖廣順二年（952）二月記“唐自烈主（李昪）以來，常遣使泛海與契丹相結，欲與之共制中國，更相饋遺，約爲兄弟”。

二月癸卯，女直來貢。[1]

[1]女直：本作女真，因避遼興宗耶律宗真名諱，改稱女直。遼時居東北東部。在南者入遼籍，稱熟女真，或合蘇館女真；在北者不入遼籍，稱生女真。

三月癸亥，南唐遣使奉蠟丸書。丁卯，復遣使來貢。甲申，以耶律撻烈爲南院大王。[1]

[1]南院大王：契丹部族官。遼朝析迭剌部爲五院部和六院部。五院部有知五院事，在朝曰北大王院；六院部有知六院事，在朝曰南大王院。北院大王和南院大王即是五院部和六院部的首領，握有兵權。

夏四月丙戌朔，日有食之。己亥，鐵驪進鷹鶻。

五月丙辰朔，視朝。壬午，南唐遣使來貢。

六月壬辰，國舅政事令蕭眉古得、宣政殿學士李澣等謀南奔，[1]事覺，詔暴其罪。乙未，祭天地。壬寅，漢爲周所侵，遣使求援，命中臺省右相高模翰赴之。[2]丁未，命乳媼之兄曷魯世爲阿速石烈夷离菫。[3]

[1]政事令：遼朝南面宰相。　蕭眉古得：【劉校】據中華點校本校勘記，《舊五代史》卷一一二作“蕭海貞”，《契丹國志》卷五及《通鑑》卷二九〇並作“蕭海真”。　李澣等謀南奔：《通鑑》卷二九〇後周太祖廣順二年（952）六月記此事：“太子賓客李濤之弟李澣，在契丹爲勤政殿學士，與幽州節度使蕭海真善。海真，契丹主兀欲之妻弟也，澣說海真內附，海真欣然許之。澣因定州諜者田重霸齎絹表以聞，且與濤書，言：‘契丹主童騃，專事宴遊，無遠志，非前人之比，朝廷若能用兵，必克；不然，與和，必得。二者皆利於速，度其情勢，他日終不能力助河東者也。’壬寅，重霸至大梁，會中國多事，不果從。”

[2]高模翰（？—959）：一名松，其先渤海國扶餘府魚谷縣烏惹里人。遼太祖平渤海，模翰曾避地高麗。天顯十一年（936）七月，隨遼太宗出兵援助石敬瑭。模翰以功授上將軍。石重貴立，遼出師伐後晉。模翰爲統軍副使，入汴，加特進檢校太師，封悊郡開國公，天禄二年（948）加開府儀同三司。應曆初召爲中臺省右相。九年（959）正月遷左相，卒。其子儒出任勝州刺史，後裔定居今山西省朔州市。本書卷七六有傳。

[3]石烈：構成部族的小單位。本書卷四五《百官志一》載：“石烈，縣也。”　夷离菫：原爲突厥語官名。亦譯作“俟斤”（Ir-kin）。突厥諸部最高元首稱“可汗”（Qaghan），其他諸部君長則稱爲俟斤、亦都護。初，契丹“其君大賀氏，有勝兵四萬，析八部，臣於突厥，以爲俟斤”（《新唐書》卷二一九《契丹傳》）。後，契

丹首領自立爲可汗，所屬各部長則稱爲"俟斤"，亦即"夷离堇"。
契丹立國後，大部族之夷离堇稱王，小部族夷离堇稱爲節度使。舉
凡一部軍政、民政皆由其統掌（參見韓儒林《穹盧集》第314—
316頁）。

　　秋七月乙亥，政事令婁國、林牙敵烈、侍中神都、
郎君海里等謀亂就執。[1]

　　[1]婁國（？—952）：字勉辛，東丹王耶律倍之子。天禄五年
（951），遙授武定軍節度使。及察割作亂，婁國手刃察割。改南京
留守。誘敵獵及群不逞謀逆。事覺，縊於可汗州西谷。本書卷一一
二有傳。　　林牙：契丹官名。掌文翰，相當於翰林學士。

　　八月己丑，眉古得、婁國等伏誅，杖李澣而釋之。
　　九月甲寅朔，雲州進嘉禾四莖，[1]二穗。戊午，詔
以先平察割日，用白黑羊、玄酒祭天，[2]歲以爲常。壬
戌，獵炭山。[3]祭天。庚辰，敵烈部來貢。[4]

　　[1]雲州：治所在今山西省大同市。
　　[2]祭天：古代的重大祭祀。《儀禮・喪服》以爲天是"天子
及其始祖之所自出"。契丹傳統是以青牛白馬祭天地。用白黑羊、
玄酒祭天，表明穆宗脱離傳統祭天地的儀式，改用漢禮。
　　[3]炭山：山名。《新五代史》卷七二《四夷附録第一》："漢
城在炭山東南灤河上，有鹽鐵之利，乃後魏滑鹽縣也。其地可植五
穀，阿保機率漢人耕種，爲治城郭、邑屋、廛市如幽州制度，漢人
安之，不復思歸。"另據本書卷四一《地理志五・西京道》，炭山
在歸化州（即武州），歸化州治所在今河北省張家口市宣化區。

　　[4]敵烈部：遼金時北邊族名。又譯迪烈、迭烈德、敵烈德、達里底。遼時以遊牧、捕獵爲業，分佈於臚朐河（今克魯倫河）流域。有八部，稱爲八部敵烈或八石烈敵烈。與烏古部並稱爲北邊大部。遼聖宗以敵烈部降人置迭魯敵烈部和北敵烈部。開泰四年（1015）築河董城於臚朐河北，安置敵烈、烏古降人。壽昌二年（1096）徙敵烈、烏古於烏納水西。金末元初，敵烈人逐漸同化於女真人、蒙古人等。

　　冬十月甲申朔，漢遣使進葡萄酒。甲午，司徒老古等獻白雉。戊申，回鶻及轄戛斯皆遣使來貢。[1]

　　[1]回鶻：中國古代民族名。原爲鐵勒，8世紀40年代，骨咄禄毗伽可汗曾建立回紇汗國。唐貞元四年（788）自請改稱回鶻。公元840年左右，回鶻汗國崩潰。除一部分人南下附屬唐朝外，其餘分3支向西北遷徙，和西域原住的同族人匯合，而先後建成高昌回鶻、河西回鶻（甘州回鶻）和喀喇汗王朝（黑汗王朝）3個政權。回鶻西遷後，和中原諸王朝仍然保持着密切關係。甘州回鶻對五代、北宋朝貢不絕；高昌回鶻曾同時爲遼朝及北宋的屬國。　轄戛斯：即黠戛斯，唐代西北民族名。原居西伯利亞葉尼塞河流域。契丹興起並據有漠北時，稱轄戛斯，遼朝在其地設有轄戛斯大王府。金代稱之爲紇里乞斯（即吉爾吉斯），蒙古人稱之爲吉利吉斯，清代隨着准噶爾人的叫法稱之爲布魯特。西遼的西遷和13世紀蒙古的西征都影響到轄戛斯，促成部分轄戛斯人南遷。15世紀以後，轄戛斯人被准噶爾人驅逐到中亞費爾干納一帶。18世紀中葉，清朝平定准噶爾，部分轄戛斯人返回七河流域故居。俄羅斯至今在葉尼塞河流域有哈卡斯自治共和國，首府阿巴坎。其主體民族即古代的轄戛斯。西遷的稱吉爾吉斯，留在當地的仍稱轄戛斯（哈卡斯）。

十一月癸丑朔，視朝。己巳，地震。己卯，日南至，始用舊制行拜日禮。[1]朔州民進黑兔。[2]

[1]舊制：即契丹立國以前的傳統。　拜日禮：爲契丹故俗。本書卷四九《禮志一》記載，遼朝皇帝有拜日儀。此外，卷五三《禮志六·皇后生辰儀》也記載“臣僚昧爽朝。皇帝、皇后大帳前拜日，契丹、漢人臣僚陪拜”。契丹人拜日，在宋人詩中多有反映。劉攽有詩云：“飲冰重見古人心，絶幕仍當暮雪深。朝出穹廬隨拜日，夜鳴刁斗候橫參。胡兒射鴈爭娛客，羌女聽箛卻走林。聞説虜情親博望，一言珍重萬黄金。”（《彭城集》卷一三《次韻和張舍人使北歸》）他的另一首詩，也言及契丹人拜日：“朔雪如沙萬里程，幽陰戴斗正嚴凝。終軍何必功橫草，沈尹無煩夕飲冰。茗粥邐來誇湩酪，氈裘仍自愧綿繒。歲寒拜日穹廬外，想見東南瑞氣升。”（《彭城集》卷一三《王仲至使北》）
[2]朔州：治所在今山西省朔州市。

十二月癸未朔，高模翰及漢兵圍晉州。[1]辛卯，以生日飯僧、釋繫囚。[2]甲辰，獵於近郊。祀天地。辛亥，明王安端薨。[3]

[1]漢兵：指北漢軍隊。　晉州：治所在今山西省臨汾市。
[2]以生日飯僧：【劉校】據中華點校本校勘記，“本書卷三《太宗紀上》天顯六年八月稱‘皇子述律生’，下文應曆三年、十三年、十四年、十七年生日亦在八月，此作十二月，誤，或‘生日’上有脱文”。　飯僧：向僧人施飯，奉佛藉以祈福。《舊唐書》卷一一八《王縉傳》：“初，代宗喜祠祀，未甚重佛，而元載、杜鴻漸與〔王〕縉喜飯僧徒。代宗嘗問以福業報應事，載等因而啓奏，代宗由是奉之過當，嘗令僧百餘人於宮中陳設佛像，經行念誦，謂

之内道場。其飲膳之厚，窮極珍異，出入乘廐馬，度支具廩給。每西蕃入寇，必令群僧講誦《仁王經》，以攘虜寇。苟幸其退，則橫加錫賜。"

[3]明王安端（？—952）：阿保機之弟。排行第五，字猥隱。據本書卷六四《皇子表》載，阿保機即汗位，安端與兄剌葛謀亂，太祖誓而免之。復叛，兵敗見擒，杖而釋之。神册三年（918）爲惕隱。太宗即位，有定策功。會同中伐晉，率兵先出鴈門，下忻、代。世宗初立，以兵往應，及李胡戰於泰德泉，敗之。天禄初以功王東丹國，賜號明王。天顯四年（929）爲北院夷离堇。子察割弒逆被誅，穆宗赦安端通謀罪，放歸田里。

三年春閏正月壬午朔，漢以高模翰卻周軍，遣使來謝。

二月辛亥朔，詔用嗣聖皇帝舊璽。甲子，太保敵烈修易州城，[1]鎮州以兵來挑戰，[2]卻之。

[1]易州：治所在今河北省易縣。
[2]鎮州：治所在今河北省正定縣。《通鑑》卷二九一後周太祖廣順三年（953）閏正月載："契丹寇定州，圍義豐軍，定和都指揮使楊弘裕夜擊其營，大獲，契丹遁去。又寇鎮州，本道兵擊走之。"

三月庚辰朔，南唐遣使來貢，因附書於漢，詔達之。庚寅，如應州擊鞠。[1]丁酉，漢遣使進毬衣及馬。庚子，觀漁於神德湖。

[1]應州：治所在今山西省應縣。 擊鞠：即打馬球，是當時

流行的競技活動。因爲參賽者都在馬上擊球，奔馳的快馬有時會失
控，因此具有一定的危險性。統和六年（988），一日承天太后觀看
臣下擊鞠，她的寵臣韓德讓被胡里室衝撞墜馬，太后一怒之下，竟
下令將胡里室斬首。内蒙古自治區敖漢旗皮匠溝 1 號遼墓墓門西側
的穹隆頂下部，有一幅打馬球圖。現存寬 180 釐米、高 50 釐米。
畫面有多處剥落，但大體可辨。

夏四月庚申，鐵驪來貢。
五月壬寅，漢遣使言石晉樹先帝《聖德神功碑》爲
周人所毁，[1] 請再刻，許之。

[1]《聖德神功碑》：立於太原汾河岸邊，後晉所建，桑維翰
爲文，紀耶律德光助石敬瑭立晉“功德”。原碑被後周所毁。今存
《聖德神功碑》是北漢重建。

六月丁卯，應天皇太后崩。[1]

[1] 應天皇太后（879—953）：即阿保機妻述律氏，漢名平，
小字月里朵。其先爲回鶻人。本書卷七一有傳。

秋七月，不視朝。
八月壬子，以生日釋囚。己未，漢遣使求援。三河
烏古、吐蕃、吐谷渾、鼻骨德皆遣使來貢。[1]

[1] 烏古：部族名。又稱嫗厥律、于厥律，居契丹西北。據
《新五代史》卷七四《四夷附録第三》：“嫗厥律，其人長大，髡頭，
酋長全其髮，盛以紫囊。地苦寒，水出大魚，契丹仰食。又多黑、

白、黃貂鼠皮，北方諸國皆仰足。其人最勇，鄰國不敢侵。"　吐蕃：原爲中國古代藏族政權名。公元 7 世紀至 9 世紀在青藏高原建立。吐蕃政權崩潰以後，宋元及明初史籍稱青藏高原上的土著族、部爲吐蕃。　吐谷渾：古代部族名。即吐渾。據《新五代史》卷七四《四夷附録第三》，吐渾"自後魏以來，名見中國，居於青海之上。當唐至德中，爲吐蕃所攻，部族分散，其内附者，唐處之河西。其大姓有慕容、拓拔、赫連等族。懿宗時，首領赫連鐸爲陰山府都督，與討龐勛，以功拜大同軍節度使。爲晉王所破，其部族益微，散處蔚州界中……晉高祖立，割鴈門以北入於契丹，於是吐渾爲契丹役屬，而苦其苛暴"。另據《五代會要》卷二八《吐渾》："至開運中，捍虜（契丹）於澶州……其族子白可久，名在承福之亞，因牧馬率本帳北通，契丹授以官爵，復遣潛誘承福。承福亦思叛去，事未果，漢高祖知之，乃以兵環其部族，擒承福與其族白鐵櫃、赫連海龍等五家，凡四百有餘人，伏誅。籍其牛馬，命別部長王義宗統其餘屬。"

九月庚子，漢遣使貢藥。

冬十月己酉，命太師唐骨德治大行皇太后園陵。[1]李胡子宛、郎君嵇幹、敵烈謀反，[2]事覺，辭逮太平王罨撒葛、林牙華割、郎君新羅等，皆執之。[3]

[1]皇太后：此處皇太后爲穆宗祖母，應是太皇太后。此沿舊稱。

[2]李胡（912—960）：阿保機第三子。天顯五年（930）立爲皇太弟兼天下兵馬大元帥。遼太宗死後，應天皇太后反對世宗兀欲而欲立李胡，失敗，母子被囚。穆宗時，因參與其子喜隱謀反事而下獄死。

[3]罨撒葛（934—972）：即阿鉢撒葛里。德光第二子。靖安

皇后蕭氏生，會同二年（939）封太平王。穆宗在位時，因謀亂貶
戍西北邊。景宗即位後釋罪，召還，以病卒。

十一月辛丑，謚皇太后曰貞烈，葬祖陵。[1]漢遣使
來會。

[1]祖陵：遼太祖耶律阿保機的葬所。位於祖州西五里，其地
在今内蒙古自治區巴林左旗查干哈達蘇木石房子嘎查。

冬，[1]駐蹕奉聖州。[2]以南京水，詔免今歲租。

[1]冬：【劉校】原本、南監本、北監本、殿本均作“冬”。中
華點校本和修訂本作“是冬”，未出校。
[2]奉聖州：即新州。治所在今河北省涿鹿縣。

四年春正月戊寅，回鶻來貢。己丑，華割、嵇幹等
伏誅，宛及罨撒葛皆釋之。是月，周主威殂，[1]養子晉
王柴榮嗣立。

[1]周主威殂：據《新五代史》卷一一《周本紀》，後周太祖
郭威死於本月壬辰。

二月丙午朔，周攻漢，[1]命政事令耶律敵禄援之。
丙辰，漢遣使進茶藥。幸南京。

[1]周攻漢：是北漢懼後周發動攻擊，向契丹求援，以先發制
人。《通鑑》卷二九一《後周紀二》顯德元年（954）二月載：“北

漢主聞太祖晏駕，甚喜，謀大舉入寇，遣使請兵於契丹。二月，契丹遣其武定節度使、政事令楊衮將萬餘騎如晉陽。北漢主自將兵三萬，以義成節度使白從暉爲行軍都部署，武寧節度使張元徽爲前鋒都指揮使，與契丹自團柏南趣潞州。"初戰，北漢驟勝，後周將樊愛能等敗逃。北漢主劉崇益驕，甚至悔召契丹入援，説："吾自用漢軍可破也，何必契丹！今日不惟克周，亦可使契丹心服。"周世宗親臨前綫督戰，在高平大敗北漢軍。劉崇退守晉陽，並再次向契丹求救。

夏五月乙亥，忻、代二州叛漢，[1]遣南院大王撻烈助敵禄討之。丁酉，撻烈敗周將符彦卿於忻口。[2]

[1]忻：忻州。治所在今山西省忻州市。　代：代州。治所在今山西省代縣。

[2]符彦卿（897—975）：陳州宛丘（今河南省淮陽縣）人。字冠侯。父存審，後唐宣武軍節度使、蕃漢馬步軍都總管、中書令。彦卿年十三，能騎射。事莊宗於太原，爲親從指揮使。滅後梁，遷散員指揮使。勇略有謀，善用兵。天成三年（928）討王都於定州，大破契丹於嘉山。清泰初爲易州刺史，兼領北面騎軍。後晉天福初授同州節度使。少帝即位，遼人南侵，彦卿與諸將屢敗契丹，少帝嘉之，改武寧軍節度使、同平章事。後爲左右所間，會張彦澤引遼兵入汴，彦卿歸遼。後漢高祖劉知遠入汴，彦卿改鎮夔州，加兼侍中。後周太祖郭威即位，封淮陽王。後爲大名尹、天雄軍節度使，進封衛王。宋太祖即位，加守太師。開寶八年（975）六月，卒，年七十八。傳見《宋史》卷二五一。

六月癸亥，撻烈獻所獲。

秋七月乙酉，漢民有爲遼軍誤掠者，遣使來請，詔悉歸之。

九月丙申，漢爲周人所侵，遣使來告。

冬十一月，彰國軍節度使蕭敵烈、大保許從贇奏忻、代二州捷。[1]

[1]彰國軍節度使蕭敵烈、大保許從贇奏忻、代二州捷：契丹與後周軍在忻、代之間的戰事，發生在本年五月，契丹並未獲勝。據《通鑑》卷二九二後周顯德元年（954）五月載：“契丹數千騎屯忻、代之間，爲北漢之援，庚辰，遣符彥卿等將步騎萬餘擊之。彥卿入忻州，契丹退保忻口。”《宋史》卷二五一《符彥卿傳》亦記載，援救北漢的契丹軍，在忻州以北被後周軍擊退，“遼人駐忻北，遊騎及近郊，史彥超以二千騎當其鋒，左右馳擊，彥超死之；敗遼衆二千餘，遼騎遁走”。彰國軍，遼代軍號。治應州，在今山西省應縣。

十二月辛酉朔，[1]謁祖陵。庚午，漢遣使來貢。

是冬，駐蹕杏堝。

[1]辛酉朔：【劉校】據中華點校本校勘記，“按次年正月辛未朔，本年十二月是辛丑朔。辛酉誤”。

五年春正月辛未朔，鼻骨德來貢。

二月庚子朔，日有食之。庚申，漢遣使請上尊號，不許。壬戌，如裏潭。

夏四月己酉，周侵漢，漢遣使求援。癸丑，命郎君蕭海璨世爲北府宰相。[1]

[1]宰相：契丹部族官名。契丹可汗之下有北、南二府，各部族則分屬二府，分設宰相，故北宰相亦稱北府宰相，南宰相亦稱南府宰相。

秋九月庚辰，漢主有疾，遣使來告。

冬十月壬申，女直來貢。丁亥，謁太宗廟。庚寅，南唐遣使來貢。

十一月乙未朔，漢主崇殂，子承鈞遣使來告，[1]且求嗣立。遣使弔祭，遂封册之。

十二月乙丑朔，謁太祖廟。辛巳，漢遣使來議軍事。

[1]承鈞：北漢劉崇病死及劉承鈞即位，都發生於前一年即應曆四年（後周顯德元年，954）十一月。《通鑑》卷二九二後周太祖顯德元年十一月載："北漢主疾病，命其子承鈞監國，尋殂。遣使告哀於契丹。契丹遣驃騎大將軍、知內侍省事劉承訓册命承鈞爲帝，更名鈞。北漢孝和帝性孝謹，既嗣位，勤於爲政，愛民禮士，境內粗安。每上表於契丹主稱男，契丹主賜之詔，謂之'兒皇帝'。"

六年夏五月丁酉，謁懷陵。[1]

[1]懷陵：即遼太宗、穆宗之陵，位於懷州境內。大同元年（947）遼置懷州奉陵軍，治所在今內蒙古自治區巴林右旗幸福之路蘇木崗根嘎查古城址。州隸永興宮。

六月甲子，漢遣使來議軍事。[1]

[1]漢遣使來議軍事:《新五代史》卷六二《南唐世家·李璟》顯德三年（遼應曆六年，956），後周世宗下詔親征，指責江南統治者"勾誘契丹，入爲邊患，結連并壘，實我世仇"。所謂"并壘"即指北漢割據政權。

秋七月，不視朝。
九月戊午，謁祖陵。
冬十一月壬寅，鼻骨德來貢。
十二月己未朔，謁太祖廟。
七年春正月庚子，鼻骨德來貢。
二月辛酉，南唐遣使奉蠟丸書。[1]辛未，駐蹕潢河。[2]

[1]南唐遣使:據《通鑑》卷二九三後周顯德四年（957）十二月載，此唐使當爲陳處堯，"唐使者陳處堯在契丹，白契丹主請南遊太原，北漢主厚禮之；留數日，北還，竟卒於契丹"。
[2]潢河:今内蒙古自治區境内的西拉木倫河，即西遼河上游。

夏四月戊午朔，還上京。[1]初，女巫肖古上延年藥方，當用男子膽和之。不數年，殺人甚多。至是，覺其妄。辛巳，射殺之。

[1]上京:遼前期都城。稱臨潢府，其址在今内蒙古自治區巴林左旗林東鎮波羅城。

五月辛卯，漢遣使來貢。

六月丙辰朔，[1]周遣使來聘。南唐遣使來貢。

[1]丙辰朔：【劉校】“朔”字原無，中華點校本校勘記云，據本書卷四四《朔考》補。

八月己未，周遣使來聘。

是秋，不聽政。

冬十月庚申，獵於七鷹山。

十二月丁巳，詔大臣曰：“有罪者法當刑，朕或肆怒，濫及無辜，卿等切諫，無或面從。”辛巳，還上京。

八年春二月乙丑，駐蹕潢河。

夏四月甲寅，南京留守蕭思温攻下沿邊州縣，[1]遣人勞之。

[1]蕭思温（？—970）：宰相蕭敵魯族弟忽没里之子。小字寅古，通書史。穆宗時爲南京留守，但畏懦不敢戰。應曆八年（958），後周占束城，遼軍退渡滹沱河而屯，思温飾他説請濟師。已而，後周圍瀛州，陷益津、瓦橋、淤口三關，迫近固安，思温不知計所出。十九年（969）穆宗遇弑，思温與南院樞密使高勳、飛龍使女里等立景宗。保寧初爲北院樞密使，兼北府宰相，仍命世預其選。思温女册爲皇后（即睿智皇后），加尚書令，封魏王。保寧二年（970）爲賊所害。本書卷七八有傳。

五月，周陷束城縣。[1]

[1]束城縣：治所在今河北省河間市東北。《通鑑》卷二九四後周顯德五年（958）五月載：成德節度使郭崇攻契丹束城，拔之，

（束城，漢勃海郡之束州縣也，隋改曰束城，唐屬瀛州。宋熙寧六年省束城爲鎮，屬河間。）以報其入寇也。

六月辛未，蕭思温請益兵，乞駕幸燕。

秋七月，獵於拽剌山。迄於九月，射鹿諸山，不視朝。

冬十一月辛酉，漢遣使來告周復來侵。乙丑，使再至。

十二月庚辰，又至。

九年春正月戊辰，駐蹕潢河。

夏四月丙戌，周來侵。戊戌，以南京留守蕭思温爲兵馬都總管擊之。是月，周拔益津、瓦橋、淤口三關。[1]

[1]三關：宋與契丹分界的三關，淤口關（在今河北省霸州市東）、益津關（在今霸州市）、瓦橋關（在今河北省雄縣）。《新五代史》卷七三《四夷附錄第二》載：“顯德六年夏，世宗北伐，以保大軍節度使田景咸爲淤口關部署，右神武統軍李洪信爲合流口部署，前鳳翔節度使王晏爲益津關部署、侍衛親軍馬步都虞候韓通爲陸路都部署。世宗自乾寧軍御龍舟，艛船戰艦，首尾數十里，至益津關，降其守將，而河路漸狹，舟不能進，乃舍舟陸行。瓦橋淤口關、瀛、莫州守將，皆迎降。方下令進攻幽州，世宗遇疾，乃置雄州於瓦橋關、霸州於益津關而還。周師下三關、瀛、莫，兵不血刃。述律聞之，謂其國人曰：‘此本漢地，今以還漢，又何惜耶？’”《通鑑》卷二九四後周顯德六年（959）夏四月載：“庚寅，韓通奏自滄州治水道入契丹境，栅於乾寧軍南，補壞防，開遊口三十六，遂通瀛、莫。辛卯，上至滄州，即日帥步騎數萬發滄州，直

趨契丹之境。河北州縣非車駕所過，民間皆不之知。壬辰，上至乾寧軍，契丹寧州刺史王洪舉城降。乙未，大治水軍，分命諸將水陸俱下，以韓通爲陸路都部署，太祖皇帝爲水路都部署。丁酉，上御龍舟沿流而北，舳艫相連數十里。己亥，至獨流口，泝流而西。辛丑，至益津關，契丹守將終廷暉以城降。自是以西，水路漸隘，不能勝巨艦，乃舍之。壬寅，上登陸而西，宿於野次，侍衛之士不及一旅，從官皆恐懼。胡騎連群出其左右，不敢逼。癸卯，太祖皇帝先至瓦橋關，契丹守將姚内斌舉城降，上入瓦橋關。内斌，平州人也。"

五月乙巳朔，陷瀛、莫二州。[1]癸亥，如南京。辛未，周兵退。[2]

[1]瀛、莫二州：瀛州，治所在今河北省河間市；莫州，治所在今河北省任丘市。《通鑑》卷二九四後周顯德六年（959）夏四月："甲辰，契丹莫州刺史劉楚信舉城降。五月乙巳朔，侍衛親軍都揮使、天平節度使李重進等始引兵繼至，契丹瀛州刺史高彦暉舉城降。彦暉，薊州人也。於是關南悉平。丙午，宴諸將於行宮，議取幽州。諸將以爲：'陛下離京四十二日，兵不血刃，取燕南之地，此不世之功也，今虜騎皆聚幽州之北，未宜深入。'上不悦。是日，趣先鋒都指揮使劉重進先發，據固安。上自至安陽水，命作橋，會日暮，還宿瓦橋，是日，上不豫而止。契丹主遣使者日馳七百里詣晉陽，命北漢主發兵撓周邊，聞上南歸，乃罷兵。戊申，孫行友奏拔易州，擒契丹刺史李在欽，獻之，斬於軍市。己酉，以瓦橋關爲雄州，割容城、歸義二縣隸之。以益津關爲霸州，割文安、大城二縣隸之。發濱、棣丁夫數千城霸州，命韓通董其役。"
[2]周兵退：指後周兵因爲柴榮發病撤退了。

六月乙亥朔，視朝。戊寅，復容城縣。[1]庚申，西
幸，如懷州。是月，周主榮殂，子宗訓立。

[1]容城：後周以瓦橋關建雄州（治所在今河北省雄縣），容
城爲該州屬縣。

秋七月，發南京軍戍范陽。[1]

[1]范陽：古縣名。治所在今河北省涿州市。

冬十二月戊寅，還上京。庚辰，王子敵烈、前宣徽
使海思及蕭達幹等謀反，[1]事覺鞫之。辛巳，祀天地、
祖考，告逆黨事敗。丙申，召群臣議時政。

[1]宣徽使：遼朝官名。遼設北、南宣徽，分隸北南樞密院之
下。宣徽北院使常執行軍事使命。此外，宣徽使還掌領朝會、宴
饗、禮儀、祭祀及御前祗應之事。

十年春正月，周殿前都點檢趙匡胤廢周自立，[1]建
國號宋。

[1]趙匡胤（927—976）：即宋太祖，宋朝開國皇帝，公元960
年至976年在位。涿州（今河北省涿州市）人，曾任後周殿前都點
檢，掌握禁軍。於960年發動陳橋兵變，取代後周，建立宋朝。

夏五月乙巳，謁懷陵。壬子，漢以潞州歸附來

告。[1]丙寅，至自懷陵。

[1]潞州：原爲上黨郡。始置於北周，治所在今山西省長治市。《宋史》卷四八二《北漢劉氏世家》：“是夏（建隆元年，即遼應曆十年，960），李筠以上黨叛，令判官囚監軍周光遜等送於鈞，稱臣求援。鈞自至太平驛與筠會，遣其宣徽使盧贊將騎數千隨筠入寇，又遣其河陽節度范守圖援之。及太祖親討，前軍石守信、高懷德破筠衆於澤州，獲守圖，殺鈞兵數千。鈞之沙谷砦又爲折德扆所破，斬首五百級。九月，昭義李繼勳率師入鈞平遙，虜獲甚衆。”

六月庚申，漢以宋兵圍石州來告，[1]遣大同軍節度使阿剌率四部往援，詔蕭思溫以三部兵助之。

[1]此處據《長編》卷四載，宋乾德元年（963）十二月乙巳，“遣內客省使曹彬、通事舍人王繼筠分詣晉、潞州，與節度使趙彥徽、李繼勳會兵入北漢境，攻其邊邑及遼、石州”。說明應曆十年（960），宋尚未攻下石州。石州，治所在今山西省離石縣。

秋七月己亥朔，宋兵陷石州，潞州復叛，漢使來告。辛酉，政事令耶律壽遠、太保楚阿不等謀反，伏誅。以酒脯祠天地於黑山。[1]

[1]祠天地：祭祀天地，爲皇家盛典。 黑山：本書卷三二《營衛志中》載，“黑山在慶州北十三里，上有池，池中有金蓮”，黑山近慶陵，故“道宗每歲先幸黑山，拜聖宗、興宗陵，賞金蓮，乃幸子河避暑”。另據本書卷三七《地理志一·慶州》：“在州西二十里。有黑山、赤山、太保山、老翁嶺、饅頭山、興國湖、轄失

灤、黑河。”

八月，如秋山，[1]幸懷州。庚午，以鎮茵石猰猊擊
殺近侍古哥。[2]

[1]秋山：即秋捺鉢，主要活動是狩獵。秋獵於山，故稱“秋
山”。聖宗以後，其主要地點是在慶州（治所在今内蒙古自治區巴
林右旗索博日嘎鎮）西部諸山。

[2]近侍：皇帝身邊的奴僕。

冬十月丙子，李胡子喜隱謀反，[1]辭連李胡，下
獄死。
十一月，海思獄中上書，陳便宜。

[1]喜隱（？—981）：阿保機幼子李胡之子。字完德。初封趙
王，穆宗時曾兩次謀反下獄。景宗保寧初，宥之，妻以皇后之姊，
封宋王，授西南面招討使。稍見進用，復誘群小謀叛，囚於祖州。
乾亨三年（981）宋降卒二百餘人欲劫立喜隱，以城堅不得入，立
其子留禮壽，上京留守除室擒之。留禮壽伏誅，賜喜隱死。本書卷
七二有傳。

十一年春二月丙寅，釋喜隱。辛亥，司徒烏里只子
迭剌哥誣告其父謀反，復詐乘傳及殺行人，以其父請，
杖而釋之。
三月丙辰，[1]蕭思温奏老人星見，[2]乞行赦宥。

[1]三月丙辰：【劉校】“三月”二字原闕。中華點校本校勘記

云，按本書卷四四《曆象志下·朔考》二月乙丑朔，推至丙辰五十二日，已入三月。據補。

　　[2]老人星：又稱“南極老人星”“壽星”。《宋史》卷一〇三《禮儀志》：景德三年，詔定壽星之祀。太常禮院言：“按《月令》：‘八月，命有司享壽星於南郊。’《注》云：‘秋分日，祭壽星於南郊。壽星，南極老人星也。’《爾雅》云：‘壽星，角、亢也。’《注》云：‘數起角、亢，列宿之長，故云壽星。’唐開元中，特置壽星壇，常以千秋節日祭老人星及角、亢七宿。請用祀靈星小祠禮，其壇亦如靈星壇制，築於南郊，以秋分日祭之。”

　　閏月甲子朔，[1]如潢河。

　　[1]閏月甲子朔：【劉校】“朔”字原闕，中華點校本據本書卷四四《曆象志下·朔考》補。今從。

　　夏四月癸巳朔，日有食之。是月，射鹿，不視朝。
　　五月乙亥，司天王白、李正等進曆。
　　六月甲午，赦。
　　冬十一月，歲星犯月。
　　十二年春正月甲戌，夜觀燈。
　　二月己丑朔，以御史大夫蕭護思爲北院樞密使，[1]賜對衣、鞍馬。

　　[1]北院樞密使：即契丹樞密院之樞密使，爲北面官之最高官職，掌軍事、部族。詳見本書卷四五《百官志一》。

　　夏五月庚午，以旱命左右以水相沃，頃之，果雨。

六月甲午，祠木葉山及潢河。[1]

秋，如黑山、赤山射鹿。

[1]木葉山：山名。契丹語稱“大”爲“木葉”。“木葉山”可
以泛指任何“大山”，也可專指某一大山爲“木葉山”。此處指永
州境内一座山，契丹人視此山爲神山，其地在今内蒙古自治區翁牛
特旗新蘇莫蘇木的西拉木倫河與老哈河匯合處一帶。“上建契丹始
祖廟，奇首可汗在南廟，可敦（可汗之妻）在北廟，繪塑二聖并八
子神像。”詳見本書卷三七《地理志一》永州條。

十三年春正月，自丁巳，晝夜酣飲者九日。丙寅，
宋欲城益津關，命南京留守高勳、統軍使崔廷勳以兵擾
之。[1]癸酉，殺獸人海里。

[1]高勳（？—978）：字鼎衛，初仕後晉爲閤門使。會同九年
（開運二年，946）隨杜重威降遼，後北遷。世宗即位，爲樞密使，
總漢軍。穆宗應曆間，封趙王，任上京留守、南京留守。景宗即
位，以定策功，封秦王。後謀殺蕭思温，事發伏誅。　崔廷勳：
【靳注】《通鑑》卷二八六後漢高祖天福十二年（947）癸巳引宋白
曰：“崔廷勳，本河内人。少陷虜。”《舊五代史》卷九八《晉書二
十四》引《大典》卷二七四〇：“崔廷勳，不知何許人也。案，
《通鑑注》引宋白曰：廷勳本河内人。”《舊五代史考異》云，崔廷
勳“形貌魁偉，美鬚髯。幼陷契丹，歷僞命雲州節度使，官至侍
中”。【劉校】中華點校本校勘記云，“廷”原誤作“延”，“據
《紀》天顯十二年正月、大同元年二月及《契丹國志》卷一九、
《舊五代史》卷九八改”。

二月庚寅，漢遣使來告，欲巡邊徼，乞張聲援。壬辰，如潢河。癸巳，觀群臣射，賜物有差。乙巳，老人星見。三月癸丑朔，殺鹿人彌里吉，梟其首以示掌鹿者。

夏四月壬寅，獵於潢河。

五月壬戌，視斡朗改國所進花鹿生麛。[1]

[1]視斡朗改：【劉校】“視”字原脫，中華點校本據本書卷七〇《屬國表》及文義補。今從。

六月癸未，近侍傷獐，杖殺之。甲申，殺獐人霞馬。壬辰，詔諸路錄囚。

秋七月辛亥朔，漢以宋侵來告。[1]乙丑，薦時羞於廟。[2]

[1]漢以宋侵來告：《宋史》卷四八二《北漢劉氏》載：[建隆]四年（遼應曆十三年，963）八月邢州王全贇率師攻樂平，[劉]鈞拱衛指揮使王超、散指揮使元威、侯霸榮率所部千八百人降全贇。未幾，鈞侍衛都指揮使蔚進、馬軍都指揮使郝貴超與契丹悉兵來救樂平，三戰皆敗之，遂下其城，詔建爲平晉軍，以降兵爲效順軍，賜以錢帛，靜陽十八砦遂相率來降。九月，鈞復引契丹攻平晉軍，太祖遣州防禦使郭進、濮州防禦使張彥進、客省使曹彬、趙州刺史陳萬通將步騎萬餘救之，未至而鈞遁去。

[2]薦時羞：向鬼神進獻應時的美味。宋人李之儀《姑溪居士前集》卷五《金陵懷古二首》中有“舊穴依然披信汐，古祠誰爲薦時羞”。明人文徵明《甫田集》卷三《人日立春》有“東風剪韭薦時羞”的詩句；明人韓雍《襄毅文集》卷一《沃壤西成》有詩

句："孝子薦時羞，取以供粢盛。"這種祭祀活動僅流行於民間。皇帝"薦時羞"，正史上僅此一見。

八月甲申，以生日，縱五坊鷹鶻。戊戌，幸近山，呼鹿射之，旬有七日而後返。

九月庚戌朔，以青牛白馬祭天地。[1]飲於野次，終夕乃罷。辛亥，以酒脯祭天地，復終夜酣飲。

[1]以青牛白馬祭天地：契丹祭祀天地用青牛白馬，表示不忘祖先。本書卷三七《地理志一·上京道》："相傳有神人乘白馬，自馬盂山浮土河而東，有天女駕青牛車由平地松林泛潢河而下。至木葉山，二水合流，相遇爲配偶，生八子。其后族屬漸盛，分爲八部。每行軍及春秋時祭，必用白馬青牛，示不忘本云。"

冬十月丙申，漢以宋侵來告。

十一月庚午，獵，飲于虞人之家，[1]凡四日。

[1]虞人：古代掌山澤苑囿之官。《周禮·夏官·大司馬》："虞人萊所田之野爲表。"賈公彥疏："虞人者，若田在澤，澤虞；若田在山，山虞。"《左傳·昭公二十年》："十二月，齊侯田於沛，招虞人以弓，不進。"杜預注："虞人，掌山澤之官。"

十二月戊子，射野鹿，賜虞人物有差。庚寅，殺彘人曷主。

(李錫厚注　劉鳳翥校)